HUMAN
RESOURCE
MANAGEMENT

HUMAN RESOURCE MANAGEMENT

인적자원관리

권혁기 한나영

도서출판
청람

머리말

경영에서는 우리가 흔히 표현하는 3M이라는 부분이 필요하다. 3M은 생산의 3요소로서 사람과 자본, 원재료를 말한다. 이는 조직에서 목표달성을 위해 반드시 필수적인 요소들이다. 그 중에서 사람을 우리는 숨은 가치라고도 표현을 한다. 경영에서의 자원을 표현할 때 인적자원과 재무적 자원, 그리고 물적자원으로 구분하여 표현할 수 있다. 모든 자원에 대한 중요성은 크지만, 특히 인적자원이 가장 중요한 이유는 물적자원을 개발 · 창출하며 재무적 요소 등의 조달 · 축적이 모두 인적자원을 중심으로 이루어지고 있기 때문이다.

기업에서 사람을 경영하는 것은 매우 복잡하고 어려운 일이다. 개인 간 다양성과 개인 내 다양성이 공존하며 서로 역동적으로 얽혀가면서 인적 집단을 구성하고 조직을 이루기 때문이다. 따라서 기업은 조직구성원의 현재 및 장래의 욕구를 적절하게 조정하며 충족시키는 데 노력해야 하며 개인들도 조직의 욕구를 고려해 자신의 욕구를 적절히 조정해야 할 필요성이 있다. 이처럼 조직의 목표와 개인의 목표가 조화를 이루도록 하는 일은 인적자원관리에서 매우 중요한 과제이다.

환경변화에 따른 인적자원관리의 변화는 계속 발생하고 있다. 하지만 본 저서는 교재라는 점에 충실하여 전통적인 흐름에 충실하고자 하였으며 최대한 이해하기 쉽게 평이하게 서술하려고 노력하였다.

본서는 인적자원관리 내용을 기능별로 나누어 다루면서 총 13장으로 구성하였다. 1장은 인적자원관리의 이해, 2장 직무관리, 3장 인적자원계획, 4장 확보관리, 5장 교육훈련관리, 6장 인사고과, 7장 경력관리, 8장 임금관리, 9장 복리후생관리, 10장 유지 및 이직관리, 11장 통합관리, 12장 국제인적관리, 13장 고성과조직으로 구성원들을 관리하는 순서대로 나열하여 이해력을 더욱 높이고자 하였다. 대학생들은 본서를 읽을 때 장래 기업의 인사관리 전문스탭이 되기 위한 기초지식을 습득할 수도 있겠지만, 향후 직업의 세계에서 인사수요자 입장에서 인적자원관리를 이해하고 소속조직과 바람직한 교환관계를 만들어가는 데 필요한 지식을 습득하는 기회로 삼기를 희망한다.

본서를 집필하면서 기존 책들과는 달리 많은 부분을 차별화하고자 하였으나 그 목표에 비해 내용에 있어서 미흡한 점이 많으리라 생각된다. 앞으로 부족한 부분은 계속해서 보완하고 발전시켜 나갈 계획이다.

끝으로 이 책의 출간을 위해 도움을 주신 도서출판 청람의 이수영 사장님과 편집작업을 위해 수고해주신 편집부 직원 여러분에게도 고마움을 전한다.

2020년 6월

저자 일동

차 례

Chapter 01 인적자원관리의 이해

Chapter 02 직무관리

Chapter 03 인적자원계획

Chapter 04 확보관리

Chapter 05 교육훈련관리

Chapter 06 인사고과

Chapter 07 경력관리

Chapter 08 임금관리

Chapter 09 복리후생관리

Chapter 10 유지 및 이직관리

Chapter 11 통합관리

Chapter 12 국제인적자원관리

Chapter 13 고성과조직

Chapter 01

인적자원관리의 이해

학 / 습 / 목 / 표

- 인적자원관리에 대한 이해
- 인적자원관리의 도전에 대한 이해
- 인적자원관리의 접근방법에 대한 이해
- 인적자원관리의 환경에 대한 이해

경영자는 진공관 속에서 경영하지 않는다. 기업을 둘러싸고 있는 내 · 외부 환경의 영향을 주고받으면서 경영을 한다. 경영에 있어서 핵심요소는 바로 사람, 즉 인적자원이다. 경영자도 사람이고 함께 일하는 종업원들 또한 사람이다. 이들은 기업에 있어서 그 무엇보다 중요한 전략적 자원이며 경영하는 주체이다. 그러므로 경영에 있어서 인적자원에 대한 관리는 매우 중요하다.

성공을 부르는 인맥관리 18계명

1. 지금 힘이 없는 사람이라고 우습게 보지 마라. 나중에 큰코다칠 수 있다.
2. 평소에 잘해라. 평소에 쌓아둔 공덕은 위기 때 빛을 발한다.
3. 네 밥값은 네가 내고 남의 밥값도 네가 내라. 기본적으로 자기 밥값은 자기가 내는 것이다. 남이 내주는 것을 당연하게 생각하지 마라.
4. 고마우면 고맙다고, 미안하면 미안하다고 큰 소리로 말해라. 입은 말하라고 있는 것이다. 마음으로 고맙다고 생각하는 것은 인사가 아니다. 남이 네 마음속까지 읽을 만큼 한가하지 않다.
5. 남을 도와줄 때는 화끈하게 도와줘라. 처음에 도와주다가 나중에 흐지부지되거나 조건을 달지 마라. 괜히 품만 팔고 욕먹는다.
6. 남의 험담을 하지 마라. 그럴 시간 있으면 팔굽혀펴기나 해라.
7. 회사 바깥사람들도 많이 사귀어라. 자기 회사 사람들하고만 놀면 우물 안 개구리가 된다. 그리고 회사가 너를 버리면 너는 고아가 된다.
8. 불필요한 논쟁을 하지 마라. 회사는 학교가 아니다.
9. 회사 돈이라고 함부로 쓰지 마라. 사실은 모두가 다 보고 있다. 네가 잘나갈 때는 그냥 두지만 결정적인 순간에는 그 이유로 잘린다.
10. 남의 기획을 비판하지 마라. 네가 쓴 기획서를 떠올려봐라.
11. 가능한 한 옷을 잘 입어라. 외모는 생각보다 훨씬 중요하다. 할인점 가서 열 벌 살 돈으로 좋은 옷 한 벌 사 입어라.
12. 조의금은 많이 내라. 부모를 잃은 사람은 이 세상에서 가장 가엾은 사람이다. 사람이 슬프면 조그만 일에도 예민해진다. 2~3만 원 아끼지 마라. 나중에 다 돌아온다.
13. 수입의 1% 이상은 기부해라. 마음이 넉넉해지고 얼굴이 핀다.
14. 수위 아저씨, 청소부 아줌마에게 잘해라. 정보의 발신지이자 소문의 근원일뿐더러, 네 부모의 다른 모습이다.
15. 옛 친구들을 챙겨라. 새로운 네트워크를 만드느라 지금 가지고 있는 최고의 재산을 소홀히 하지 마라. 정말 힘들 때 누구에게 가서 울겠느냐?
16. 너 자신을 발견해라. 다른 사람들 생각하느라 너를 잃어버리지 마라. 일주일에 한 시간이라도 좋으니 혼자서 조용히 생각하는 시간을 가져라.
17. 지금 이 순간을 즐겨라. 지금 네가 살고 있는 이 순간은 나중에 네 인생의 가장 좋은 추억이다. 나중에 후회하지 않으려면 마음껏 즐겨라.
18. 아내(남편)를 사랑해라. 너를 참고 견디니 얼마나 좋은 사람이냐?

자료: 김무곤, NQ로 살아라, 김영사

1 인적자원관리의 개념

1.1 인적자원의 중요성

오늘날은 그 어느 때보다 사람의 중요성이 더욱 강조되고 있다. 조직체가 그 목적을 달성하는 데 필요한 세 가지 자원이 있는데 이 자원은 크게 재무적 자원과 물적자원, 인적자원으로 나누어진다. 재무적 자원과 물적자원은 사용하면 할수록 줄어들고 나중에는 고갈되기 마련이다. 예를 들면, 기업을 운영하는 데 필요한 자본금이나 중동에 많이 매장되어 있는 석유도 언젠가는 고갈되기 마련이다. 그러나 인적자원은 기업의 발전이 개인의 성장과 연계되도록 하여 능동적으로 활동할 수 있도록 한다면 놀라운 자원으로 변화하게 된다. 인적자원의 중요성이 강조되는 것은 바로 이 때문이다.

특히 우리나라의 경우에는 물적자원이 부족한 상태에 있다. 그러나 인적자원은 양적으로는 풍부하게 제공되고 있다. 문제는 그 많은 사람을 어떻게 유용한 자원으로 개발해서 질적으로 우수한 인재를 양성할 수 있느냐이다. 오늘날 기업이 시설에 투자하는 것보다 인적자원에 투자하는 것이 생산성효과가 더 크다는 것이 증명되고 있다.

1999년 미국 부통령이 주재한 직업능력 정상회의에 제출된 '21세기 직업능력'이라는 자료에 의하면, 기업이 시설투자를 10% 증액할 경우 생산성이 3.6% 증가한 반면, 교육훈련투자를 10% 증액할 경우 생산성이 8.4% 증가한다는 사실을 제시함으로써 인적자원투자의 생산성 증가효과가 시설투자에 의한 효과를 능가한다는 사실을 보여주었다. 요즘 흔히 하는 말로 "한 사람의 인재가 만 명을 먹여 살리는 시대"가 온 것이다. 21세기 지식정보의 시대에 인적자원의 중요성이 부각되자 국가원수가 직접 나서서 인적자원개발 프로그램을 적극 추진하고 있는 것은 세계적인 현상이 되고 있다.

1.2 인적자원관리의 중요성

오늘날 조직에서는 그 어느 때보다 사람이 무엇보다 중요시되고 있다. 사람은 조직에서 가장 중요한 자원이다. 인적자원(human resources)이란 사람들이 돈, 원료, 정보 등과 같은 다른 자원들과 함께 조직의 성과(performance)를 창출하게 하는 능력을 갖추고 있음을 의미한다.

세계가 산업사회로부터 지식정보사회로 이행하면서 인적자원의 중요성이 커지고 인적자원관리의 중요성도 이에 상응하여 증대되고 있다. 인적자원관리가 중요하게 된 배경에는 다음과 같은 요인들이 있다.

첫째, 기술의 진보로 인해 새로운 기술에 적응할 수 있는 인력이 필요하게 되고 기존의 인력에 대해서는 인력개발이, 새로운 인력에 대해서는 유치가 필요하게 되면서 이를 가능하게 하는 인적자원관리가 중요해졌다.

둘째, 지식정보사회의 속성상 기업의 경쟁력에서 인적자원이 전략적 자원으로서의 필요성이 증대되면서 인적자원의 확보와 개발을 담당하는 인적자원관리의 중요성도 증대되고 있다.

셋째, 종업원의 능력을 최대한 끌어올려야 업무수행이 가능한 상황이 빈발하면서 종업원을 동기부여시키기 위한 인적자원관리의 중요성이 증대되었다.

넷째, 산업민주화의 진전과 더불어 형평과 복지를 지향하는 사회분위기로 인해 노동관련 법률을 정확히 해석하고 적용해야 하는 일이 빈번해지면서 인적자원관리의 중요성이 증대되었다.

다섯째, 인건비의 지속적인 상승으로 인하여 인력의 채용과 배치에 있어서 경제성과 합리성이 강조되면서 합리적인 인적자원관리의 중요성이 증대되었다.

1.3 인적자원관리의 정의

인적자원관리(Human Resources Management: HRM)는 기업의 경영목표 달성에 필요한 전략적인 가치를 지닌 인적자원의 확보 · 개발 · 유지 및 동기부여에 관한 일련의 관리활동을 의미한다.

인적자원의 확보활동은 종업원의 모집, 선발 등의 채용기능을 말하며, 개발활동은 종업원의 교육, 훈련, 승진 등을 통한 인적자원의 능력과 지식향상 기능을 의미한다. 유지활동은 종업원의 안전위생, 커뮤니케이션, 제안제도 등을 통해 그들이 일할 수 있는 양호한 환경과 분위기 유지기능을 의미한다. 동기부여는 종업원의 임금관리, 복리후생 등을 통해 목표지향적인 행동을 유발하도록 지시하고, 유인하며 보상으로서 인간행동을 자극하고 촉진시키는 기능을 의미한다.

이반세비치(J. M. Ivancevich)는 인적자원관리는 "조직의 목표와 개인의 목표를 성취시키기 위해서 종업원들을 가장 효율적으로 활용하도록 촉진하는 조직의 기능"이라고 정의하였고, 로빈스와 센조(S. P. Robbins & D. A. De Cenzo)는 "조직의 목표를 달성하기 위해서 장 · 단기적으로 인적자원을 계획 · 조직 · 지휘 · 통제하는 총체적 관리의 행동이며, 또한 인적자원을 충원하고 개발하며 동기부여하여 근로의욕을 유지하는 과정"이라고 정의하였다.

최근 인적자원관리는 전략적 의미로 사용되고 있다. 조직의 구성원들이 내 · 외부 환경변화에 자발적으로 대응하면서 상과 향상을 위한 조직의 목표 달성에 적극적으로 기여할 수 있도록 개인의 만족과 조직의 발전을 실현하는 관리의 체계라고 정의할 수 있다.

1.4 인적자원의 특성

조직이 목적을 달성하기 위해서 세 가지 필수적인 요소가 필요하다. 바로 사람(man), 돈(money), 물자(material)이다. 이들 요소 중 가장 중요한 것이 사람, 즉 인적자원이다. 인적자원은 노동을 공급하는 주체이면서 다른 생산요소와는 다르게 성과를 산출하는 주체인 동시에 개인적인 목표와 욕구를 갖고 있다. 따라서 사람은 개인적인 목표와 욕구를 충족시키기 위해 움직인다는 점에서 다른 자원과는 다른 특이성을 갖고 있다.

첫째, 능동성이다. 인간은 다른 재무적 자원이나 물적자원과는 달리 어떻게 관리하느냐에 따라 달라진다. 그러므로 인적자원의 성과는 욕구와 동기, 태도와 행동 그리고 만족감 여하에 따라 다르게 행동하는 능동적이고 반응적인 성격을 지니고 있다.

둘째, 개발가능성이다. 재무적 자원이나 물적자원은 사용하는 대로 소비되고 없어지므로 자원의 확장이나 개발이 불가능하다. 그러나 인적자원은 계속된 교육훈련을 통해 그 가치를 무한히 창출할 수 있는 유능한 인재로 개발가능하다.

셋째, 소진성이다. 인적자원은 다른 자원과 다르게 저장을 할 수 없다. 즉 노동력은 일단 채용되면 그때부터 소진되기 때문에 근로계약기간 동안 최대한 능력을 발휘하여 조직의 목표달성에 기여할 수 있도록 동기부여시키고 관리할 필요성이 있다.

넷째, 존엄성이다. 인적자원은 다른 자원과는 달리 인격체이기 때문에 존엄성을 해쳐서는 안 된다. 그러므로 인적자원은 다른 어느 자원보다 전략적 자원으로서 가치를 창출하기 위해서는 생산성을 높이기 위해 함부로 다루거나 인격을 무시해서는 안 된다.

1.5 인적자원관리의 목표

기업의 인적자원관리는 크게 두 가지 목표를 추구한다. 첫째는 경제적 목표이고, 둘째는 사회적 목표이다.

경제적 목표는 기업이 최소의 비용을 들여 생산요소인 노동의 산출에 있어서 최대한의 효과를 달성하는 것을 목표로 하는 것을 말한다. 경제적 목표를 달성하기 위해서는 노동의 투입요소와 산출요소 간의 효율이 높아야 한다. 경제적 목표를 달성하기 위해서는 다음과 같은 방법이 고려될 수 있다.

- 인적자원을 적재적소에 투입함으로써 인사배치의 효율을 높인다.
- 불필요한 직위와 직책을 폐지함으로써 인건비를 최소화한다.
- 신규직원의 선발을 최적화함으로써 기업활동에 필요한 인재가 등용될 수 있게 한다.
- 기계와 장비의 도입을 최적화하여 인적자원의 효율을 높인다.
- 근로자의 창의력과 경험을 발휘하도록 함으로써 인적자원의 잠재력을 최대한 활용한다.

사회적 목표는 근로자 개인이 갖는 욕구 및 기대와 관련된 목표로서 인적자원관리는 근로자 개인의 복지와 행복에 관심을 가짐으로써 조직과 개인의 조화를 통해 '조직도 잘되고 개인도 잘되는' 상생을 달성할 수 있다. 일반적으로 근로자 개인의 사회적 목표는 주로 근로조건과 관련된 것으로서, 예를 들면 다음과 같다.

- 임금 및 급여의 인상
- 근로시간의 단축
- 개인적인 배려와 처우
- 상급자로부터의 공정한 대우
- 고용의 보장
- 호의적인 직장분위기

경제적 목표와 사회적 목표는 단기적으로는 서로 부합되기보다는 충돌을 일으킬 가능성이 커 보인다. 그러나 장기적으로 두 목표는 조화를 이룰 수 있으며, 인적자원관리 담당자의 임무는 두 목표를 가능한 한 합치될 수 있는 방향으로 제도를 운용하는 것이다.

1.6 인적자원관리의 핵심내용

인적자원관리의 영역을 제대로 다루기 위해서는 반드시 먼저 조직에서 해야 할 일, 즉 직무에 관한 연구가 선행되어야 한다.

첫째, 어떤 조직에서 해야 할 일에 관한 연구가 제대로 이루어지면 그 조직에서 사람을 모집하고 선발하여 배치하는 충원도 쉽게 할 수 있게 되는 것이다. 따라서 모집, 선발 및 배치로 이루어지는 충원의 과정은 인적자원관리의 첫 단계라고 할 수 있다. 그것은 그 직무에 적합한 사람을 모집하고 선발하여 배치하는 것으로부터 인적자원관리를 시작하기 때문이다.

오늘날과 같은 세계화 시대에서는 직무에 적임자를 선발하는 것이 한 국가에 한정되어 이루어지지 않는다. 국경을 초월하여 그 직무에 가장 적합한 적임자를 찾으려는 노력이 이루어지고 있다. 예를 들면, 국내의 글로벌 기업인 S그룹의 담당상무는 필요한 분야에서 가장 뛰어난 사람을 4명 찾아 데려오라는 임무를 받아 그 분야에 가장 유능한 사람을 전 세계적으로 찾고 있다고 말하였다. 미국 Airproducts 회사에서는 요구되는 분야의 적임자를 찾기 위해 그 적임자가 있는 곳으로 직접 찾아가서 그 지원자와 7시간 반 동안 인터뷰를 하기도 하였다.

둘째, 직무에 관한 연구가 제대로 이루어지면 그 직무의 담당자에게 어떤 능력이 요구되는가를 쉽게 알 수 있다. 그리고 직무담당자가 요구되는 직무에 제대로 따라가지 못하는 경우가 있다. 특히 오늘날과 같이 환경이 급속도로 변화하고 있는 상황에서는 직무의 내용까지 변화하고 있다. 이러한 변화에 제대로 적응하도록 하기 위해서는 교육훈련이 매우 중요하다. 기본적으로 교육훈련의 필요성은 직무담당자가 직무에서 요구되는 요건에 적응하지 못해서 생기게 되는 것이다. 이 교육훈련에는 일반종업원을 위한 교육훈련과 경영자를 위한 교육훈련 등으로 분리하여 생각해야 할 필요가 있다.

오늘날에는 모든 기업이 창의적 사고(creative thinking)를 강조하고 있다. 새로운 아이디어를 통한 능력개발이 경쟁력의 핵심요인이 되고 있기 때문이다. 따라서 타의에 의한 능력개발보다는 종업원 스스로의 능력개발이 중요시되고 있다. 이러한 관점에서 보면 교육훈련 가운데 SD(Self-Development)가 강조되는 것은 당연한 현상이라고 할 수 있다. 그 결과 과거의 교육훈련이 오늘날에는 개발이라는 말로 바뀌고 있다.

셋째, 조직에서 직무에 대한 연구가 제대로 이루어지면 그 직무담당자에 대한 평가도 그만큼 효율적으로 이루어진다. 직무담당자의 평가가 오늘날 강조되는 데는 그 이유가 있다. 그것은 평가의 결과가 임금이나 승진과도 밀접한 관계를 지니고 있기 때문이다. 모든 조직구성원은 자신들이 조직으로부터 인정을 받고 싶어 한다. 이때 인정을 받는다는 것은 평가를 잘 받아서 승진도 하고 임금도 잘 받는 것을 의미한다. 조직에 몸담은 사람은 누구나 자신이 조직을 위해 한 일에 대한 평가를 공정하게 받기를 원한다. 공정한 평가가 이루어지지 않으면 그 사람들은 조직을 불신하게 되고 그 결과 조직을 위한 헌신도 기대하기가 어렵게 된다. 따라서 조직 전체의 성과 역시 기대할 수가 없게 되는 것이다. 어떤 사람에 대한 평가는 어떻게 해야 공정하게 할 것인가? 이에 관한 연구가 인사고과이다.

넷째, 인사고과의 목적은 합리적인 임금책정의 기초자료를 마련하고 더 나아가 그 개인적 성장에 대한 방향을 제시하는 데 있다. 인사고과가 이루어지면 그 고과의 결과는 종업원들의 보상에 직접적인 영향을 미친다. 경제적 보상인 임금은 개인의 측면에서 보면 생계의 수단인 반면에 기업의 측면에서 보면 임금은 비용요소이다. 이러한 임금의 이중적인 성격 때문에 사용자와 종업원은 협력관계이면서 때로는 대립적인 관계이다. 노사갈등의 핵심적인 관심사가 임금문제에 있는 것도 바로 임금의 이중적 성격 때문이다. 그러면 임금은 어떤 기준을 근거로 지급되는 것이 바람직한가?

아무리 조직구성원이 자신의 직계가족이라고 해도 그가 받는 보상은 하는 일의 내용과 성격에 따라 다르게 지급되는 것이다. 과거에 종업원들은 그들이 받는 경제적인 보상, 즉 임금에만 깊은 관심을 지니고 있었다. 그러나 오늘날 종업원들은 재무적인 보상에 관한 관심은 물론이고 비재무적인 보상에도 깊은 관심이 있다. 따라서 과거의 임금관리(wage and salary administration)라는 말 대신에 보상관리(compensation administration)라는 말로 바뀌고 있다.

한편 효과적으로 사람들이 일하도록 하기 위해서는 먼저 그 사람의 행동을 이해할 필요가 있다. 따라서 사람들이 성장하고 싶은 의욕을 불러일으킬 수 있도록 하기 위해서는 여러 가지 제도나 관행을 알아야 한다. 동시에 조직의 목표를 달성하는 데 필요한 노력을 촉진하거나 제한하는 것이 무엇인가를 알아야 한다. 특히 경제적 · 기술적 · 사회적 및 법률적 환경이 어떠한가를 알아야 한다.

이러한 관점에서 볼 때, 인적자원관리를 제대로 이해하기 위해서는 조직을 둘러싸고 있는 환경의 급격한 변화를 주시하는 것이 필요하다. 따라서 인적자원관리가 무엇인가를 구체적으로 살펴보기에 앞서 환경변화에 따라 오늘날 경영자가 당면하고 있는 도전이 무엇인가를 살펴보고자 한다. 이들 도전은 효율적인 인적자원관리를 하는 데도 매우 큰 영향을 미치기 때문이다.

2 인적자원관리의 도전

2.1 글로벌화(Going Global)

오늘날 많은 기업들이 계속 성장하고 발전하기 위해서는 글로벌시장에서의 사업기회를 모색하는 것이 절대적으로 필요하다. 글로벌화는 경영자들이 인적자원관리를 하기에 앞서 서로 다른 지리, 문화, 법률 및 경영관행과 관련된 이슈들을 이해하여야 한다는 것을 의미한다. 세계가 하나의 시장으로 자리 잡으면서 글로벌기업들과의 경쟁과 협력이 최근에 더욱더 중요시되고 있다. 실제로 미국기업의 경우 거의 자산의 17%를 해외에 투자하고 있다. 세계의 다른 지역에 있는 기업들과 파트너십을 맺고 정보기술을 이용하여 그들 해외주재 기업들과의 거리를 좁혀가고 있다. 실제로 나이키, 도요타,

GE 및 닛산 등은 전 세계에서 고객들에게 "어느 때나, 어느 곳에서" 제품을 공급하는 것을 미래의 비전으로 삼고 있다.

2.2 새로운 기술의 수용(Embracing New Technology)

정보기술의 발달은 많은 기업으로 하여금 정보를 최대한 이용할 수 있도록 하고 있다. 컴퓨터네트워크가 보편화되면서 무한한 양의 데이터가 다양한 방법으로 고안되어 저장되고 이용되고 있다. 그 범위는 단순한 기록에서부터 복잡한 설비를 통제하는 정도까지 다양하게 이루어지고 있다. 많은 기업들이 더욱더 광범위한 영역에서 그들의 기술과 방법을 다양화하고 있다.

오늘날 기업을 경영하는 데 있어서 인터넷은 대기업이든 중소기업이든 간에 필수적인 요소가 되고 있다. 따라서 e-비즈니스가 21세기 기업의 새로운 도전으로 다가오고 있다. 정보기술의 발달로 종업원들은 집, 호텔, 자동차에서 업무를 수행하면서 동시에 상당한 기술을 필요로 하는 일들이 나타나고 있는 경향이 있다. 인적자원관리에서 기술의 가장 핵심적인 영역은 인적자원정보시스템(Human Resources Information System: HRIS)이다. 이것은 잠재력 있는 종업원을 파악하고, 기존 종업원들의 인사기록을 유지하고, 종업원의 재능과 기술을 개발하는 프로그램의 개발 등의 활동들을 지원한다.

2.3 변화의 관리(Managing Change)

오늘날 급변하는 환경은 새로운 변화를 요구하고 있다. 특히 정보기술의 발달과 글로벌화는 조직과 인적자원관리가 새로운 변화에 대처해 나갈 것을 요구하고 있다. 따라서 이들 변화에 빨리 적응하지 못하면 그 기업이나 경영자는 도태되고 말 것이다. 많은 기업이 더욱 성공적인 기업경영을 위해서 그들의 종래의 경영방법을 변화시키고 있다. 예를 들면, 리엔지니어링, 다운사이징, 벤치마킹, 계속적 발전과 질 향상을 위한 프로그램을 들 수 있다.

기업의 변화 또한 사후적인 접근에서 사전적인 접근으로 바뀌어 가고 있다. 그것은 외부환경의 변화가 기업의 성과에 영향을 미치고 있기 때문이다. 환경변화에 따른 성공적인 변화는 인적자원의 이슈이다. 과거의 구태의연한 작업방식은 이제 새로운 변화를 요구하고 있다. 예를 들면, 책임관계의 변화, 직무할당의 변화, 작업과정의 변화 등을 들 수 있다.

2.4 인적자본의 개발(Developing Human Capital)

'인적자본'이란 용어는 조직의 구성원이 가지고 있는 지식, 기술 및 능력의 경제적 가치를 말한다. 조직이 사람을 통해서 경쟁한다고 하는 것은 어떤 기업의 성공은 그 기업이 인적자본을 얼마나 잘 관리하는가에 달려 있다는 것을 의미한다. 지식, 기술 및 능력의 경제적 가치는 기업의 재무상태표에 직접 나타나지는 않는다. 그런데도 이들의 무형자산으로서의 가치는 기업의 성과에 엄청난 영향을 미치고 있다.

인적자본은 기업이 직무나 제품 및 기술을 관리하는 방식으로 관리하는 것이 아니다. 그것은 인적자원의 특수성 때문이다. 인적자원은 무형의 자산이다. 따라서 조직은 종업원이 현재 가지고 있는 지식을 효율적으로 활용하는 방법을 찾아야 한다. 그것은 종업원들의 능력이 제대로 활용되지 못하는 경우가 많기 때문이다. 효과적인 커뮤니케이션 역시 조직 전체적인 면에서 종업원의 효율적인 능력 발휘를 위해 매우 중요시되어야 한다.

2.5 시장에의 반응(Responding to the Market)

고객이 그 기업에 기대하는 것을 충족시켜 주느냐 충족시켜 주지 못하느냐는 그 기업이 유지 · 발전해 나가는 데 있어 필수적인 요소이다. 따라서 경영자들은 품질, 기술혁신, 다양성과 같은 고객의 요구에 잘 대응하여야 한다. 이러한 변화에 어떻게 대응하느냐는 국경을 초월한 경쟁환경에서 성공한 기업이 되느냐 아니면 실패한 기업이 되느냐를 결정한다. 예를 들면, 다음과 같은 내용이다.

- 기업은 고객의 욕구를 얼마나 잘 이해하고 있는가?
- 기업은 새로운 제품을 얼마나 빨리 개발하여 시장에 내놓는가?
- 기업은 얼마나 효율적으로 잠재고객의 요구에 반응하는가?
- 기업은 얼마나 더 좋은 제품을, 더 빨리, 더 값싸게 제공하는가?

2.6 비용의 고려(Containing Costs)

조직이 유지 · 발전해 나가려면 급변하는 환경에 재빠르게 대처할 수 있는 혁신능력, 인적자본, 신기술, 세계화 등과 같은 것이 매우 중요하다. 하지만 그에 못지않게 중요한 것은 어떻게 하면 비용을 줄이고 산출을 극대화함으로써 효율적인 경영을 하느냐이다. 그것은 인건비가 조직에서 소비하는 지출 가운데 가장 큰 부분을 차지하고 있기 때문이다. 많은 기업이 비용을 줄이려는 다양한 방법들, 특히 인건비를 줄이기 위하여 여러 가지 방법을 이용하고 있다. 예를 들면, 다운사이징, 아웃소싱, 조직의 슬림화 등을 들 수 있다.

종업원의 생산성은 종업원의 능력, 동기부여 및 작업환경이 어우러져 이루어진다. 이를 식으로 나타내면 다음과 같다.

조직의 성과 = 인적자원의 성과 × 물적자원의 성과
인적자원의 성과(P) = f(A × M × S)
여기서, A: Ability(능력), M: Motivation(동기부여), S: Setting(환경)

만약 이들 요소 가운데 한 요소라도 제대로 작용하지 못하면 바라는 생산성은 기대할 수가 없을 것이다.

3 인적자원관리의 접근방법

3.1 산업공학적 접근방법

19세기 말과 20세기 초 고용주들은 내적 통제의 강화와 낭비요소를 제거하기 위하여 노동력을 관리하는 새로운 방법을 모색하였다. 테일러(F. Taylor)의 인적자원에 대한 과학적 관리법은 작업장에서의 산업공학적 개선을 통하여 이러한 요구에 부응하였다. 그는 일을 하나의 시스템으로 인식하기 시작한 초기 이론가 중의 한 사람이다. 그는 작업을 효율적으로 수행하기 위해서는 작업을 구성하는 각 과업들이 시간 · 동작연구(time and motion studies)를 통하여 체계적이고 통합적으로 분석되고 측정되어야 한다고 주장하였다.

그의 연구결과는 현재의 인적자원관리에도 상당한 기초를 제공해주고 있다. 예를 들면, 체계적이고 통일된 과업정보의 수집을 통하여 구체적인 과업지시서를 작성한다든지, 특정 직무에 적합한 인재를 선발한다든지, 또는 직무성과에 따른 보상제도를 설정한다든지 하는 것을 들 수 있다.

3.2 인간관계적 접근방법

테일러의 산업공학적 접근방법은 사람은 저차원의 욕구를 가진 경제인이며 동기부여수단을 재무적인 것으로만 보고 내적 통제에 초점을 두었다. 반면 인간관계적 접근방법은 생산성 향상을 위해 사람을 사회인으로 보고 동기부여요인으로서 종업원의 사랑, 우정 등 인간관계와 관련된 사회적 욕구를 강조하였다. 즉 산업공학적 개선을 통하여 얻어진 생산성 향상의 성과를 경제적 보상과 연결시킴으로써 노동자를 동기부여시키고자 했던 테일러의 과학적 관리법은 노동자를 기계에 종속시키고 노동을 강화하는 수단이라는 비판을 받게 되었다.

반면 인간관계적 접근방법은 1920년대 메이요(E. Mayo)를 비롯한 연구팀들에 의하여 수행된 호손공장의 연구가 계기가 되었다. 즉 테일러는 노동자에 대한 동기부여의 중요한 요인으로 경제적 보상을 택하였다. 반면 인관관계적 접근방법은 사회 · 심리적 요인을 중요한 동기부여요인으로 보았다. 이후 인간관계적 접근방법은 다양한 동기부여모델을 제시한 행동과학자들에 의해 더욱 발전되어 오늘날의 인적자원관리 발전에 크게 기여하였다.

3.3 인사관리적 접근방법

1930년대의 공황기에 접어들어서는 많은 기업이 조직의 생존을 위해 비용절감에 몰두하지 않으면 안 되었다. 인간관계적 접근방법에 기초한 조직개발 프로그램들은 예산이 모두 삭감되거나 아예 사라져 버렸다. 인사부서의 업무는 모집, 선발, 배치, 오리엔테이션, 훈련, 보상, 복지, 안전, 노무관리 등의 일상적인 직능활동의 효율적 운영에 초점을 두게 되었다. 노동시장은 노동력의 수요에 비해 공급이 흘러넘치는 상황이었다. 그 속에서 인사담당자들은 종업원들의 동기부여에 관심을 쏟을 이유가 전혀 없었다. 이와 유사한 상황은 1997년 IMF사태 이후 기업구조조정과 감량경영하에서 똑같이 전개된 바 있다.

3.4 노사관계적 접근방법

대공황을 극복하기 위해 미국의 루즈벨트 대통령은 뉴딜정책을 도입하였다. 그 과정에서 노사관계에 대한 정부의 개입이 증가하였다. 특히 1932년에 제정된 노리스-라가디아법(Norris-LaGuardia Act)은 황견계약(노동조합에 가입하지 않을 것을 조건으로 한 고용계약)을 불법화하였다. 또한, 1935년에 도입된 와그너법(Wagner Act)은 노동자의 단결권과 단체교섭권을 보장해주었다. 그 결과 조직노동자의 수가 급격히 증가하게 되었으며, 그 동안 무조직 상태에 있던 많은 직업에서 노동조합의 결성을 가져오게 하였다. 이러한 노조수의 증가와 노조조직률의 증가는 기업의 인적자원관리에 새로운 외부압력으로 작용하게 되었다.

3.5 행동주의적 접근방법

1950년대에는 스키너(B. F. Skinner)의 연구성과를 토대로 행동과학의 영향력이 널리 확산되었다. 행동주의는 인간행동은 다양한 조작적 조건반응과정과 그에 따른 적절한 강화과정을 통해 통제가 가능하다고 보는 과학적 학습이론에 근거하고 있다. 행동주의자들은 인간이나 동물은 과거의 특정한 행동이 가져다준 보상이나 벌에 근거하여 특정한 행동을 하도록 동기부여되거나 또는 그 행동을 회피하려 한다고 주장하였다.

행동주의는 학습은 인지적 과정이 아니라 단순히 행동의 결과로 주어지는 보상과 연계된 과정이라고 가정하였다. 따라서 인간관계적 접근방법의 핵심원리들(예를 들면, 인지, 권위, 정의 등)을 부정하고 있다.

행동과학은 1950년대를 휩쓸면서 작업현장에서의 인간행동을 이해 · 예측 · 통제하고자 하는 다양한 과학적 방법들을 제공해주었다.

3.6 법적 규제 순응 접근방법

인적자원관리는 1963년에 도입된 동일노동 동일임금법과 1964년에 제정된 인권법 등의 영향으로 미국 정부의 강력한 정치적 · 법적 환경의 규제를 받게 되었다. 이후 1980년대까지 고용관계를 규율하는 각종 법률적 · 제도적 규제가 과거 어느 때보다 많이 정부의 주도하에 도입되었다. 이들 규제는 특히 개별 노동자들의 권리를 보호하고 늘리는 데 초점을 두고 있었다.

경영자에게는 정부가 요구하는 각종 법률적 규제의 틀 안에서 인적자원을 효율적으로 관리하는 일이 무엇보다 중요한 과제가 되었다. 이것은 당연히 인사스탭의 책임이 되었다. 법적 요건이나 각종 가이드라인을 준수함으로써 범법자가 될 위험이나 범칙금의 부과와 같은 재무적 손실을 회피하기 위한 인사스탭의 능력과 활동은 지금까지도 인사전문가들의 핵심역량의 일부가 되고 있다.

3.7 직무 · 조직재설계 접근방법

개별 직무재설계, 팀제 도입, 조직재편성 등을 포함하는 직무 · 조직재설계 접근방법은 모두가 외부환경변화의 압력, 특히 경쟁의 격화와 소비자 중시의 시장환경변화에 유연하게 대응하기 위한 기법이다. 직무특성모델은 직무재설계에 있어서 하나의 중요한 이정표가 되고 있다. 반면 사회 · 기술적 원리나 집단역학에 기초한 작업집단재설계는 종업원 간의 상호작용의 중요성을 강조하고 있다. 팀조직의 개발은 조직부문 간의 통합과 핵심적인 업무 프로세스의 재편성에 있어 가장 뛰어난 방법 중의 하나로 인식됨에 따라서 인사부문의 중요한 과제가 되고 있다.

이들 개별 직무의 재설계, 팀제 도입, 조직재편성 등을 상호 유기적으로 결합하는 작업은 경쟁격화와 같은 외부환경의 변화에 대응하기 위한 기업조직의 핵심적인 하부구조가 되고 있다. 인적자원관리는 이러한 조직변화와 개발, 경쟁력 있는 조직구조의 형성을 통한 기업조직의 경쟁력 제고 등을 충분히 고려하게끔 하고 있다.

3.8 전략적 시스템 접근방법

인사전문가는 외부환경의 압력에 적응하기 위한 유연성의 확보와 관련하여 최고경영자의 전략적 동반자가 되도록 하고 있다. 기업의 전략수행을 뒷받침하기 위해서 인사전문가는 기업의 국내외 사업전략, 개방시스템모델, 상황적 리더십, 전략적 벤치마킹, 전략적인 조직학습의 전개 등에 두루 정통해야 한다. 21세기의 인사전문가는 과거에 모집, 선발, 임금관리, 승진관리 등 전통적인 도구와 일반관리를 하던 시대에서 최고경영자의 전략적 파트너로서 조직의 변화를 주도하는 변화담당자의 역할까지 수행해야 할 정도로 역할의 중요성이 증대되고 있다.

최근의 인수합병, 적정 규모의 모색 등 외적으로는 급격한 환경변화에 적응하고, 내적으로는 구성원의 통합이라는 다양한 요구에 부응하기 위한 인사전문가의 역할은 점점 그 중요성이 증대되고 있다. 단순히 조직 내 구성원들과 관련된 잡다한 업무를 처리한다는 전통적인 인사나 총무의 시각으로는 새롭게 요구되는 인사전문가의 역할을 제대로 수행할 수 없게 되었다. 따라서 기존의 단편적인 인사관리는 기업조직의 전반적인 전략과 유기적으로 상호작용할 수 있도록 전사적 시스템 접근방법의 관점에서 새롭게 전개될 것이 요구되고 있다.

4 인적자원관리의 환경

모든 인간조직은 환경의 영향을 받고 도시의 환경에 적응하며 살아간다. 기업도, 학교도, 병원도, 국가도 모든 조직은 환경에 둘러싸여 혜택을 받기도 하고 대응하기도 하며 존속한다. 이처럼 환경과 영향을 주고받는 조직을 개방시스템(open system)이라고 하는데, 거의 모든 조직은 이에 속한다. 기업은 물론 가장 대표적인 개방시스템이다.

인적자원관리 분야에서도 환경요소를 무시할 수 없는 이유는 어떻게 하면 기회적 환경을 잘 이용하고, 위협적 환경을 최소화하여 기업조직을 존속 · 번영시키는지에 관심이 있기 때문이다. 오늘날의 조직은 과거보다 훨씬 복잡한 환경 속에서 존재하다 보니 인적자원을 관리하는 유일 최선의 방법은 없으며, 그 조직이 속한 사회의 법과 제도, 조직규모나 시장상황, 사용기술이나 노조의 위치 등에 따라 효율적 관리방식은 여러 가지가 나올 수 있다. 또한 각 조직의 목표와 전략, 환경과 시장뿐만 아니라 구성원들의 능력, 태도, 가치관 등도 모두 다르므로 모든 상황에 똑같이 적용될 수 있는 인적자원관리 원칙은 존재하지 않는다.

인적자원환경은 인적자원관리 전반에 영향을 미치며 조직은 바람직한 결과를 달성하기 위해 인적자원환경과 상호작용하고 적합하도록 인적자원 활동을 수행하여야 한다. 조직의 인적자원관리 활동에 영향을 미치는 모든 요인을 인적자원환경이라고 하며, 이는 외부환경과 내부환경으로 구분할 수 있다.

외부환경은 조직 외부에서 조직의 인적자원 활동에 영향을 미치는 환경으로 정치 · 경제적 환경, 시장환경, 사회 · 문화적 환경, 노동조합 등을 들 수 있다. 또한 인적자원관리는 조직 내의 가용자원과 역량 등 내부환경을 고려하여 수행되어야 한다.

4.1 외부환경

1) 정치 · 경제적 환경

경제여건의 변화와 정부의 거시경제정책은 상호 밀접한 관련이 있다. 따라서 정치적 환경과 경제적 환경은 별개로 구분하지 않는 것이 바람직하다. 정치 · 경제적 환경은 경제여건의 변화와 정부의 거시경제정책, 정부의 이해관계자에 대한 정책과 기업의 인적자원관리에 대한 직접적인 법적 규제로 나누어 살펴볼 수 있다.

경기의 호 · 불황은 기업조직과 인적자원관리에 많은 영향을 미친다. 경기가 호황 국면에 접어들거나 호황이 될 징조가 보이면 생산활동이 활발해지면서 이에 따라 인력에 대한 수요가 증가하고, 유능한 인력을 확보하기 위하여 임금, 승진, 복지후생 등의 고용조건들이 향상된다.

반면 경기의 침체는 유휴인력의 문제를 야기시켜서 기업이 구조조정을 통해 인력을 감축함으로써 사회적으로 실업문제를 발생시키게 된다. 이처럼 경기변동과 전반적 경제여건의 변화는 고용조건과 임금에 관한 노사 간의 기대와 교섭력을 변화시켜서 인적자원관리에 영향을 미친다.

한편 이러한 경제여건에 따라서 정부의 경제정책이 변하게 되고 이는 다시 전반적 경제상황에 영향을 미친다. 정부는 전반적 경제정책과 더불어 소득정책이나 임금규제를 통해서 기업의 인적자원관리를 직접 규제하기도 한다. 여기서 전반적 경제여건은 개별 기업들의 활동들이 집적된 것이므로 기업단위의 인적자원관리는 경제 전반에 영향을 미친다는 점에 유의할 필요가 있다.

정부는 인적자원관리와 노사관계의 거의 전반에 걸쳐서 개입하고 있다. 예를 들면, 채용, 임금인상, 퇴직금, 휴가 또는 동일한 직무에 대한 성별 · 학력별 임금격차의 해소 등에 대하여 개입한다. 이러한 정부의 개입은 증가하는 추세에 있다. 따라서 사회 전체적인 관점에서 법과 규정을 잘 이해하고 따르는 것은 인사관리자만이 아닌 조직 전체의 책임으로 고려되어야 할 것이다. 또한 기업은 로비를 통해서 정부규제의 성격과 방향에 영향을 미친다. 따라서 기업은 생산성을 증진시키면서 동시에 사회정의 차원에서 공정한 입법이나 정부규제를 유도하도록 노력하는 것이 바람직하다.

2) 시장환경

(1) 제품시장

제품시장환경은 고객과 고객의 욕구를 충족시키기 위한 경쟁기업들로 구성된다. 고객은 기업의 제품에 대한 최종심판자로서 기업의 궁극적인 생존과 번영은 고객의 선택에 달려 있다. 결국 기업의 생존은 누가 고객의 욕구를 보다 잘 충족시키느냐에 달려 있다. 기업의 인력에 대한 수요가 제품에 대한 고객의 수요에서 파생되는 것처럼 제품시장환경은 인적자원관리에 매우 중요한 영향을 미친다.

세계화시대를 맞이하여 전 세계시장의 단일시장화로 시장에서의 기업 간 경쟁이 더욱 치열해지고 있다. 제품시장에서의 경쟁이 심할수록 노무비를 포함한 요소비용에 대한 통제가 중요하게 된다. 따라서 고임금정책이나 기타 비용이 많이 드는 인사정책을 시행하는 데 있어서 많은 제약이 따르게 된다.

반면에 경쟁이 덜 심한 조건에서는 조직의 여유자원이 있어서 다양한 방식의 인적자원관리가 시도될 여지가 많다. 한편 경쟁이 치열해짐에 따라서 제품의 라이프사이클이 점점 단축되는 경향이 발생한다. 대체로 제품의 초기 도입단계에서는 혁신이 중요하다. 그러나 성숙기로 접어들면서 대량생산과 비용통제가 중요해진다. 그 결과 인적자원관리도 영향을 받는 것으로 인식되고 있다.

최근 고객의 욕구변화에 따라 품질에 기반한 경쟁의 중요성이 증가하고 있다. 즉 고객의 선택기준이 가격만이 아니라 품질로 변하고 있다.

(2) 노동시장

노동시장은 노동력에 대한 수요자와 공급자로 구성된다. 기업은 노동력에 대한 수요자이고 경제활동참가인구는 노동력의 공급자이다. 노동시장환경은 기업의 인력수급에 직접적인 영향을 미친다. 노동시장환경은 크게 수요차원과 공급차원으로 구분할 수 있다.

노동시장의 수요차원에서는 정보기술의 확산과 관련해서 고기능인력에 대한 수요가 증가하고 있다. 정보기술을 습득하고 있는 고급인력들은 주로 젊은 층으로서 종래의 연공주의 인사관리로서는 이들을 유인하기가 힘들다. 이와 관련하여 최근 업적주의가 확산되는 것도 정보기술을 다루는 젊은 층 인력을 유인하기 위한 것이라는 평가가 있다. 또한, 서비스 경제화로 대표되는 3차 산업의 팽창에 따라서 이 부문의 인력수요가 증가하고 있다. 이에 따라서 제조업은 인력을 충원하는 데 어려움을 겪고 있다. 마지막으로 인력구성의 유연성이 강조되면서 기업의 고용형태에 대한 수요가 변화하고 있다. 즉 정규직 근로자 외에 시간제 근로자, 계약직, 임시직, 파견근무, 재택근무 등 다양한 고용형태가 도입되고 있다.

노동시장의 공급차원의 변화는 노동력구성의 변화로 요약할 수 있다. 현대산업사회에서는 노동의 구성체계가 과거와는 많이 달라지고 있다. 따라서 이에 대한 인적자원관리의 문제가 심각하게 대두되고 있다. 특히 구성원의 고령화 경향과 고학력화 및 여성의 경제활동 증가가 두드러지고 있다.

① 노동력의 고령화

[그림 1-1]을 보면 우리나라의 고령화가 지속적인 현상인 것을 알 수 있다. 인구증가율이 둔화하면서 노동력 공급에 있어서 생산가능인구의 고연령층이 차지하는 비중이 늘고 있다. 지난 10여 년 동안 15~19세 연령층의 생산가능인구의 연평균 증가율은 −1.0%인 데 반하여 연령이 높아질수록 생산가능인구의 증가율은 높아져서 50세 이상은 평균증가율이 3.4% 높아졌다.

취업자수도 15~19세 연령층의 취업자증가율은 연평균 −4.8% 감소한 반

그림 1-1 | 고령화율 추이 국제 비교

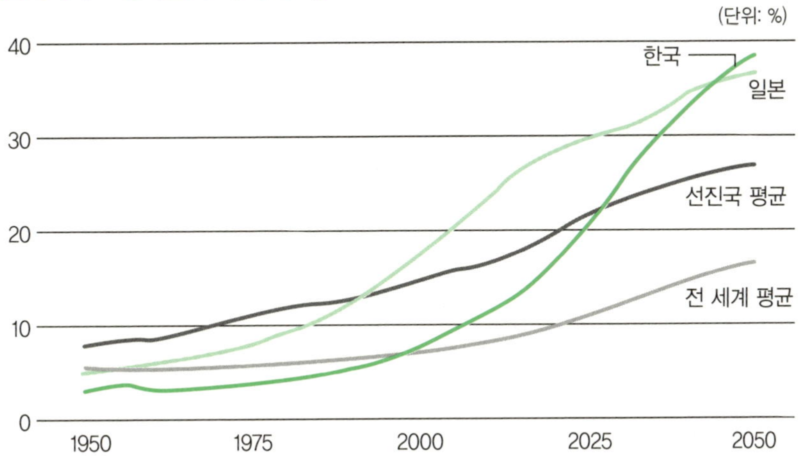

자료: 통계청

면 50세 이상은 4.1% 증가하였다. 저연령층의 취업률 하락은 인구의 감소와 함께 상급학교 진학률이 높아졌기 때문으로 보인다.

고연령 취업자는 변화에 적응력이 부족하고 위기대처에 순발력이 떨어지며 창의력이 취약한 것으로 보인다. 반면에 젊은 구성원들은 직무경험이나 능력에 있어서 성숙함이 부족하고 일처리에 있어서 신중함이 떨어지는 경향이다. 또한 조직 내 고령층 구성원의 증가는 조직구조가 피라미드형에서 항아리형으로 바뀌어가고 있으며, 인적자원관리에 있어서도 승진 및 임금구조의 변화가 필요하다. 따라서 기업들은 이러한 변화에 대응하기 위해서 팀 조직으로의 변화를 추진하고 있으며, 보상체계에 있어서 연공급 대신에 성과급·능력급으로의 변화를 서두르고 있다.

② 노동력의 고학력화

1980년 초반의 교육개혁 이후에 대학정원이 늘어남에 따라 국민의 교육수준은 급속도로 향상되었고, 이에 따라 노동시장에 진입하는 고학력자의 비중도 많이 증가하였다. 1988년 전체 취업자 중에서 중졸 이하의 학력자는

51.8%이었으나 1997년 36.4%, 2016년 15.8%로 줄어들었고, 반면에 대졸자는 1988년 12.5%에서 1997년 20.4%, 2016년 31.7%로 증가하였는데 이러한 추세는 앞으로 계속될 것으로 보인다.

교육수준의 향상은 일반적으로 생산성 향상을 위한 잠재적 역량을 높일 수 있는 바람직한 현상이나 인적자원관리의 효율성을 높이기 위해서는 개별 고학력 근로자의 자질과 적성에 따라 훈련 · 배치 · 평가 · 보상이 이루어져야 하고 직무설계 · 환경개선을 통한 동기부여가 향상되도록 함으로써 생산성 향상을 기대할 수 있을 것이다.

③ 여성의 경제활동참가율 증가

우리나라 노동시장에서 일어난 두드러진 변화의 하나는 여성의 경제활동참가율이 급격하게 증가하고 있고 앞으로 계속해서 증가할 것으로 예상한다. 이렇게 여성의 경제활동참가율이 증가하는 이유로는, 첫째 「남녀고용평등법(1988년)」이 시행되면서 모집 · 채용 · 해고 · 정년 등에서 남녀차별이 금지되었고, 둘째 여성의 학력수준 향상으로 전문성이 확보되면서 고도화된 산업사회의 노동력 수요에 부응하게 되었으며, 셋째 가사활동과 보육활동에 필요한 가전제품의 보급으로 여성의 노동시장 진출이 쉬워졌고, 넷째 기업들이 계속되는 인력난을 해결하고 경기침체에 대응하기 위한 원가절감의 수단으로 상대적으로 임금이 낮은 여성을 선호하게 되었다.

인적자원관리자는 여성의 사회진출과 관련하여 선발과 배치, 보상과 복지, 훈련과 승진 등에 있어서 남녀차별이 존재하지 않도록 해야 하며, 특히 여성의 복리후생과 관련하여 산전 · 산후휴가, 육아보호시설, 맞벌이 종업원의 동일지역 배치, 성희롱 예방 등의 문제를 반영하는 인적자원관리가 실현되어야 할 것이다.

노동력구성의 변화는 구성원의 가치와 기대의 변화를 반영하기 때문에 이를 고려한 인적자원관리가 필요하다. 구성원의 연령이 점차로 중고령화됨에 따라서 개인의 능력과 무관하게 임금이 자동적으로 올라가게 되는 임금제도나 퇴직금제도는 기업의 인건비 부담을 가중시키게 된다. 따라서 중고령자의 능력재개발을 위한 체계적이고 적극적인 노력이 요청되고 있다.

3) 정보기술의 발전

정보기술은 정보처리와 관련된 분야로 급속히 확대되고 있다. 그리고 이를 활용한 자동화가 증대되고 있다. 기존의 기술은 인간의 육체적 능력의 연장형임에 비해서 정보기술은 인간두뇌의 연장형으로서 인간노동을 완전히 대체할 잠재력이 있다. 조직이 일련의 정보처리단위들로 효율적으로 결합된 것을 보면 앞으로 정보기술이 조직과 인적자원관리에 미칠 영향을 예상할 수 있다.

정보기술은 구성원 및 구성원과 관리자 간의 상호작용, 그리고 의사소통의 유형을 변화시킨다. 따라서 관리자의 역할이 변화하고 분권화가 촉진되면서 조직구조가 평면화(flat)된다. 이처럼 정보기술은 인적자원관리상의 일련의 연쇄적인 변화를 촉진시킨다.

먼저 직무구조와 과업설계를 변화시키고 따라서 구성원의 기능요건을 변화시키며 경력경로와 승진기회에 영향을 미친다. 구성원의 기능요건이 변함에 따라서 보상체계와 보상수준이 변한다.

4) 사회 · 문화적 환경

오늘날 노동력구성의 변화 및 사회가치관의 변화와 다양화, 이를 가능하게 한 여러 요인으로 인하여 일 또는 조직에 대한 개념도 변화하게 되었다. 즉 과거와 같이 조직의 발전을 위해 조직에 개인을 몰입시키던 태도는 점차 사라지고, 조직보다는 개인을 우선시하는 방향으로 가치관이 변화하고 있다.

따라서 기업은 많은 구성원이 개인적인 성장가능성이라고 하는 그들 나름대로의 합리적인 사고와 소속집단에 몰입함으로써 직장의 안정성을 바라는 전통적인 사고 간에 심각한 갈등현상을 보임으로써 커다란 심리적 부담을 안고 있다.

이러한 개인주의적 경향은 사람의 생활에서 일이 차지하는 역할이 변하고 있음을 보여주고 있다. 종전에는 부유층에서만 누릴 수 있었던 삶의 여유를 이제는 대다수 사람이 함께 공유하게 되었다는 사실에 기인한다.

노동에 대한 가치관의 변화와 개인주의적 방향으로의 태도 변화 및 정치적 민주주의가 산업에도 적용되기를 바라는 태도의 출현에 따라 조직으로서는 이러한 성격을 갖는 구성원의 불만족을 줄이기 위해 개인 중시나 작업의 인간화로의 방향으로 직무를 재설계하거나 인간관계 개선방안의 도입, 공정한 평가제도의 확립, 승진 및 보상기준의 재정립, 더 크게 노동생활의 질(quality of working life)을 향상시키는 과제에 당면하게 된다. 사무관리직 구성원들의 비중이 커짐에 따라 전체 구성원들의 가치관 및 태도에 있어서도 달라진 모습을 볼 수 있을 것이다. 그리고 이것이 인적자원관리에도 반영될 것으로 예상할 수 있을 것이다.

5) 노동조합

노동조합은 노동자의 자발적인 단체이며 그 경제적 · 사회적 지위의 향상을 목적으로 한다. 노동조합은 사용자에 대항하려는 의도로 결성되는 경우가 많다. 노동조합은 구성원을 대표하여 노동조건의 향상을 요구하고 일부의 인적자원관리상의 결정에 대하여 참여할 것을 요청하게 된다. 이 측면은 보통 노사관계라고 불린다. 하지만 2012년 기준으로 노조가입률이 9.6% 수준으로 20년 전과 비교해 반토막 수준으로 떨어짐으로써 기존의 노사관계를 포함하여 모든 근로자의 고용에 따른 이슈를 다루어본다는 의미에서 고용관계라고 정의하는 학자도 있다.

노동조합의 성립에 따라 기업조직은 인간문제를 개별 관리수준에서뿐 아니라 집단관계의 차원에서 포착하여 대표권한을 가진 노동조합과 교섭을 하는 사태에 직면하게 되었다. 이 때문에 인적자원관리도 새로운 국면에 봉착하게 되었다.

여기서 기업조직은 노동조합과의 교섭에 있어 경영의 핵심에 가까운 전문 부서를 두어 창구를 일원화해서 대처할 필요를 느낄 때가 많다. 이렇게 하여 인사스탭의 충실화, 인적자원관리의 기능분화, 제도화, 규정화, 인적자원관리의 체계적 정비가 노조결정을 계기로 하여 진척되는 예가 적지 않은 것이다.

노동조합은 노사 간 상호작용의 특성에 따라서 노사 간 극도의 대립의식을 가져와 인적자원관리의 합리성을 손상시키는 경우도 있다. 이 경우 인적자원관리는 탄력성을 상실하고 형식화·경직화와 같은 병리현상을 보이는 예도 많다.

4.2 내부환경

1) 조직의 전략

인적자원관리의 전략적 성격의 중요성이 커져 가고 있다. 동시에 기업의 전략과 인적자원관리를 적합화시키려는 노력이 증가하고 있다. 기업의 전략은 인적자원관리에 있어서 중요한 내부환경이다. 여기서는 인적자원관리와 밀접한 영향이 있는 기업의 성장전략과 경쟁전략이 인적자원관리에 미치는 영향을 살펴보기로 한다.

기업의 성장전략은 기업의 투자방향과 관련이 있다. 이는 크게 집중전략, 성장전략, 철수전략으로 구분할 수 있다. 집중전략은 현재의 시장에서 시장점유율을 확대하는 것이 목적이다. 집중전략을 구사하기 위해서는 인적자원의 역량을 유지하고 개발해야 한다. 따라서 강도 높은 훈련과 능력에 대한 보상이 강조된다. 성장전략에는 기존의 자원이나 역량을 토대로 한 시장 및 제품개발을 통한 내적 성장전략과 흡수합병에 의해서 성장을 추구하는 외적 성장전략이 있다. 내적 성장전략의 경우 필요인력의 충원과 성장목표달성에 따른 인센티브 관리가 중요한 관리과제이다. 한편 외적 성장의 경우 인적자원관리상의 다양성을 인정하면서 최소한의 통일성을 유지하는 것이 중요하다.

기업의 경쟁전략은 고객의 욕구를 충족시키는 방식으로서 대표적인 유형으로는 혁신형, 방어형, 분석형으로 전략을 분류할 수 있다.

혁신형은 새로운 고객의 욕구를 파악하여 이를 신속하게 충족시키는 전략으로서 신제품과 신기술의 혁신을 주요 경쟁수단으로 삼는다. 방어형은 보다 효율적인 제조를 통해서 기존의 제품을 높은 품질이나 낮은 가격으로서 고객의 욕구를 충족시킨다. 분석형은 먼저 진입하지는 않고 혁신형을 관찰하다가 성공가능성이 보이면 신속하게 진입하고 공정성의 이점이나 마케팅상의 이점을 살려서 경쟁하는 전략을 말한다.

2) 조직의 라이프사이클

조직을 하나의 유기체에 비유하면 탄생에서 성장기를 거쳐서 성숙기와 쇠퇴기를 맞이하는 하나의 생명체로 볼 수 있다. 이것을 조직의 라이프사이클이라고 한다.

조직의 라이프사이클에 따라서 적합한 인적자원관리의 예를 들면, [표 1-1]과 같다. 조직의 도입기, 성숙기, 성장기, 쇠퇴기별로 인적자원관리상의 주요한 문제가 상이하므로 이에 대응한 관리가 필요하다. 예를 들면, 조직의 도입기와 성장기에는 필요인력의 조달과 보상관리 측면에서 외적 경쟁성이 중요하다. 반면 성장기와 쇠퇴기에서는 인력의 감축이 중요하고 보상관리에서도 비용통제가 강조된다.

| 표 1-1 | 조직의 라이프사이클에 따른 인적자원관리

	도입기	성장기	성숙기	쇠퇴기
지배적 가치	기업가정신	영업	경쟁력	비용통제
고용	우수한 기능공 및 전문가 영입	적절한 양적 및 질적 공급, 경영자승계계획, 급속히 성장하는 내부 노동시장관리	이직장려를 통한 일시해고의 기피, 배치전환 장려	인력감축의 계획과 실행, 구성원 배치전환
인사고과	사업계획 달성도 기준	성장성 기준 (예: 시장점유율)	효율성 및 이윤 기준	원가절감 기준
보상	고임금 또는 경쟁적 임금수준으로 인력유인, 주식배분	외적 경쟁성 유지, 내적 공정성 확립, 공식적 임금구조 확립	비용통제	엄격한 비용통제
훈련과 개발	미래의 기능요건 확인과 경력경로 설정	경영자개발을 통한 효과적인 경영팀개발, 조직개발	고령인력의 기능과 유연성을 유지	재훈련 실시와 경력상담
노사관계	노사관계의 기본철학 정립과 조직계획	산업평화의 유지와 종업원 동기부여 및 사기의 유지	노무비통제와 산업평화의 달성, 생산성 개선	작업규칙의 유연성 확보와 생산성 증진, 직무안전과 고용조정정책의 협상

3) 기업지배구조

기업지배구조는 기업을 둘러싼 이해관계자들 간의 기업의 지배권 또는 통제권의 분포형태를 의미한다. 기업을 둘러싼 이해관계자에는 주주와 구성원, 경영자, 은행 등 채권자, 고객, 공급업자, 지역사회, 정부 등이 있다. 기업지배권은 기업이 보유하고 있는 인적자원, 물적자원, 기타 각종 자원의 할당에 관한 의사결정권을 말한다. 결국 기업지배구조는 경영권이 이해관계자들 간에 어떻게 분포되어 있는가를 의미하는 것이다. 이는 이해관계자들 간의 명시적인 권한관계만이 아니라 암묵적이고 관행적으로 이루어지는 권한관계도 포함하는 것으로 보아야 한다.

기업지배구조는 인적자원관리에 큰 영향을 미친다. 예를 들면, 일본의 대기업지배구조는 기관소유체계가 특징이다. 특히 경영자는 기업내부에서 성장한 사람들로서 구성원 목표를 중시한다. 따라서 일본기업은 성장에 의한 구성원의 고용보장을 기업의 중요한 목적으로 두고 있다. 결국, 일본식 기업지배하에서는 구성원지향적인 인적자원관리가 이루어지고 이에 따라서 고용보장과 연공임금이 정착되었다. 한편 독일의 경우 공동결정법과 경영조직법에 근거하여 경영진을 선출하고 그 활동을 감시하는 감사역회에 구성원 및 노동조합 대표가 참가한다. 독일의 기업은 주주들에게 전적으로 소유되는 재산이 아니다. 구성원, 고객, 지역사회 및 금융기관, 그리고 주주들이 공동책임을 지는 공동체로 간주된다.

4) 조직구조와 직무구조의 변화

조직의 평면화(flat), 조직의 유연화, 가상기업, 네트워크조직, 팀제 등으로 불리는 조직구조의 변화는 기본적으로 정보기술의 발달에 기인한 것이다. 이러한 조직구조의 변화는 조직 내 구성원의 역할과 책임을 변화시키고 따라서 직무구조도 변화시키고 있다.

정보기술은 조직의 모든 구성원으로 하여금 쉽게 정보에 접근할 수 있게 한다. 이에 따라서 구성원의 의사결정책임과 권한을 증가시키는 것이 작업의 효율성을 높이는 방법이 된다. 그 결과 조직이 분권화되기 시작하고 과거의 위계적 조직구조는 평면적 조직구조로 변화한다.

또한 정보기술은 기존의 직무를 변화시킨다. 예를 들면, 로봇과 컴퓨터를 사용하여 제조공정을 자동화하는 컴퓨터통합제조방식에서는 작업자, 자재취급, 조립, 보관 직무가 하나의 직무로 통합된다. 작업프로세스의 효율성을 목적으로 하는 비즈니스 프로세스 리엔지니어링(BPR)도 결국은 정보기술을 활용함으로써 가능해진다. 구성원들은 의사결정의 분권화로 인해서 책임과 권한이 증대되고, 직무의 성격 변화에 따라서 여러 가지 기능을 습득하게 된다. 이러한 변화에 적합한 직무설계가 자율작업팀이다. 이와 같은 변화는 인적자원관리에 대단히 큰 영향을 미친다.

5) 조직의 규모

하나의 조직이 소수의 구성원으로 구성되어 있는 영세기업의 경우는 인적자원관리기능의 분화 · 제도화가 이루어지지 않는다. 인적자원관리기능은 다른 관리직 기능과 중복된 채로 아직 미분화하여 존재하고, 경영자는 구성원 각자에 대해 개별 관리의 형태로 책임을 지고 있다. 조직규모의 확대에 수반하여 인적자원관리의 기능분화가 생긴다. 제1단계는 경영자 · 관리자 간의 조직계층적 분화이다. 더욱 규모가 큰 조직에서는 기능분화의 제2단계로서 전문부문으로서의 인사담당부서의 발생을 보게 된다.

토·의·문·제

1. 인적자원의 중요성과 특성은 무엇인가?

2. 오늘날 경영자가 당면하고 있는 도전은 무엇인가?

3. 인적자원관리 환경은 무엇인가?

Chapter 02

직무관리

학/습/목/표

- 직무의 중요성에 대한 이해
- 직무분석의 방법에 대한 이해
- 직무평가에 대한 이해
- 직무설계에 대한 이해

기업에서 함께 일할 사람을 필요로 하는 것은 기업이 해야 할 일이 있기 때문이다. 이때 주어진 일을 직무라고 부른다. 기업이 어떤 사업을 할 때는 어떠한 일을 해야 할 것인가를 구체적으로 이해하여야 한다. 해야 할 일이 무엇인가를 알고 난 후에는 그 일에 가장 적합한 사람을 찾아서 쓰고 평가하여 임금을 지급하는 것이다. 따라서 일과 사람과의 관계를 살펴보기에 앞서 먼저, 기업이 해야 할 일을 체계적으로 살펴본다. 일의 내용, 체계적 정리 및 가치 등을 살펴보고 마지막으로 일을 하는 사람이 어떤 경우에 일을 즐겁게 할 수 있는가를 살펴본다.

종업원 만족 경영이 필요한 이유

종업원 만족 경영을 하지 않으면 안 되는 이유는 분명하고 간단하다. 그게 경쟁에 이기고 이익을 극대화시키며 좋은 기업을 만드는 데 중요한 역할을 하고 커다란 힘이 되기 때문이다. 그 힘은 기업을 성장 · 발전시키는 힘일 뿐만 아니라, 기업을 위험과 공격과 퇴보와 부패로부터 방어하는 힘이기도 하다. 전자는 경쟁력이고 후자는 관리력인데, 모든 게 다 개인이 소유하고 발휘하는 능력에서 나온다. 그런 능력을 '사원가치'라고 하고, 그런 능력을 기업이 필요로 하는 대로 소유하고 기업이 요구하는 대로 발휘하는 종업원을 '가치 있는 사원'이라 한다. 따라서 사원은 가치 있는 사원이 되도록 자신을 변화시키고 계발해 능력을 소유해야 하며 부단히 노력해 그런 능력을 계속 유지해야 한다. 그게 종업원 만족 경영을 하기 위한 전제조건이고 그걸 누릴 사원의 의무이기도 하다.

최근에 와서 부쩍 종업원 만족 경영의 중요성이나 가치가 강조되고 있다.

그나마 다행이긴 하지만 종업원을 만족시킨다며 '깜짝 이벤트'까지 등장하는 유난스러운 변화양상은 어쩐지 어색하고 불안하게 느껴진다. 이벤트는 어디까지나 이벤트여서 그것을 통해 줄 수 있고 받는 감동이란 요란하게 벌이는 만큼 만족의 뿌리를 깊이 내리지 못하기 때문이다. 그런 유의 이벤트가 마치 '매운 맛 나는 닭발'처럼 너무 화끈하고 너무 감칠맛 나서 다른 맛을 다 죽인다면 문제를 낳는다. 웬만큼 감동을 주어서는 만족할 수 없는 '감동의 활상(滑翔)현상'이 일어날 것이기 때문이다.

사실 기업에는 저런 유의 감동보다 훨씬 더 오래 가고 깊이 뿌리를 내릴 수 있는 감동거리가 많다. 그런 것들이란 그렇게 입을 다물 수 없을 정도로 화끈하게 자극적이지 않으며, 딴 맛들을 시들하게 느끼게 만들 만큼 미혹적이지 않아도 기업한테 조강지처 같은 사랑을 쏟게 한다.

요즈음 대기업들 치고 적대적 기업인수합병에 신경을 곤두세우지 않는 데가 없는데, 그것에 대항할 가장 강력한 방어력은 화끈한 닭발 같은 깜짝 감동에서 나오는 게 아니다. 성숙되고 질긴 유대감에서 나오는 가족정신에 있는 것이며 가장 충성스러운 우군이란 사원에서 찾아야 하는 것이다.

종업원 만족 경영을 하려면 몇 가지 기본적인 금기를 철저하게 지켜야 한다.

첫째는 사원을 어떠한 이유에서든 부정비리의 하수인으로 삼지 말아야 한다. 그런 짓은 신뢰를 죽이는 적이며 감동을 죽이는 독이다. 애사심이나 충성심이란 깨끗한 사원한테만 깃들 수 있고 정직한 사원만이 정상적으로 감동해서 만족을 누릴 수 있다. 사원이 부패하게 되면 만족의 눈금자가 작동을 멈추며 감동의 감지가 어려워지기 때문이다.

둘째는 사원을 부품처럼 여기지 말아야 한다. 사원을 존중하지 않는 종업원 만족 경영이란 있을 수도 없고 무의미하다. 사원을 인간답게 존중하는 것은 지혜로운 경영의 기본이다. 사원을 부품처럼 여기면 그의 마음을 얻는 것이 불가능함은 물론 그가 소유하고 있는 재능도 부품 수준으로만 발휘되며 시너지로 승화시킬 수 없다.

셋째는 사원을 머슴처럼 부리지 말아야 한다. 사원을 경영의 주체로 삼을 때만이 그들의 재능이 소중하고 강함을 알 수 있고 비로소 그들을 만족시키려는 노력을 하게 된다. 사원을 머슴쯤으로 여기며 부리는 한 그럴 필요가 없다. 결국, 공존공영의 윤리나 정신을 고사시키는 것이다.

종업원 만족 경영이란 구성원들의 역할이 중요해지고 발언권이 강해져서 저들을 함부로 대할 수 없기 때문에 하지 않을 수 없는 것이 아니라, 어디까지나 경영성과를 높이고 동시에 기업 평화를 유지하는 데 필요하기 때문에 대세를 따라서가 아니라 스스로 깨달아 하는 것이다.

종업원 만족 경영은 무슨 시대적 패러다임이 아니라 경영의 기본이요, 지혜로운 경영의 정도일 뿐이다. 종업원 만족 경영도 역시 마음먹기에 따라 시작할 수 있고 유익한 효과를 거둘 수 있다.

자료: 뉴스프리존, 2019. 11. 1.

1 직무의 특성

경영은 사람을 통하여 일이 되어지게 하는 기술(Management is a skill of getting things done through people)이다. 인적자원관리 역시 그 연구대상이 사람이다. 어떤 조직을 막론하고 그 목표를 달성하기 위해서는 조직구성원의 기여가 절대적으로 필요하다. 따라서 인적자원관리의 키워드는 ① 일(work)과 ② 사람(people)이라고 할 수 있다.

일의 성과를 극대화하기 위해서는 먼저 일에 대한 철저한 연구와 분석이 있어야 한다. 일을 경영학적인 용어로 말하면 직무(job)이다. 직무는 환경의 변화에 따라 계속 변화하는 동태적인 성격을 지니고 있다. 따라서 조직구성원들이 맡은 일(직무)은 고정불변하는 것이 아니다. 일은 시간이 흐르면서, 사람이 바뀌면서, 그리고 상황이 바뀌면서 변화하고 있다.

직무는 다음과 같이 3가지 특성을 지니고 있다.

1.1 시간에 따른 변화

일은 시간이 흐르면서 계속 변화하고 있다. 특히 정보기술이 발달되면서 일의 내용은 더욱 빠르게 변화하여 가고 있으며, 컴퓨터가 일의 일부를 담당하면서 앞으로 일의 내용은 엄청나게 변화하리라고 본다.

1.2 사람에 따른 변화

일은 그 담당하는 사람이 누구냐에 따라 그 일의 내용이 달라질 수 있다. 예를 들면, 회사의 어떤 인사담당자는 인사부서의 핵심적인 일은 교육을 하고 합리적으로 평가하여 임금을 주는 것이라고 생각한다. 그러나 새로 부임한 인사담당자는 인사부서의 핵심적인 일은 노사관계를 원만하게 이끌어 가는 것이라고 생각한다.

이것은 똑같은 인사부서의 일이라 하여도 그 담당자가 누구냐에 따라 일의 내용이 달라지는 하나의 예이다.

1.3 상황에 따른 변화

일은 상황에 따라 그 내용이 달라질 수도 있다. 예를 들면, K씨는 유람선에서 손님들의 음식을 전담하는 주방일을 맡고 있다. 그런데 갑자기 유람선에서 생각지도 못한 화재가 발생하였다. 그러면 K씨는 내가 하는 일은 주방일이니까 소방수가 하는 일이지 나의 일과는 상관이 없는 일이라고 쳐다만 보고 있을 수 있는가? 결코 그럴 수 없다. 상황이 바뀜에 따라서 K씨의 일은 주방장에서 소방수로 바뀌어 불을 끄는 데 집중하게 된다.

2 직무분석

직무분석(job analysis)에 대한 접근방법은 정태적 직무환경을 가정하고 있다. 정태적 직무환경은 직무를 담당하는 담당자와는 달리 상대적으로 안정된 환경을 말한다.

불행하게도 이러한 가정은 기술적인 진보를 무시하고 있다. 실제적으로 오늘날의 기술진보는 너무 급격하게 변화하여 현재에 존재하는 직무가 미래에는 거의 무용지물이 되는 경우가 많이 있기 때문이다. 더구나 중소조직의 수요나 또는 전 세계적인 변화에 대한 필요성으로 직무의 성격이 변화하고 있다. 그러한 요구에 성공적으로 대응해 나가는 데 필요한 구성원들의 요건 또한 변화하고 있다.

동태적인 환경하에서는 직무의 요구가 급격히 변화하고 현존하는 직무분석자료가 급격히 낡아 쓸모가 없거나 부정확하게 된다. 낡은 직무분석의 정보는 오히려 조직이 변화에 적응하는 데 걸림돌이 될 수 있다.

급변하는 환경에서는 조직이 그 변화에 대응하기 위하여 직무분석에 대한 여러 가지 접근방법이 필요하게 된다.

- 관리자들은 직무분석과 관련하여 미래지향적인 접근방법을 필요로 한다. 직무에 대한 이러한 '전략적' 분석을 위해서 관리자들은 미래의 조직요건에 대응하려면 직무나 과업의 관점에서 직무가 어떻게 짜여져야 할 것인가에 대한 분명한 관점을 가지고 있어야 한다.
- 조직은 직무분석에 대해 접근을 할 때 능력에 기반을 둔 접근방법이 필요하다. 여기에서는 표준직무요건이나 과업 등과 같은 것에 강조점을 두기보다는 성공적인 직무수행자의 특성에 더 많은 강조점이 두어진다. 성공적인 직무수행자의 능력은 조직의 문화 및 전략과 균형을 이루어야 한다. 그리고 직무담당자의 능력에는 개인 간의 커뮤니케이션기술, 의사결정능력, 갈등해결능력, 적응능력 및 자기 동기부여능력이 포함된다.

2.1 직무분석의 개념

직무분석은 직무에 대한 상세한 정보를 획득하는 과정이다. 즉 직무분석은 인적자원관리에 필요한 직무정보를 제공할 수 있도록 직무의 내용을 체계적으로 밝히는 활동을 말하는데 구체적으로 직무에 대한 정보를 수집하고 수집된 정보를 분석하여 직무의 내용을 파악한 후 각 직무의 수행에 필요한 지식, 능력, 숙련, 책임 등의 제요건을 명확히 하는 일련의 과정을 의미한다.

직무분석에 있어서 먼저 직무 및 관련 개념들에 대한 이해가 필요하다. 직무의 관련 개념으로 과업, 직위, 직종, 직군 등이 있다.

1) 직무

직무(job)는 작업의 종류와 수준이 비슷한 직위들의 집합으로서 인적자원 관리상의 필요성으로부터 생성된 개념이다. 즉 직무는 어느 정도 비슷한 업무내용을 가진 직위들을 하나의 관리단위로 설정한 것이다.

2) 과업

과업(task)은 종업원에게 할당된 일의 단위를 의미하는데, 독립된 목적으로 수행되는 하나의 명확한 작업활동으로 조직활동에 필요한 기능과 역할을 가진 일을 뜻한다. 예를 들면, 데이터분석, 기계운전 등이 이에 해당된다. 과업은 직무분석에 있어서 분석단위가 된다. 과업이 더욱 세분된 것이 동작이며, 이는 동작연구나 시간연구의 분석단위가 된다. 예를 들면, 집어 들기, 기계에 넣기, 크랭크 돌리기 등이 이에 해당한다.

3) 직위

직위(position)는 한 개인에게 할당된 과업의 집합을 말한다. 즉 한 사람이 맡고 있는 여러 과업이 합쳐져서 하나의 직위가 이루어진다. 따라서 종업원의 수가 직위의 수가 된다.

4) 직종

직종(job family)은 직무보다 넓은 개념으로 유사한 업무내용을 가진 직무들의 집합을 의미하며 직업이라고도 한다. 예를 들면, 정비직, 운전직, 상담직 등의 직종이 된다.

5) 직군

직군(job group)은 직종보다 넓은 개념으로 유사한 직종의 집단을 의미한다. 예를 들면, 사무직, 관리직, 영업직, 생산직 등의 구분이 직군이 된다.

2.2 직무분석의 활용

직무분석은 인적자원관리의 모든 업무에 있어서 기초자료로 활용할 정보를 제공한다. 인적자원의 선발, 훈련 및 개발, 인사고과, 직무평가, 경력개발, 직무재설계, 인적자원계획 등 인적자원관리의 거의 모든 활동이 직무분석을 통해 수집된 정보를 필요로 하고 있다.

1) 인적자원계획

조직은 환경변화에 대응하여 사업전략과 업무목표를 설정하고 이와 관련한 인적자원의 수요와 공급을 예측하여야 한다. 인적자원의 수급계획을 수립하기 위해서는 각 직무의 수행요건에 대한 정확한 정보가 필요하게 된다. 직무분석은 인적자원계획에 있어서 요청되는 기초정보를 제공하게 된다. 인적자원계획에서는 직무분석에서 도출된 직무담당자의 자격요건에 대한 정보를 바탕으로 필요한 지식, 기능, 능력을 보유한 사람들의 수요와 공급을 계획하게 된다.

2) 선발

인적자원의 선발은 지원자 가운데 가장 우수한 사람을 찾아내는 일이다.

이를 위해서는 채용될 인력이 수행할 과업들과 이를 효과적으로 수행하기 위해서 보유해야 할 지식, 기술, 능력 등을 확인하는 것이 요청되는데 이러한 정보는 직무분석을 통해 획득될 수 있다.

3) 인사고과

인사고과는 구성원들의 업무수행을 평가하여 우수한 자에게 상응하는 보상을 제공하고, 성과가 낮은 자에게는 성과 향상방안을 모색하고자 실시하는 것이다. 직무분석은 인사고과의 기준을 제공한다. 즉 직무분석에서 도출된 직무행동 및 직무성과의 표준과 실제 작업행동 및 직무성과가 비교되어 인사고과가 이루어진다.

4) 인적자원개발

직무분석은 인적자원개발의 기초자료가 된다. 직무수행능력은 직무분석을 통해서 도출되기 때문이다. 직무분석에서 직무를 구성하는 과업들이 확인되고, 각 과업이 효과적으로 수행되는 데 필요한 지식, 스킬, 능력이 인적자원개발의 내용과 목표가 된다.

5) 보상관리

직무분석은 합리적 임금관리, 특히 직무급과 직능급의 확립에 활용된다. 직무급체계에서는 직무의 상대적 가치를 평가하여 이를 임금결정의 기준으로 하며, 직능급체계에서는 직무수행능력을 임금 차별화의 기준으로 한다.

직무의 상대적 가치 및 직무수행능력을 결정하기 위한 선행단계로서 직무분석이 요청된다.

2.3 직무분석의 절차

직무분석은 논리적 과정에 의하여 전문적 기법이 활용되어 이루어져야 한다. 직무분석은 예비조사인 직무확인에서 시작해서, 직무별로 직무의 내용과 직무담당자의 자격요건에 대한 조사를 거쳐서, 직무기술서와 직무명세서의 작성으로 끝나게 된다. 예비조사는 분석할 대상의 직무를 결정하는 단계이다. 직무별 조사는 직무담당자나 상사 또는 전문가와 같은 정보원천을 설정하고 질문지, 면담, 관찰, 실험 등의 매체를 통해서 정보를 수집하는 과정이다. 마지막으로 수집된 정보를 분석해서 직무기술서와 직무명세서를 작성한다.

직무분석의 절차는 다음의 다섯 단계로 나눌 수 있다. 그런데 이는 기업실무에서 분석대상 직무의 수에 따라 달라질 수도 있다.

1) 배경정보의 수집

이는 예비조사의 단계에서 대부분 이루어진다. 조직도, 업무분장표, 기존의 직무기술서 및 직무명세서와 같은 이용가능한 배경정보를 수집한다.

2) 대표직위의 선정

직무정보의 수집을 위하여 모든 직위를 분석할 수도 있지만 이에는 시간과 비용의 문제가 따르기 때문에 일반적으로 대표직위를 선정하여 이를 중점적으로 분석한다. 그렇지만 조직의 전략적 목표달성에 필수적인 직무와 학습이 곤란하거나 직무의 성격과 내용이 변하는 직무는 분석대상에 포함시키는 것이 필요하다.

3) 직무정보의 획득

이 단계를 보통 직무분석이라고 한다. 여기서 직무의 성격, 직무수행에 요구되는 종업원행동, 인적 요건 등을 구체적으로 분석한다.

4) 직무기술서의 작성

앞에서 얻은 정보를 토대로 직무기술서를 작성하는 단계이다. 이는 직무의 주요 특성과 함께 직무의 효율적 수행에 요구되는 활동들에 관하여 기록한 문서를 말한다.

5) 직무명세서의 작성

직무명세서는 직무수행에 필요한 인적 자질, 특성, 기능, 경험 등을 기술한 것을 말한다. 이는 기업실무에 있어서 직무기술서에 같이 기술되는 경우도 많다.

2.4 직무정보의 수집방법

1) 관찰법

관찰법(observation)은 관찰자가 직무를 수행하는 구성원(들)을 직접 관찰함으로써 직무의 내용, 수행방법, 수행시간, 작업조건, 작업시설 등에 관한 정보를 수집하는 것이다. 관찰법에서 자료는 보통 체크리스트 혹은 작업표로 기록된다. 관찰법은 직무가 직무담당자나 상황, 시간의 흐름에 따라 크게 바뀌지 않는 것을 전제로 하고 있다. 이에 따라 관찰법은 수작업 및 표준화되거나 짧은 순환과정을 가진 활동이 많은 직무에 보다 적절하다. 따라서 정신적 작업 및 집중을 요구하는 직무보다 생산직이나 기능직 직무에 더욱 적절하다.

관찰법은 실시하는 데 간편하다는 장점이 있는데 다음의 몇 가지 문제점도 가지고 있다.

- 작업자의 육체적 활동은 관찰가능하지만 정신적인 활동은 관찰불가능하다.
- 시작에서 종료까지 장시간이 소요되는 직무에는 적용하기 곤란하다.
- 직무관찰과정에서 직무수행자의 작업에 방해가 될 수도 있다.
- 획득한 정보의 신뢰도에 문제가 있을 수 있다. 즉 직무수행자가 자기의 직무가 관찰되고 있다고 인지할 경우 직무수행에 영향을 미쳐 왜곡현상이 나타날 수 있다.

2) 면접법

면접법(interview)은 직무분석자가 직무수행자에게 면접을 실시하여 직무정보를 획득하는 방법이다. 면접은 직무를 수행하는 한 명의 작업자 또는 동일직무를 수행하는 작업자집단, 때에 따라서는 직무수행자의 감독자를 대상으로 한다. 직무분석담당자는 준비된 질문항목을 가지고 면접에 임한다.

직무분석자는 직무담당자로부터 직접 정보를 얻을 수 있는 면접을 사용함으로써 관찰법이 지니고 있는 문제점들을 극복할 수 있다. 특히 직무수행주기가 긴 경우 직무담당자는 자신의 작업수행을 요약하여 설명할 수 있다. 또한 관찰자가 알 수 없는 정신적인 작업과정을 설명할 수 있기 때문에 정신적 · 육체적 행위가 모두 기술될 수 있다.

면접법은 몇 가지 단점도 지니고 있다. 면접법에서는 직무분석자가 피면접자와 밀접한 관계를 유지해야 하며, 또 이들이 직무분석을 호의적이고 유용한 것으로 받아들일 수 있도록 해야 하는데 이는 그렇게 쉬운 일이 아니다. 또 피면접자가 직무분석의 결과로 자신이 피해를 입을지도 모른다고 판단하는 경우에 직무에 대해 정확한 정보제공을 기피하는 경우가 발생하기도 한다.

3) 질문지법

질문지법(questionnaire)은 사전에 설계한 표준화된 질문지를 활용하여 직무정보를 수집하는 방법이다. 질문지에는 직무분석의 대상이 되는 직무의 내용, 수행방법, 수행목적, 수행과정, 그리고 직무수행자가 갖추어야 하는 자격요건 등에 대한 질문이 포함된다.

질문지법의 장점으로는 정보수집을 위한 시간과 비용이 절약되며 폭넓은 정보를 수집할 수 있다는 점을 들 수 있다. 단점으로는 질문지개발에 많은 시간과 노력이 소요된다는 점, 질문지 문항에 대한 직무수행자의 정확한 이해부족 등 커뮤니케이션의 문제가 발생할 수 있다는 점, 대면적 방법으로 얻게 되는 협조와 동기부여효과의 결여, 사용 시 융통성이 없다는 점이 있다. 또 직무수행자가 얼마나 성의를 가지고 정확하고 정직하게 응답을 해주느냐 하는 신뢰도 문제가 제기된다.

4) 중요사건법

중요사건법(critical incidents)은 직무수행자의 직무행동 가운데 성과와 관련하여 효과적인 행동을 구분하여 그 사례들을 수집하고, 이러한 사례들로부터 직무성과에 효과적인 행동패턴을 추출하여 분류하는 방법이다. 중요사건법에서 직무분석자는 우선 직무관련자들로부터 성과와 관련하여 성공적 또는 비성공적 행동의 중요사건 사례를 수집하도록 요구하고, 중요사건들은 보편적으로 성공적 또는 비성공적 직무행동을 묘사하는 일화(逸話)의 형태로 수집되어 일화들(성공 또는 실패이야기)을 요약한 중요사건 설명서가 작성된다. 이 방법은 직무행동과 직무성과 간의 관계를 직접적으로 파악할 수 있다는 장점이 있다. 단점으로는 수집된 많은 직무행동을 분류 · 평가하는 데 많은 시간과 노력이 소요되며, 또 여기서 얻은 정보만 가지고는 해당 직무에 대한 포괄적인 정보의 획득에는 제약이 있다는 점을 들 수 있다.

5) 담당자 일지기록법

일지기록법(diary or log)은 직무담당자가 직무에 관한 의무, 빈도, 완성에 관한 직무일지를 기록 · 보관하도록 하고 그들의 일지를 직무분석에 활용하는 방법이다. 직무분석자는 직무담당자의 매일 또는 주간 · 월간의 직무일지를 비교 · 검토함으로써 일상적 또는 비일상적 임무를 확인할 수 있다. 일지기록법은 직무분석에 필요한 모든 정보를 획득하기 어렵지만 직무행동을 직접 관찰할 수 없는 엔지니어, 실험연구자, 상위층 경영자의 직무분석에 유용한 기법이다.

이상에서 직무분석을 위해 정보를 수집하는 방법을 몇 가지 소개하였는데, 이 가운데서 직무분석의 주목적, 분석대상이 되는 직무들의 특성, 직무수행자의 특성, 직무분석을 위해 투입할 수 있는 인력과 시간 등을 고려하여 가장 적합한 방법을 찾아야 한다. 기업에서는 어느 한 방법만을 선택하기보다 여러 방법을 병행하는 경우가 많으며 특히 질문지법과 면접법을 병행하는 경우가 많다.

2.5 직무분석기법

직무분석기법은 직무분석의 대상이 되는 직무의 내용과 직무수행자에게 요구되는 자격요건에 대한 정보의 내용을 어떤 관점에서 수집 · 분류하느냐에 따라 기능적 직무분석법, 직위분석질문지법, 관리직위기술질문지법, 과업목록법 등이 있다.

1) 기능적 직무분석법

기능적 직무분석(functional job analysis)은 미국 노동성에 의해서 개발된 것으로서 원래 취지는 직무배치와 상담에 사용하기 위한 것으로, 직무를 간략하게 분류하는 데 유용하다. 기능적 직무분석은 직무정보를 모든 직무에 존재하는 3가지의 일반적 기능, 즉 자료와 관련된 기능, 사람과 관련된 기능, 사물과 관련된 기능의 정보로 분류하고 정리한다. 정보수집은 작업자의 업무일지 및 메모사항 등을 통해 이루어지며, 또한 작업자 및 그의 상사와 면접을 하여 작업의 진행사항을 관찰하기도 한다.

2) 직위분석질문지법

직위분석질문지(position analysis questionnaire: PAQ)는 맥코믹(E. J. McCormick) 등에 의해서 개발된 것으로서 작업자의 활동과 관련된 187개의 항목과 임금관련 7개 문항을 포함하여 총 194개의 항목으로 구성된 질문지로서 작업에 대한 표준화된 정보를 수집하는 대표적인 방법이다. 설문항

| 표 2-1 | 직위분석질문지의 내용

설문범주	내용
1. 정보의 투입(35개)	직무수행에 필요한 정보를 어디서, 어떻게 얻는가?
2. 정신적 과정(14개)	직무수행에 포함되는 논리, 의사결정, 계획, 정보처리 활동은 무엇인가?
3. 작업산출(49개)	직무수행에 필요한 육체적 활동은 무엇이며 어떤 도구, 수단이 사용되는가?
4. 다른 사람과의 관계(36개)	직무수행에서 다른 사람과의 어떤 관계가 요구되는가?
5. 작업환경 및 직무상황(19개)	직무가 수행되고 있는 곳의 물적 · 사회적 상황은 어떠한가?
6. 기타 측면(41개)	직무와 관련된 다른 활동, 조건, 특성은 무엇인가?

목은 투입정보, 정신적 과정, 과업성과, 다른 사람과의 관계, 직무환경, 기타 직무특성의 총 6개의 범주로 구성되어 있다. 직위분석질문지의 직무부문의 예는 [표 2-1]과 같다.

설문지의 각 문항은 직무활동에 대하여 사용범위, 소요시간, 직무에의 중요성, 발생가능성, 응용가능성, 특수한 경우 등에 관한 척도를 평가하도록 하고 있다. 구조화된 직무분석기법들 중에서 직위분석질문지는 다른 것보다 더욱 철저히 연구된 것이며 변형이 없어도 넓은 범위의 직무에 사용가능하고 많은 자료원에 대한 비교를 가능하게 한다. 직위분석질문지는 선발과 직무분류의 용도로 널리 활용되고 있다. 그러나 인사고과와 훈련용도로는 활용되고 있지 않다. 직위설문지는 매우 다양한 직무를 쉽게 분석할 수 있고 직무평가용도로 널리 활용되고 있지만, 성과표준이나 훈련내용을 설문지의 점수로부터 도출해 내기 어렵기 때문이다.

3) 관리직위기술질문지법

직무분석 중에서 관리직무의 경우에는 비교적 복잡하다. 관리자의 직무는 계획, 조직, 조정 등의 다양한 활동으로 이루어져 있으며, 유사한 직무가 직무담당자에 따라 다르게 수행될 수 있고 또 직급, 직종, 지역적 여건, 조직성과에 따라서도 달라지기 때문에 이러한 점들을 고려하여 직무차원을 구별하고 측정하는 것은 간단한 일이 아니다.

관리직위기술질문지(management position description questionnaire: MPDQ)는 처음 개발되어 보상관리를 위해 새로운 관리직무를 분석하고 평가하는 수단으로 사용되었다. 직위분석설문지와 마찬가지로 항목의 포함 여부를 위한 중요성 수준이 결정되고, 직무수행에 필요한 지식, 기능, 능력이 추론된다. 이 방법은 새로운 직무로 이동하기로 되는 있는 관리자의 교육 필요성을 진단하고, 새로운 직무의 직무분류, 직무평가에 유용하다.

4) 과업목록법

과업목록법(task inventory procedure)은 미국 공군에서 기원한 것으로 설문지를 이용하여 분석하고자 하는 직무의 모든 과업을 열거하고 이를 상대적 소요시간, 빈도, 중요성, 난이도, 학습의 속도 등의 차원에서 평가한다. 이것은 특정 과업에 대한 구체적 정보를 수집하는 대표적인 방법이다.

과업목록법은 특정 직업을 단위로 직업을 구성하는 각 직무별로 수행되기 때문에 일반화된 양식은 없다. 과업목록법은 개발비용이 많이 들지만 일단 개발되면 교육용도로 매우 효과적으로 활용된다. 또 과업을 매우 세부적이고 체계적으로 분석할 수 있고, 종업원과의 인터뷰를 통해 획득한 설문항목을 사용하기 때문에 현실적인 직무내용을 파악할 수 있다는 장점이 있다. 그러나 직무 간 비교가 어렵기 때문에 직무평가 등의 용도로는 적합하지 않다.

2.6 직무기술서와 직무명세서

직무분석의 결과 직무기술서와 직무명세서가 작성된다. 기업이 직무분석을 실시하는 목적에 따라 그 내용이 다소 다를 수도 있지만 일반적으로 직무기술서에는 직무의 내용, 직무수행방법 및 절차, 그리고 작업조건 등이 기록된다. 직무명세서는 해당 직무를 수행하는 작업자가 갖추어야 하는 자격요건, 즉 직무수행요건을 기술한다. 그런데 기업실무에서는 편의상 직무기술서에 직무명세서 내용을 같이 기술하고 있는 경우도 많다.

1) 직무기술서

직무기술서는 직무분석의 결과에 의해 직무수행과 관련된 과업 및 직무활동을 일정한 양식에 기술한 문서를 말한다. 직무기술서를 작성함으로써 경영자는 구성원들이 수행해야 할 직무기준을 파악하게 되고, 직무수행에 필요한 구성원의 능력과 자질 기준을 이해하게 되며, 구성원들은 달성해야 할 직무성과와 노력목표를 인식하게 된다. 따라서 구성원들은 직무기술서를 그들의 직무에 대한 행동지침으로 이용하며, 감독자들은 직무기술서를 구성원들의 성과평가나 피드백 제공에 활용할 수 있다.

(1) 직무기술서의 내용

직무기술서에 포함되는 요소들은 일반적으로 다음과 같다.

- 직무명칭
- 직무활동과 절차, 수행되는 과업, 사용되는 원재료 · 기계, 다른 작업자와의 공식적 감독의 성격과 범위
- 작업조건, 열, 조명, 소음, 작업장소, 물리적 위치, 위험한 조건 등
- 사회적 환경, 예를 들면 작업집단의 인원수와 작업수행에 필요한 대인간 상호작용의 양에 관한 정보
- 고용조건, 작업시간, 임금구조, 임금형태, 부가급부, 공식조직에서의 직무의 위치, 승진, 이동의 기회 등

(2) 직무기술서의 작성

직무기술서는 직무에 대한 정확한 정보를 기술해야 한다. 직무기술서의 작성에 있어 유의할 점을 들면 다음과 같다.

- 표현이 단순명료해야 한다.
- 직무를 정의함에 일의 범위와 성격을 확실하게 지적하도록 해야 한다.
- 구체적이어야 한다. 예를 들면, 일의 종류, 복잡성의 정도, 요구되는 기능의 정도, 문제가 표준화되는 정도, 일의 각 단계에 있어서 작업자의 책임 정도, 보고의무의 정도와 종류를 기술한다.
- 감독책임을 나타내야 한다.

| 표 2-2 | 직무기술서의 예

직열	여신	직무명	여신기획	직무코드	40100

직무개요

여신관련 규정의 제정, 개정, 여신금리 결정모델의 개발 및 유지, 수익성분석 및 여신기획

직무내용

1. 여신관련 규정 제정 · 개정
   - 여신관련 규정 제정 · 개정
   - 관련부서 협의
   - 시행에 따른 업무처리개발 및 유지
2. 여신금리 결정모델개발 및 유지
   - 금리변동에 따른 내용조사 · 분석
   - 금리변동에 따른 영향분석
   - 관련부서 협의 및 모델 결정
   - 금리결정 기준 시달
   - 선진기법 도입을 위한 연수 및 연구
3. 수익성분석
   - 분석대상 업체의 수익성분석
   - 수익성분석표 및 결과보고서 작성
4. 일반여신계획
   - 여신제도개발 및 기존 제도 개선 · 유지
   - 영업점 업무지도

직무수행요건

1. 숙련요건
   - 숙련소요시간: 12개월
   - 사전 경험직무: L/C업무, 외환업무 전반, 융자업무 전반
2. 교육내용
   - 행내: 업무연수
   - 행외: 은행실무법률, 신용분석기초, 외환업무기초(한국금융연수원)
3. 지식요건
   - 기초지식: 법학, 경제학, 경영학
   - 실무지식: 대출관련규정, 한국은행 통화신용정책 등
4. 능력요건

   기획력, 창의력, 분석력, 협의조정력
5. 책임요건

   완결문서의 관리, 비효율적 부분의 개선

2) 직무명세서

직무명세서는 직무분석의 결과에 의거하여 직무수행에 필요한 종업원의 행동, 기능, 능력, 지식 등을 일정한 양식에 기록한 문서를 말한다. 직무명세서는 직무의 인적 요건에 초점을 둔 것이므로 직무기술서의 과업에 대한 기술로부터 인적 요건을 이끌어내는 것이 보다 유용성이 높다고 할 수 있다. 이것은 물적 환경, 과업과 책임, 고용조건 등에 대하여 기술하는 것이 아니라 직무수행에 필요한 인적 특성을 결정하는 것에 목표를 두고 있다. 즉 인적 특성이 직무성과를 예측하도록 하는 것이 직무명세서의 주된 목표라고 할 수 있다.

(1) 직무명세서의 내용

직무명세서는 다음의 내용이 포함된다.

- 직무명칭
- 교육: 최소 교육연수, 교육의 형태, 직무와 관련된 특정 분야의 교육내용
- 육체적 특성과 건강 : 일반적 신체적 특성, 정서적 안정성 등
- 지적 능력: 지수화
- 특수한 능력: 타인과의 협동작업능력, 손을 사용한 기능 등
- 과거 직업경험: 다른 분야에서 종사한 경험
- 특수한 지식 혹은 기능: 서류파일, 기록확인, 자료정리, 보고서 작성 등에 관한 지식 및 기능
- 성숙가능성: 2년 이내 증가되는 책임을 담당할 수 있는 가능성
- 기타: 2년 이내 직무담당자가 승진할 준비가 될 수 있는가 여부

(2) 직무명세서의 작성

직무명세서는 직무분석의 결과에 근거하여 직무담당자, 직무분석자, 감독

자들의 개인적 판단에 의해 작성되기도 하며, 통계적 분석 때문에 작성되기도 한다. 통계적 분석은 개인적 특성과 직무성과와의 체계적 관계에 대해 분석을 하는 것이며, 인사고과, 객관적 작업성과, 근속, 승진 등의 기준을 사

| 표 2-3 | 직무명세서의 예

<table>
<tr><td colspan="2">직무명</td><td>인사부장</td><td>직속상관</td><td>인사담당 중역</td></tr>
<tr><td colspan="2">직무번호</td><td>M-4201</td><td>작성일자</td><td>19××년 ×월 ×일</td></tr>
<tr><td colspan="2">직종</td><td>사무직</td><td>직속상관 승인</td><td>"서명날인"</td></tr>
<tr><td colspan="2">소속부서</td><td>인사부</td><td>담당자 승인</td><td>"서명날인"</td></tr>
<tr><td rowspan="6">학문적 지식</td><td>경영학</td><td colspan="3">경영학원론, 인사관리론, 노사관계론, 조직론 등의 일반지식</td></tr>
<tr><td>경제학</td><td colspan="3">경제원론 수준의 일반지식</td></tr>
<tr><td>법학</td><td colspan="3">노동법에 대한 일반적인 지식</td></tr>
<tr><td>심리학</td><td colspan="3">산업심리학, 사회심리학 등의 일반지식</td></tr>
<tr><td>통계학</td><td colspan="3">경제 · 경영통계학 수준의 일반적인 지식</td></tr>
<tr><td>전산학</td><td colspan="3">오퍼레이팅시스템 및 기타 사무관련 소프트웨어 운용지식</td></tr>
<tr><td rowspan="7">실무적 지식</td><td>인사제도</td><td colspan="3">조직에서 운영하고 있는 인사제도의 기본원리에 대한 지식</td></tr>
<tr><td>인사규정</td><td colspan="3">조직 내에서 시행되고 있는 제반 인사규정에 대한 구체적인 지식</td></tr>
<tr><td>인사통계</td><td colspan="3">주요 인사통계의 집계 및 해석에 대한 구체적인 지식</td></tr>
<tr><td>인력분석</td><td colspan="3">인력운용실태를 분석할 수 있는 계량적 지식</td></tr>
<tr><td>직무관리</td><td colspan="3">직무분석, 직무설계, 직무평가기법 등에 대한 구체적인 지식</td></tr>
<tr><td>보상관리</td><td colspan="3">임금수준, 임금구조, 임금체계, 복리후생에 대한 구체적인 지식</td></tr>
<tr><td>노동관계</td><td colspan="3">노사협의회, 고충처리, 단체교섭 등에 대한 운용지식</td></tr>
<tr><td rowspan="2">교육</td><td>정규교육</td><td colspan="3">4년제 대학 인문계열 졸업자</td></tr>
<tr><td>특별교육</td><td colspan="3">–</td></tr>
<tr><td rowspan="2">경험</td><td>실무경력</td><td colspan="3">인적자원관리 실무경험 10년 이상</td></tr>
<tr><td>자격면허</td><td colspan="3">–</td></tr>
<tr><td rowspan="2">능력</td><td>정신적</td><td colspan="3">판단력, 분석력, 창의력, 기획력 등이 요구됨</td></tr>
<tr><td>육체적</td><td colspan="3">특기할 만한 내용이 없음</td></tr>
<tr><td>기타</td><td>–</td><td colspan="3">–</td></tr>
</table>

용한다. 이 방법에 의한 직무명세서는 공정하고 명확한 내용이 될 수 있다. 판단에 기초를 두어 직무명세서를 작성할 경우 직무활동을 분석하고 이해하지 않으면 직무명세서의 신뢰성과 타당도가 낮아질 가능성이 높다.

3 직무평가

3.1 직무평가의 정의

직무평가란 각 직무의 중요성, 난이도, 위험도 등을 평가하여 직무의 상대적 가치를 정하는 체계적 방법으로서, 직무수행에 요구되는 숙련도 · 난이도 · 위험도 · 복잡성 · 노력 · 책임 등을 평가하는 과정이다. 직무평가는 직무분석 결과에 따라 작성한 직무기술서와 직무명세서의 직무정보를 기초로 조직내부의 각 직무에 대한 상대적 가치를 평가하는 것이지, 직무를 수행하는 사람을 평가하는 것은 아니다.

직무평가제도의 기원은 과학적 관리의 시간연구와 동작연구라고 할 수 있다. 직무평가는 직무에 대한 구조 · 내용 · 수행과정 등에 관한 과학적 연구를 통하여 도입되기 시작하였으며, 산업사회의 발전으로 새로운 직무의 등장과 새로운 생산방법의 도입으로 많은 직무들 사이에 가치체계의 불공정 문제를 해결하기 위해서 직무평가제도가 급속도로 발전하게 되었다.

3.2 직무평가의 중요성

1) 공정한 임금체계의 확립

직무평가는 직무의 중요도 · 난이도 · 위험도 등에 대한 질적 · 양적 측면에서 평가하여 조직의 목표달성을 위한 공헌도에 따라 합리적이고 공정한 임금체계를 구축하기 위한 것이다. 특히 직무평가의 결과는 직무급의 기초 확립을 위해 활용되고 있다.

기업은 임금관리에 있어서 직무평가의 결과에 따라 직무가치의 점수가 높은 직무에 대하여 높은 임률을 적용하고, 직무가치가 낮은 직무를 수행하는 사람에게 낮은 임률을 적용하여 지급함으로써 임금공정성의 논리를 확립할 수 있다. 이러한 임금공정성은 조직의 임금체계에 대한 합리성을 높이고 구성원들의 신뢰성을 향상시킴으로써 구성원들의 불평을 제거하고 노사 간의 임금갈등을 감소시킬 수 있다.

2) 인적자원관리의 합리화

직무평가는 조직목표 달성을 위한 직무의 공헌도 · 중요도를 파악함으로써 합리적이고 체계적인 직무구조의 확립을 위한 구성원들의 선발 · 배치 · 이동 · 승진 · 보상 · 훈련개발 그리고 직무설계 등 인적자원관리 활동의 합리화를 위해 활용되고 있다.

3) 노사 임금협상의 원활화

노사가 직무평가에 대한 합리성과 임금체계에 대한 공정성을 인식하게 되고 높은 상호신뢰가 구축됨으로써 임금협상이나 단체교섭을 원활하게 타결할 수 있다.

3.3 직무평가의 방법

직무평가의 방법은 우선 비계량적 평가방법(non-quantitative method)과 계량적 평가방법(quantitative method)의 두 가지로 구분된다.

비계량적 평가방법은 직무수행에 있어서의 난이도 등을 기준으로 포괄적 판단에 의하여 직무의 가치를 상대적으로 평가하는 방법으로서 여기에는 서열법과 분류법이 있다. 이에 대하여 계량적 평가방법은 직무분석에 따라 직무를 기초적 요소 또는 조건으로 분석하고 이들을 계측하는 분석적 판단에 의하여 평가하는 방법이다. 여기에는 점수법과 요소비교법이 있다.

계량적 평가방법은 분석적이며 계수적으로 다루어지므로 객관성을 띤 과학적 방법이라고 볼 수 있다. 거기에 비하면 비계량적 평가방법은 직무를 전체적으로 보아 평가하는 것이므로 양적 방법보다는 객관성이 결여되었다고 말할 수 있다. 그러나 비계량적 평가방법은 그 간편성, 경비절약 등의 장점에 비추어 소규모 경영이나 비교적 소수의 직무평가에 유효하게 이용될 수 있다.

1) 비계량적 평가방법

(1) 서열법

서열법(ranking method)은 가장 오래되고 간단한 방법으로 전체적 · 포괄적 관점에서 각 직무를 상호 비교하여 그 순위를 결정하는 방법이다. 즉 평가자가 종업원의 직무수행에 있어서 요청되는 지식, 숙련, 책임 등에 비추어 상대적으로 가장 단순한 직무를 최하위에 배정하고 가장 중요하고 가치가 있는 직무를 최상위에 배정함으로써 순위를 결정하게 된다. 실제로는 각 직무를 '카드'에 기입하여 평가자가 그 '카드'를 몇 단계의 등급(예: 수 · 우 · 미 · 양 · 가의 5등급)으로 분류한 후, 똑같은 과정을 몇 사람의 평가자가 반복함으로써 전 '카드'의 총체적인 서열을 정하되, 각 평가자가 정한 서열을 평균하여 직무의 서열을 정하게 된다.

이 방법은 그렇게 과학적인 방법은 아니며 직무 간의 차이가 명확한 경우이거나, 평가자가 모든 직무를 잘 알고 있을 경우에만 적용이 가능하다. 또 직무등급을 신속 · 간편하게 매길 수 있지만, 반면에 직무의 수가 많고 그 내용이 복잡한 경우에는 실효성이 없다고 보아야 한다.

(2) 분류법

분류법(job-classification method)은 서열법이 좀 더 발전된 것으로 특정 기준에 따라서 사전에 만들어 놓은 제 등급에 각 직무를 적절히 판정하여 맞추어 넣은 평가방법이다. 이 경우에 등급분류는 직무의 수, 복잡도 등에 따라서 달라진다. 즉 상 · 중 · 하의 3등급으로 간단하게 분류할 수도 있고, 또는 더욱 세분해서 다수의 등급으로 구분할 수도 있다.

다음의 [표 2-4]는 분류법에 의한 직무등급을 나타내고 있다. 분류법은 서열법과 마찬가지로 간편하므로 이용도가 높으나, 분류 자체에 객관성이 없는 경우에는 직무배정을 합리적으로 할 수 없게 된다. 이 방법은 강제적으로 배정하는 특성 등이 있으므로 정부기관에서 널리 사용되는 경향이 있다.

| 표 2-4 | 분류법에 의한 직무등급의 예

1급	사환 또는 이에 유사한 업무
2급	• 간단한 작업, 몇 개의 정해진 규칙에 의한 업무, 엄격한 감독하에 일상적으로 발생하는 정규적 업무 • 2급-1. 특히 경험이 불필요한 간단한 사무, 경험은 필요 없지만 약간의 훈련을 필요로 하는 기기를 사용하는 작업 • 2급-2. 단순하지만 완숙한 수행에는 약간의 경험을 필요로 하는 사무 • 2급-3. 약간 복잡한 기기(타이프라이터, 회계기 등)에 대해서 사외에서의 훈련을 필요로 하는 작업

2) 계량적 평가방법

(1) 점수법

점수법(point rating method)은 직무를 구성요소로 분해하고 각 요소별로 그 중요도에 따라 점수를 준 후, 이 점수를 합계하여 각 직무의 상대적 가치를 평가하는 방법이다. 말하자면 각 직무에 대한 평가치인 총점수를 상호 비교하고 점수에 따라 각 직무의 상대적 가치가 결정되는 것이다.

평가요소는 ① 각 직무에 공통적인 것, ② 과학적인 객관성을 가지고 있는 것, ③ 노사쌍방이 납득할 수 있는 것, ④ 직무내용을 구성하는 중요한 요소일 것 등의 조건을 갖추어야 한다. 이러한 점을 생각할 때 평가요소로서 보통 다음과 같은 것을 들 수 있다.

- 숙련요소: 교육, 지식, 경험, 판단력 등
- 노력요소: 구체적 노력, 창의성, 기타 정신적 긴장 등
- 책임요소: 감독책임, 설비책임, 원자재책임 등
- 작업조건요소: 위험도, 작업환경 등

다음은 각 평가요소의 중요도(weight)가 문제이다. 중요도는 가능한 한 객관적 사실을 기준으로 하여 결정하여야 한다. 중요도 설정의 일반적 조건으로는 ① 경영 전체의 관점에서 본 중요도, ② 직무에 있어서 각 평가요소가 표현하는 가치의 정도, ③ 평가요소의 신뢰도 또는 확률도 등의 세 가지

| 표 2-5 | 평가요소의 중요도의 예 1

(단위: %)

평가요소		중요도	
숙련	교육 경험 창의	14 22 14	50
노력	육체적 노력 정신적 노력	10 5	15
책임	설비 원료 및 제품 타인의 안전 타인의 작업	5 5 5 5	20
작업조건	작업환경 위험	10 5	15
계	–	100	100

조건이 중시된다. 이러한 중요도는 백분비로 표시되는 것이 보통이다. [표 2-5] 및 [표 2-6]은 그 예이다.

| 표 2-6 | 평가요소의 중요도의 예 2

(단위: %)

요건 / 종류	교육지식	정신적 요건	노력	환경	계
철강(독일)	25	43	14	18	100
항공기(독일)	30	40	20	10	100
기계(독일)	26	34	24	16	100
전기(미A)	62	19	26	13	100
전기(미B)	57	21	28	14	100
미(5사평균)	45	31	11	13	100
독(14사평균)	22	34	24	20	100

| 표 2-7 | 점수법의 예(평가요소의 등급화)

점수 / 요소	0	2	4	6	8	10
교육	국졸 또는 그 이하	중졸	고졸	초대졸	대졸	대학졸업 후 직업교육 수료
경험	무	1년	2년	3년	4년	5년 이상
훈련기간	근소	1개월	3개월	6개월	12개월	18개월 이상
작업피로	근소	경도	보통	때때로 강도	항상 강도	극도
적극적 능력	극소	때때로 필요	자주 필요	항상 필요	고도로 필요	부단히 새로운 문제가 있다
책임 (경영과의 관계)	경영과는 무관계	근소한 관계	중간	중요	극히 존중	기업성쇠에 관계가 있다

점수법에 있어서는 1점당의 급여액이 결정되면 그것과 각 직무의 총점수를 곱하여 그 직무에 대한 직무(직계)급을 산정할 수 있다.

이와 같이 점수법은 직무의 상대적 차등을 명확하게 정할 수 있으며 종업원으로부터 평가결과에 대하여 이해 및 신뢰를 얻을 수 있다. 그러나 실제로 각 직무에 공통되는 적합한 평가요소의 선정이 용이하지 않으며, 더욱이 평가요소에 대하여 등급을 정하고 그 등급에 따라 점수를 배정하는 과정, 다시 말하면 중요도를 설정하는 것은 상당히 어려운 일이다. 따라서 점수법의 시행에 있어서는 평가자의 전문적 기술과 아울러 많은 준비기간 및 경비가 필요하게 된다.

중요도의 결정은 각 직무와의 관계에서 본 평가요소(항목)의 상대적 중요도에 따라서 결정되며 평가요소 전체에 대한 백분비로서 표시되는 것이 보통이다. 그리고 이 점수법은 공장의 기능직에 대한 평가방법으로 많이 사용되고 있다.

(2) 요소비교법

요소비교법(factor-comparison method)은 그 기업이나 조직에 있어서 가장 핵심이 되는 몇 개의 기준직무를 선정하고 각 직무의 평가요소를 기준직무의 평가요소와 비교함으로써 모든 직무의 상대적 가치를 결정하는 방법이다.

요소비교법은 직무의 상대적 가치를 임금액으로 평가하는 것이 특징이다. 말하자면 임금액을 가지고 바로 평가하여 점수화할 수 있다는 것이다. 이와 같은 방법은 전술한 점수법을 개선한 것으로서 점수법이 각 평가요소의 가치에 따라서 점수를 부여하는 데 반하여, 요소비교법은 각 평가요소별로 직무를 등급화하게 된다.

그 구체적인 평가과정은 다음과 같다.

- 몇 개의 기준직무를 선정한다. 그 기준직무는 업무내용이 명확하고 지불되는 급여액이 적절하다고 인정되는 것이어야 한다. 기준직무의 수는

예정하는 직무등급수와 같게 해야 한다.

- 평가요소를 결정한다. 평가요소의 수는 5개 내지 7개로 하며, 7개를 넘는 것은 부적당하다. 일반적으로는 ① 정신적 노력, ② 숙련, ③ 육체적 노력, ④ 책임, ⑤ 작업환경의 5개 요소가 많이 사용된다.
- 기준직무가 각 평가요소에 대하여 요구하는 중요도에 따라 평가요소별로 기준직무를 등급화한다. 즉 순위를 정하는 것이다. 이것은 그 직무의 현재 임금을 평가요소별로 배분하는 것을 뜻하며, 실제로는 여러 명의 평가위원이 여러 회에 걸쳐 배분한 결과를 종합 · 평균하여 모든 기준직무에 대한 최종적인 순위를 평가요소별로 결정하는 것이다. 예를 들면, 평가위원 A가 각 기준직무의 시간당 현재 임금(또는 평균임금)을 요소별로 배분한 것과 같은 방법으로 여러 명의 평가위원이 여러 회에 걸쳐 배분한 결과를 요소별로 종합 · 평균하여 기준직무요소별 임금배분표를 작성하게 된다.
- 다음에 평가하고자 하는 직무를 기준직무요소별 배분표에 위치하는 장소를 찾아 요소별로 임금액을 결정한다. 그리고 이들 요소별 임금액을 합계하여 그것을 그 직무의 임금액으로 한다. 따라서 이 임금은 동시에 그 직무의 상대적 가치를 표시하게 되는 것이다.

요소비교법의 예로는 [표 2-8]을 들 수 있다. 요소비교법은 복잡하고 그 실시에 있어 노력이 많이 드나 기준직무만 적절히 선정되면 점수법보다는 훨씬 합리적이어서 널리 사용되고 있다. 그러나 기준직무의 정확성이 결여되거나 그 내용에 변화가 생긴다면 자연히 평가결과에 영향을 끼치게 되므로 전체의 측정척도가 변경되지 않으면 안 된다.

한편 점수법은 주로 공장의 기능직에 국한하여 사용되지만, 요소비교법은 기능직은 물론이고 사무직, 기술직, 감독직, 관리직 등 상이한 직무에도 널리 이용될 수 있다. 뿐만 아니라 이 방법은 임금결정과 직결되므로 기업에 있어서 현행 임금액이나 그 결정방법의 타당성을 검토하는 데 활용될 수 있는 동시에 직무급제도의 실시에 크게 기여하게 된다.

이상의 직무평가에 대한 네 가지 방법의 특징과 상호관계를 표시하면 [표 2-9]와 같다.

| 표 2-8 | 기준직무요소별 임금배분표의 예

평가요소	정신적 노력		숙련		육체적 노력		책임		작업환경		시간당 임금
배분임금 및 직위 / 기준직무	임금	순위	임금	순위	임금	순위	임금	순위	임금	순위	
기계공	26.8	1	33.4	1	10.2	7	15.8	2	5.8	8	92
공구공	21.7	3	32.1	2	12.2	5	13.8	3	8.2	7	88
동력공	24.9	2	21.1	3	4.1	9	27.7	1	4.2	9	82
조립공	11.1	4	20.1	4	14.0	4	12.2	4	10.6	4	68
재료공	10.1	5	18.8	5	10.8	6	10.6	5	9.7	5	60
목공	5.5	7	7.3	7	19.2	2	6.9	7	13.1	2	52
운전공	8.8	6	14.2	6	8.2	8	10.5	6	9.3	6	50
운반공	3.2	9	4.2	8	21.9	1	5.0	8	13.7	1	48
수위	5.0	8	3.5	9	17.7	3	4.0	9	11.8	3	42

| 표 2-9 | 직무평가의 방법과 그 관계

	계급적	계열적	
비계량적	분류법	서열법	전체적
계량적	점수법	요소비교법	분석적
	직무 대 기준	직무 대 직무	

4 직무설계

4.1 직무설계의 의의

산업화가 고도로 진전됨에 따라 직무불만족, 노동의 소외, 악화되고 있는 근로생활의 질 등이 큰 문제로 되어 가고 있다. 산업혁명 이후 노동의 양식이 근본적으로 바뀌고 직장에서 보내는 시간이 생활에서 큰 비중을 차지하게 되었다. 따라서 노동에서 발생하는 문제를 종래에는 여가시간에서 해소해 왔지만 보다 근본적으로 직무수행과정 자체의 변화로 이를 해결하고자 하는 노력이 대두되었다.

즉 기업에서도 직무의 경제적 · 합리적 측면만을 보는 태도에서 벗어나 적극적으로 노동의 인간화, 근로생활의 질 향상 등의 문제에 관심을 기울이게 되었다. 기업 내에서 구체적으로 이를 실천하기 위한 분야 중의 하나가 직무설계이다. 직무는 직무수행자에게 경제적 보상뿐만 아니라 근로자로서의 의미와 만족을 부여하기 때문에 직무설계가 중요시되는 것이다.

직무설계는 조직의 목표를 달성하고 직무를 맡고 있는 개인의 욕구를 만족시키기 위한 직무의 내용, 기능, 관계를 결정하는 것이다. 이 정의에서 볼 수 있듯이 직무설계는 직무의 여러 측면과 관계가 있다. 즉 직무의 내용, 직무의 요건, 요구되는 대인관계, 성과 등이 직무설계의 핵심적 요인이다.

직무설계는 직무분석에 선행할 수도 있으나 기존의 직무에 대해 직무분석을 실시하고 이를 바탕으로 새로이 직무를 만들 경우에는 직무재설계(job redesign)라고 한다.

4.2 직무설계의 접근방법

직무설계의 접근방법의 변천을 그림으로 보면 [그림 2-1]과 같다.

그림 2-1 | 직무설계에 대한 접근방법의 변천

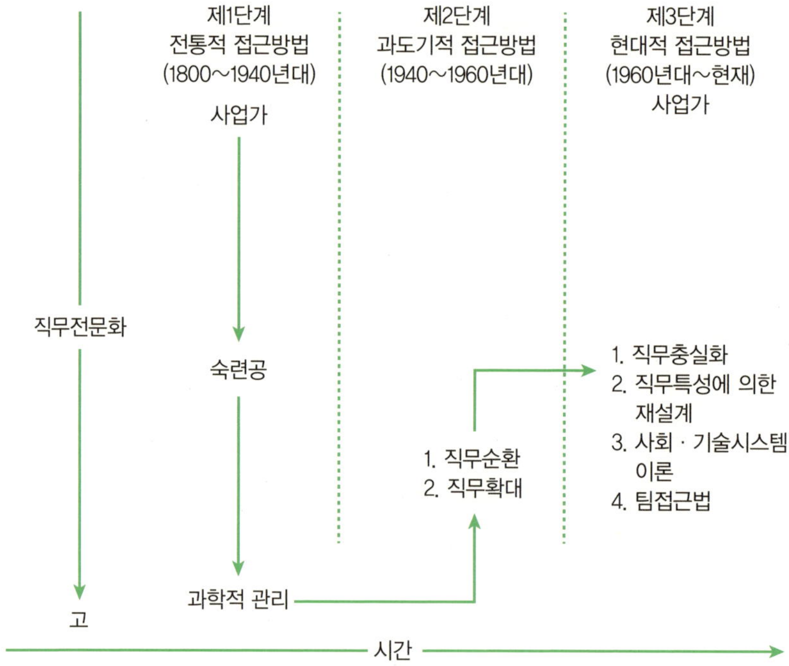

1) 전통적 접근방법: 과학적 관리법

과학적 관리법에 의한 직무설계기법은 테일러(F. W. Taylor) 및 그의 동료들에 의해 주도된 것으로 산업화의 과정에서 조직이 당면하고 있던 문제들을 해결하기 위해 주로 조직의 요구를 중심으로 하여 전개되었다. 이 기법은 점차로 많은 조직에서 작업의 설계를 위한 전통적 접근방법으로 활용되었으며 산업공학 내지 직무공학으로 계승되어 기술적 · 경제적 합리성을 목표로 하는 직무설계의 원칙으로서 오늘날에도 여전히 중요한 위치를 차지하고 있다.

과학적 관리법에서는 직무설계가 가장 중요한 요소 중의 하나이다. 과학적 관리법은 직무를 수행함에 있어 각 작업요소의 단순화, 표준화 및 전문화를 필수적인 것으로 상정하고 있다.

조직은 이러한 기본적인 직무설계방법을 활용하기 위해서 모든 직무를 매우 작은 작업단위로 세분화하고 세분된 작업단위를 수행하기 위해 필요한 절차를 표준화하였으며 작업능률을 높일 수 있도록 종업원들을 교육 · 훈련하였다.

과학적 관리법은 산업화된 세계 각국에 널리 도입되었으며 일관작업공정은 가장 널리 채용되고 있다. 과학적 관리법은 각종 형태의 작업에 적용되었지만 특히 관리적 단위로 세분화될 수 있고 능률성을 제고시키기 위한 전문화가 가능한 직무에 집중적으로 적용되었다.

과학적 관리법에 의한 직무설계의 장점은 다음과 같다.

- 과학적 분석 · 검토를 통해서 작업은 작업자의 능률을 극대화할 수 있도록 최대한으로 전문화되고 단순하게 설계될 수 있다.
- 만약에 직무가 고도로 전문화된 단위로 세분화될 수만 있다면 이는 미숙련공에 의해서도 얼마든지 수행될 수 있고 또한 미숙련공은 비교적 저렴한 임금으로 언제든지 획득할 수 있는 것이기 때문에 경제적인 이점이 있다.
- 기술상의 숙련도가 문제되지 않기 때문에 종업원에 대해서는 작업수행상 필요한 최소한의 교육이 실시되며 여기서 절약되는 비용 또한 큰 것이다. 여기에 덧붙여 종업원에게 요구되는 최소한의 교육요건 및 저숙련도는 종업원을 기계의 부품처럼 호환성이 높게끔 만들므로 종업원들의 다른 직무로의 배치전환은 공정진행에 별다른 지장 없이 시행될 수 있으며 이에 따른 비용의 절약을 기할 수 있다.
- 과학적 관리법은 작업의 양과 질에 대해 관리장에게 고도의 통제권을 부여해준다. 다시 말하면 과학적 관리법으로 능률적인 직무설계가 가능하게 되며 그것은 낮은 비용으로 높은 성과를 달성할 수 있게 된다.

단점으로는 다음을 들 수 있다.

- 단지 공학적 기준만으로 설계된 직무는 직무수행자에게 불만족, 직무에 대한 무관심, 몰개성화, 소외감, 개인적 성장 및 성공기회의 결여 등을 초래한다.
- 직무수행자에 대한 이러한 영향은 정신건강의 저하, 정신병의 발발과 같은 사회적 질병과 함께 태업, 노사분쟁, 높은 이직 및 결근, 변화에 대한 저항, 제품의 낮은 질 등과 같은 경제적 · 조직적 문제도 유발한다. 즉 단조롭고 권태로운 직무의 심리적 비용은 예상되는 경제적 효과를 상쇄할지 모른다는 것이다.

2) 과도기적 접근방법

과학적 관리법에 의한 직무설계는 많은 부작용을 초래하였기 때문에 대안으로서 직무순환과 직무확대가 제시되었다.

(1) 직무순환

직무순환의 전제는 작업자에 의해 수행되는 여러 가지 과업은 호환성이 있으며, 작업자는 작업흐름에 큰 지장 없이 한 과업에서 다른 과업으로 순환이 가능하다는 것이다. 종업원들을 다른 직무들 사이에 순환시킴으로써 다른 기능을 개발할 기회가 되며, 전체 생산과정에 대한 시야를 넓힐 수 있기 때문에 권태감과 단조로움이 감소된다고 가정하고 있다.

그런데도 직무순환은 단지 단기적인 해결책일 뿐이라는 지적을 받고 있다. 즉 작업자의 직무는 크게 바뀌지 않으며 일시적으로 단조로움이나 권태감이 완화되고 또 다른 일련의 단조로운 직무를 접하게 될 뿐이라는 비판이 제기되었다.

(2) 직무확대

과학적 관리법에 의한 직무설계의 한계에 대한 또 하나의 해결책으로 제시된 것이 직무확대이다. 이는 작업의 흐름 중에서 작업자가 맡은 과업의 수를 증가시키는 것이다. 즉 직무를 구조적으로 크게 함으로써 종래의 단순화된 직무에서 느끼던 권태감이나 단조로움을 줄이며 직무에 대한 만족을 높이고 결근이나 이직 또한 감소될 것이라고 생각했다.

이 원리에 따른 시간절약, 품질의 향상, 비용의 절감 등의 성공사례도 있었으나 이것은 직무의 실질적인 내용에 있어서 하등의 변화가 없기 때문에 아무런 해결책이 되지 않는다고 하며 이로 인해 보통 종업원들은 작업량이 증대되어 종업원 감축의 한 수단이 된다는 비판이 제기되고 있다. 또는 이의 실험은 보수상의 변화가 동시에 진행되기 때문에 어느 요인이 그 성공에 기여했는가는 밝혀지지 않고 있다. 직무확대 효과의 일반성에 대해서도 알려진 바가 거의 없다.

3) 현대적 접근방법

직무전문화, 직무순환, 직무확대 등이 기본적으로 작업자들의 욕구를 충족시키지 못하며 유효한 직무설계의 방법이 되지 못한다는 것이 밝혀지자 작업자의 동기부여에 초점을 맞춘 직무충실이론과 직무특성이론이 등장하였다.

(1) 직무충실화

직무충실화는 허즈버그와 그의 동료들에 의하여 이론적 토대가 마련되었다고 보여진다.

허즈버그가 직무 자체의 동기부여적 성격을 강조한 이래 많은 연구자 및 실무자들이 직무충실화에 관심을 기울였다. 허즈버그에 의하면 직무충실화는 단순히 직무를 구조적으로 크게 하는 것이 아닌 직무의 내용을 풍부하게 만들어 작업상의 책임을 늘리며, 능력을 발휘할 수 있는 여지를 만들고, 도전적이고 보람 있는 일이 되도록 직무를 구성하도록 하는 것을 의미한다. 충실화된 직무의 요소들로서 허즈버그는 다음의 8가지를 들고 있다.

① 직접적 피드백, ② 고객관계, ③ 학습기회, ④ 작업일정수립의 기회, ⑤ 전문적 능력, ⑥ 자원의 통제, ⑦ 직접적 커뮤니케이션, ⑧ 개인적 책임 등이 있다.

허즈버그와 많은 연구자들의 노력에 힘입은 직무충실화는 실제 기업에 적용되어 많은 성공사례가 보고되고 있다. 이 이론은 근로생활의 질 향상의 일환으로서 인정받고 조직개선전략으로도 훌륭하다고 평가받고 있으나 점점 많은 비판이 제기되고 있다. 비판의 내용은 다음과 같다.

첫째, 개인 간의 차이를 고려하지 않는다.

둘째, 기업에서 이를 적용할 때 기술, 훈련, 임금상승, 유인 등의 변화를 동시에 시행하기 때문에 직무충실만의 효과 혹은 어떤 직무요소가 영향을 미치는지 밝혀지지 않는다.

셋째, 투입된 비용을 감당할 만큼의 효과가 있는가의 문제가 있다.

넷째, 감독자 및 수직적 · 수평적 타 부문과의 관계의 문제가 있다.

다섯째, 충실화할 수 없는 직무 등의 문제가 제기된다.

직무충실화가 현대경영이 당면하고 있는 모든 직무설계문제에 대한 만병통치약이라고 할 수는 없다. 그러나 동기부여라는 측면에서 가치 있는 기법임은 분명하다. 다만 직무충실이 복잡한 인간 및 상황변수들을 고려하여 선택적으로 적절히 사용되어야 한다는 것이다.

(2) 직무특성이론

직무충실화가 직무설계에 대한 훌륭한 원칙과 방향을 제시하였다고 한다면 직무특성이론(job characteristics theory)은 그 테두리 내에서 그것을 이론적으로 더욱 정교화하고 그에 따른 실천적 전략까지 제시하였다는 점에서 높이 평가받고 있다. 해크만(J. R. Hackman)을 주축으로 한 직무특성이론은 1970년대 직무설계이론을 지배하여 왔으며 그것에 대한 많은 이론적 · 실증적 연구가 이루어져 왔다.

직무특성이론은 핵심직무차원, 중요심리상태, 개인 및 직무성과의 세 주요 부분으로 이루어져 있다. 직무설계이론에서 얻고자 했던 개인 및 직무성과는 중요심리상태에서 얻어지며 중요심리상태는 핵심직무차원에서 만들어진다는 것이 이 이론의 개요이다. 직무특성이론에서는 5가지의 직무특성을 핵심직무차원이라고 하여 다음과 같이 설명하고 있다.

- 기술다양성(skill variety): 작업자가 많은 상이한 기술이나 재능을 활용할 수 있도록 직무가 다양하고 상이한 활동을 요구하는 정도
- 과업정체성(task identity): 직무가 전체 단위의 완성을 요구하는 정도, 그리고 직무가 정체성을 가질 수 있는 '한 부분의 작업'을 요구하는 정도
- 과업중요성(task significance): 직무가 다른 사람의 작업이나 생활에 실질적인 영향을 미칠 수 있는 정도
- 자율성(autonomy): 작업자들이 직무수행에 필요한 작업의 일정계획과

그림 2-2 | 직무특성모형

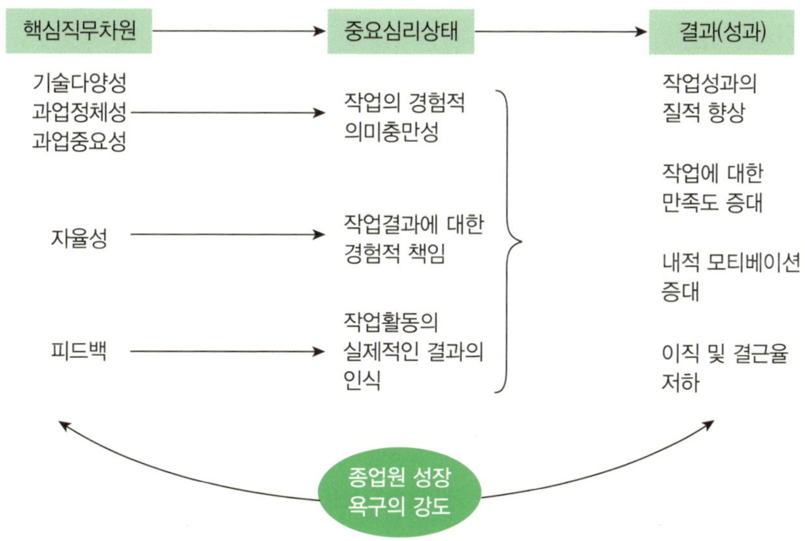

작업방법 및 작업절차를 결정 · 선택하는 데 있어서 작업자 개인에게 부여되어 있는 자유, 독립성 및 재량권의 정도

- 피드백(feedback): 직무가 요구하고 있는 활동의 수행결과에 관하여 작업자가 그 효과성 여부에 대하여 직접적이고 명확한 정보를 얻을 수 있는 정도

[그림 2-2]는 직무특성이론의 개요를 나타내고 있다. 여기서 핵심직무차원의 첫 3가지 차원, 즉 기술다양성, 과업정체성, 과업중요성은 작업자에게 작업의 의미충만성을 부여한다. 즉 이 3가지 특성이 직무에 존재하게 되면 작업자는 자신의 직무를 중요하고 가치 있고 보람 있게 생각하게 된다. 자율성이 높은 직무는 직무담당자에게 작업결과에 대한 책임감을 갖게 한다.

(3) 사회 · 기술시스템이론

사회 · 기술시스템이론은 1950년대 사회학자들에 의해 제시된 것으로 여기에서는 조직을 테일러적인 단순한 기술시스템 또는 인간관계적인 단순한 사회시스템만으로 보지 않고, 이들을 거시적 입장에서 통합한 사회 · 기술시스템으로 파악한다.

사회 · 기술시스템이론에서 기업시스템은 기계설비 및 이것의 조작지식이라는 기술시스템과 생물적 및 사회 · 심리적 원칙에 지배받는 종업원의 심리상태와 종업원 간의 사회시스템으로 구성된다. 기업이 전체 업무를 최적화하기 위해서는 각각의 시스템이 상대방의 방해를 받지 않고 독자적인 기능에 따라 충분히 기능할 수 있도록 관계를 설정하는 것이 필요하게 된다. 즉 기술적 요구와 인간적 요구의 동시최적화를 추구하면서 환경적 조건에도 부합되어야 한다.

사회 · 기술시스템은 인간적인 삶을 위한 노력은 직무의 변화에서부터 시작되어야 한다는 사상을 가지고 있다. 사회 · 기술시스템이론은 1960년 중반 이래 직무설계 분야의 발전과 노르웨이 · 스웨덴 등의 북부지역을 중심으로

한 노동의 인간화 및 근로생활의 질 향상에 많은 영향을 미쳤다.

사회 · 기술시스템은 기술적 하위시스템과 사회적 하위시스템의 공동최적화에 필요한 방향으로 직무의 객관적 특성을 변화시킬 것을 제시하고 있으며, 직무설계원칙으로 다음을 들고 있다.

- 직무 내 과업의 최적다양성
- 전체 과업에 관계되는 의미 있는 과업형태
- 최적작업주기
- 성과기준설정에 있어서의 재량권과 결과의 피드백
- 경계과업을 포함하도록 과업의 경계를 확장
- 어느 정도의 기능을 필요로 하는 가치 있는 과업
- 전체 생산과정에 뚜렷한 기여를 하는 과업

일반적으로 직무설계는 미시적 입장을 취하는 데 비해 사회 · 기술시스템은 보다 넓은 시각에서 접근하고 있으나 양자 모두 직무특성에 초점을 맞추고 있는 점이 주목된다. 이 점에서 보다 인간적인 삶을 위한 노력은 직무의 변화에서부터 시작되어야 한다는 것을 알 수 있다.

4) 집단수준의 직무설계

집단수준의 직무설계에 있어서도 직무설계의 원리적인 면은 개인수준의 것과 차이가 없으나 실제적 방법에 있어서 커다란 차이가 있다. 집단수준의 직무설계방법으로 들 수 있는 것은 팀접근법, QC서클 등이 있다.

(1) 팀접근법

작업은 때때로 독립적으로 일하는 개인에 의해서보다 집단에 의해서 수행되는 경우가 많다. 이때는 팀을 대상으로 한 작업설계가 필요하다. 팀접근법(team approach)에서도 작업설계의 목적과 원리는 개인수준의 그것과 유사하다. 차이점은 작업과정에 대한 책임이 개인이 아닌 팀 전체에게 있다는 점이다. 팀으로서 작업이 설계될 때 그것은 더욱 크고 의미 있고 도전감을 불러일으키는 것이 된다. 팀으로서 작업하게 되면 서로 간에 더욱 밀접하고 만족스러운 관계를 가질 수도 있다.

개인수준의 직무설계와 달리 집단과업의 설계, 집단구성원의 구성, 집단규범 등이 집단수준의 작업설계의 특성이 된다. 집단수준의 작업설계는 작업수행을 위한 노력수준, 집단의 지식과 기능, 작업수행에 사용되는 전략의 적절성에 따라 작업집단의 유효성에 영향을 미치게 된다. 그러한 관계는 [그림 2-3]과 같이 요약할 수 있다.

집단과업의 설계는 집단 전체의 과업에 대해서 개인수준의 직무설계와 같이 기능다양성, 과업정체성, 과업중요성, 자율성, 피드백 등의 차원으로 이루어진다. 이는 기술시스템에 의해서 제약되며, 과업수행의 노력수준에 영향을 주게 된다. 집단성원은 과업수행에 필요한 전문능력을 가진 사람이 있어야 하고 적절한 규모를 가지고 대인관계가 좋고 어느 정도의 동질성을 가져야 한다. 집단성원의 구성은 집단 전체의 지식과 기능에 직접 영향을 미

그림 2-3 | 집단작업설계모형

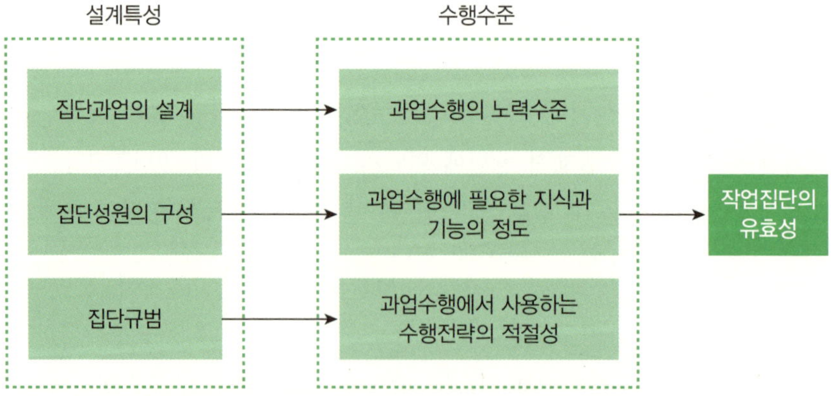

자료: J. R. Hackman, "Designing Work for Individuals for Groups," in J. R. Hackman, E. E. Lawler, III & L. W. Porter, Perspectives on Behavior in Organizations, New York: McGraw-Hill Book Company, 1983, p.251.

친다.

집단규범은 집단성원들이 과업수행에 대해 가지고 있는 생각이며 그것이 성원들이 어떤 작업수행전략을 택하는가를 결정하며 통제시스템이 이에 영향을 줄 수 있다. 작업집단의 유효성은 산출의 질과 양, 집단구성원의 만족, 후속공정의 작업집단과의 협조에 의하여 판단된다.

작업집단의 작업설계방법은 여러 나라에서 조금씩 변형되어 적용되고 있다. 이 방법의 선구자격인 스웨덴에서는 사회 · 기술시스템이론의 이론적 지원 아래 자율적 작업집단을 제안 · 실험하고 혹은 한 팀이 일관공정을 따라가며 모든 작업과정을 수행하도록 하는 방법도 실험하고 있다. 미국의 일부 회사에서도 전체 부품의 생산을 모두 책임지는 팀을 운영하기도 하고 팀의 책임자가 훈련까지도 담당하게 하여 노조의 참여도 허용한다.

(2) QC서클

이는 품질관리서클이라기보다 QC서클(Quality Control Circle)로 더욱 많이 불린다. QC서클의 개념은 직무충실의 여러 측면과 유사하며 문제해결, 목표설정접근법들과도 유사하다.

QC서클은 한 작업단위의 10명 이내의 종업원들이 자발적으로 정기적으로 모여 제품의 질과 문제점을 분석하고 제한하는 것을 말한다. 회합은 정규근무시간에 회사의 승인 아래 정기적으로 열리며 감독자 혹은 선출된 종업원이 지도자가 된다. 이것은 운영위원회의 형식을 띠고 다른 서클과도 협력을 하며 경영층과도 만나 제안을 한다.

QC서클은 기업 내에서 참여적 분위기를 조성하며 일종의 소집단활동이 된다. 한국, 일본에서 널리 전파되어 있으며 생산성 향상의 한 기법이 되고 있다.

토·의·문·제

1. 직무기술서와 직무명세서는 무엇인가?

2. 직무평가의 절차는 무엇인가?

3. 직무설계의 현대적 접근방법 중 직무특성이론은 무엇인가?

Chapter 03

인적자원계획

학/습/목/표

- 인적자원계획의 모형에 대한 이해
- 인적자원계획의 수요예측에 대한 이해
- 인적자원계획의 공급예측에 대한 이해

일에 대한 분석이 끝나면 다음에는 기업에서 어느 정도의 사람이 필요한가를 알 수가 있다. 따라서 기업에서 사람을 뽑을 때는 해야 할 일에 근거하여 사람을 모집하여 선발하는 것이다.

한 예로 기업의 어느 부서에서 몇 명을 뽑는다고 공고를 하면, 그 공고의 근거는 해야 할 일에 기초하여 필요한 인원을 뽑는다고 광고를 하는 것이다. 기업에서 필요한 인원에 대한 계획을 인적자원계획이라고 부른다. 인적자원계획은 어떻게 이루어지는가를 구체적으로 살펴본다.

건강한 조직 만들기

■ 조직의 구조는 나무를 지탱하는 뿌리와 같다

모든 조직은 유기적이며 서로 연결되어 있는 체계이므로 전체 체계를 구성하는 각 부분을 이해하는 것은 매우 중요하다. 앞에서 살펴보았듯이 조직을 나무에 비유하면, 각각 뿌리(단체의 구조), 나뭇가지와 나뭇잎(단체의 문화), 이 둘을 연결하는 나무의 기둥(단체를 이끄는 지도력), 그리고 이 조직이 속해 있는 구체적인 환경으로 구성되어 있다. 나무가 그 뿌리로 인하여 지탱되듯이, 구조는 특정한 인물이 조직에 들어오고 나가더라도 조직이 지속될 수 있도록 뿌리 역할을 한다. 조직의 구조는 물리적 구조와 사회적 구조로 나누어 볼 수 있다.

조직구조는 깊은 뿌리에 해당하는 안정감을 조직에 제공한다. 지도자가 떠나거나 새로 오더라도 조직이라는 나무가 생명을 지속하고 번성할 수 있도록 해준다. 잘 돌보지 않으면 치명적인 약점이 생길 수 있기 때문에 뿌리를 잘 관리하는 일은 매우 중요하다.

■ 조직에서 지도력은 나무의 기둥으로 비유할 수 있다

나무가 건강할 때는 중요한 영양분이 뿌리에서 기둥을 통해 나뭇잎과 열매를 맺는 가지 끝으로 잘 전달된다. 건강한 나무의 기둥은 세찬 바람이 불어도 나무가 뿌리 뽑히지 않을 만큼의 강함과 또 한편으로는 나무가 부러지지 않도록 해주는 유연함을 제공한다. 나무의 전체 모습을 살피려는 외부의 관찰자는 나무 가까이에서는 오직 나무의 기둥에만 주목하게 된다. 건강한 나무 기둥은 보는 이들에게 당연한 것으로 여겨지지만 썩은 나무 기둥은 금방 눈에 띄게 된다. 조직에서 지도력은 아주 중요한 요소이다. 성공한 조직에서는 흔히 과거나 현재의 특정한 지도자, 특히 조직의 탄생에 탁월한 영향력을 발휘한 이들이 대중에게 기억되는 경우가 많다.

흔히 말하듯 지도력은 과학이라기보다는 예술이라 할 수 있다. 하지만 성공적인 지도자들은 자기 자신과 조직의 행동을 깊이 자각하고 꾸준히 관찰한다. 그리고 그들은 조직의 구성원들과 투명하게 소통하고 다른 생각을 하는 사람들의 의견을 기꺼이 경청한다. 마지막으로, 그들은 자신들의 조직이 처한 다양한 환경을 끊임없이 관찰하고, 지속해서 조직의 가치와 소명, 지향점을 선도적으로 변화시켜 나간다.

■ 조직의 문화는 오직 그 안에 몸담고 있는 이들만 이해할 수 있다

나무의 기둥은 무성한 나뭇잎과 나뭇가지를 지탱해준다. 바로 이곳에서 우리는 나뭇잎이 돋아나고 열매가 영글고 나뭇가지가 커가는 성장을 볼 수 있다. 활엽수의 경우 잎이 무성한 봄부터 가을까지는 보이는 것보다 보이지 않는 나뭇잎과 나뭇가지가 훨씬 더 많다. 나뭇잎과 가지 중 80~90%가 잘 보이지 않는데, 이를 볼 수 있는 유일한 방법은 나무 기둥을 타고 나뭇잎과 가지 사이로 올라가 보는 것이다. 이 복잡하고 감추어진 나무의 전체 구조를 조직에 비유하자면 해당 조직의 문화로 비유할 수 있다.

문화는 다양한 힘의 영향을 받고 종종 암묵적으로 존재하며 당연한 것으로 여겨지기 때문에 조직생활에서 그 영향력이 얼마나 대단한지를 인지하는 경우는 매우 드물다. 하지만 조직 내의 문화는 이해할 수 있고 설명될 수 있으며 도식으로도 표현할 수 있다. 샤인 교수는 진지한 관찰자들이 지도로 그릴 수 있도록 조직의 문화를 세 가지 수준으로 구분했다. 첫째, 외부로 드러나는 의식과 상징, 둘째 외부로 잘 드러나지 않는 조직의 가치와 규범, 셋째 잘 보이지 않는 암묵적인 동의와 조직 및 공동의 신념이다.

■ 변화를 수용할 것인가, 아니면 저항할 것인가?

나무와 마찬가지로 모든 조직은 역동적이면서 중첩되어 있는 다양한 환경의 영향 아래 존재한다. 각기 다른 나무의 종들은 특정한 환경 안에서 자란다. 시간의 흐름을 따라 잘 자라는 나무들은 주변의 변화무쌍한 환경에도 잘 적응해 나간다. 나무가 주변 환경에 잘 적응하면 번창할 것이지만 적응하지 못한다면 결국은 도태되고 만다.

건강한 조직은 이러한 환경을 잘 관찰하고 그들의 사명과 핵심가치에 따라 필요한 변화들을 수용한다. 건강하지 않은 조직은 두 가지 극단적인 반응을 보이는데, 주위를 둘러싼 환경의 변화들에 눈감고 결국 그러한 환경과 동떨어진 조직이 되든지, 아니면 모든 지나가는 유행들을 적극적으로 수용한 나머지 정체성이 흔들리는 조직이 되는 것이다. 이 두 가지 선택 모두 성공적인 조직이라면 피해야 하는 길이다. 조직의 사명과 비전이 조직이 전략적으로 받아들이려는 환경적 변화와 일치될 때 조직은 더욱더 지속 가능한 미래를 꿈꿀 수 있다.

성공적인 조직의 지도자는 수시로 조직이 처한 환경의 변화를 진지하게 점검한다. 변화하는 환경을 수용하지 못하는 조직은 결과적으로 환경에 부적응한 생명체와 같은 결말을 맞게 될 것이다. 즉, 그 조직은 도태되어 사라지고 말 것이다. 이와 마찬가지로 조직이 일시적 유행에 맞추어 지나치게 자주 변화한다면 조직은 그들의 핵심가치와 사람을 모두 잃어버리고 말 것이다.

■ 조직은 지도자가 변화할 때 변화한다

지도력의 변화는 지도자가 떠나고 새로운 지도자가 그 자리를 대신할 때 이루어지곤 한다. 예를 들어 대학 총장이 퇴임한 후에 새로운 총장이 임명되는 경우가 그렇다. 하지만 같은 지도자가 재임하는 기간에도 그들의 행동이 변화할 때 새로운 변화가 쉽게 일어날 수 있다. 핵심은 조직의 지도자가 전체 조직 체계를 위해 요구되는 행동의 모범이 되어야 한다는 것이다. 지도자의 행동이 변화하면 조직의 문화가 바뀌기 시작한다. 트라한트, 버크 그리고 쿤스가 주장한 것처럼 "조직의 문화를 바꾸기 원한다면 먼저 사람들의 행동부터 바꿔야 한다." 그리고 조직이 변화를 일으키기를 바란다면 첫 번째로 행동을 변화시켜야 할 사람은 바로 조직의 지도자이다.

위에서 살펴본 조직변화의 원칙들은 "변화를 보기 원하면, 바로 그대가 변화의 본이 되어라"라는 간디의 격언을 다시금 떠올리게 한다. 거대한 사회의 어느 한 개인에 대해서라면 달리 반박할 수도 있겠지만, 조직의 지도자에게는 아주 잘 들어맞는 말이다. 다시 말해 지도자는 해당 조직에서 추구하는 이상적인 행동, 교류 그리고 변화들의 모델이 되어야 한다. 만약 지도자가 조직의 모든 구성원이 자신의 행동에 책임을 지는 태도를 갖기 원한다면 지도자는 그것이 어떠한 모습인지 행동으로 보여주어야 한다. 또한 지도자가 조직의 의사결정이 조직의 맨 아래까지 영향을 미치기 원한다면 지도자는 조직의 구조와 구성원의 권한 위임 방식 모두를 바꿔야 한다. 지도자가 변화할 때 비로소 조직이 변화한다.

■ 어떤 상황에서는 갈등이라는 냄비를 휘저을 필요가 있다

조직이 겪는 갈등은 나무들이 종종 맞닥뜨리게 되는 외부의 궂은 날씨(폭풍 등)에 비유할 수 있다. 또 한편으로는 건강한 조직이라 하더라도 종종 겪게 되는 내부의 도전에서 갈등이 빚어질 수 있다. 각각의 갈등마다 고유한 특성이 있긴 하지만, 모든 조직은 갈등을 경험한다. 갈등의 원인은 사소한 것부터 심각한 것까지 매우 다양하다. 예를 들면 대인관계의 문제에서부터 개인 성향의 차이 그리고 세계화의 영향력까지 천차만별이다. 하지만 분명한 것은 이러한 다양한 갈등을 시간이 해결해 주지는 않는다는 것이다. 최근의 많은 연구에 따르면 경영자들은 업무시간 25% 이상을 갈등관리에 소비하고 있다. 그리고 경험이 많은 경영자들은 조직이 위기상황일 경우 갈등을 다루는 데에 모든 에너지를 쏟는다.

우리는 일상적으로 모든 일터에서 일어나는 갈등이 개인 성향의 차이 또는 의사소통의 문제로 인해서 일어난다고 착각하기 쉽다. 하지만 때때로 이 두 가지 외의 다른 이유로 갈등이 발생한다. 지도자들은 관계와 의사소통의 중요성을 간과하지 말아야 하며, 동시에 또 다른 보편적인 원인인 조직의 전체적인 체계에 관심을 기울여야 한다. 이것은 조직의 구조, 문화, 지도력 그리고 주변 환경 모두를 포함한다.

갈등의 원인이 어디에 있든지, 조직 내의 갈등에 관한 연구는 시간이 지남에 따라 갈등을 무시하거나 외면하는 방식부터 갈등을 직면하는 방법을 거쳐 마침내는 갈등을 포용하는 태도로 차츰 발전되어 왔다. 갈등을 자연스러운 것으로 보는 학자들이 등장하면서 갈등이 불필요한 것이 아니라 조직에서 필요불가결한 요소라고 인식하기 시작했다. 최근에는 '갈등의 실용성'을 주장하는 학자들을 통해 조직의 지도자들은 갈등을 포용하고 이를 활용하여 조직의 혁신과 의사결정의 촉매제로 활용해야 한다는 의견이 힘을 얻고 있다. 조직 내에서 갈등이 긍정적으로 작용하는 '최적의' 시기와 단계가 있다는 것은 조직을 연구하는 학자들의 공통된 의견이다.

조직 내에 갈등이 너무 없다면 때로는 적극적으로 갈등을 격려할 필요가 있고, 때로 갈등이 너무 많다면 이를 진정시킬 필요가 있다. 어떤 경우에는 갈등이라는 냄비를 휘젓는 것이 필요하겠지만, 냄비가 끓어 넘칠 경우에는 갈등을 진정시키는 전략이 필요할 것이다.

자료: 건강한 조직 만들기, KAP

1 인적자원계획의 의의

인적자원계획은 현재 및 장래의 각 시점에서 기업이 필요로 하는 특성을 지닌 인원의 수를 예측하고, 이에 대한 사내 · 외의 인력공급을 계획해서 인력의 수급을 조정하는 계획활동이다. 인력의 질적인 계획이 직무계획이라면 인력의 양적인 계획은 인력계획에 해당한다. 즉 인적자원계획이란 직무계획에서 필요한 자격요건을 갖춘 사람을 확정하면 이에 따라서 필요한 수의 인력수급을 계획하는 활동이다. 인적자원계획과 관련해서 정원계획이라는 용어가 사용되고 있는데 이는 예측을 필요로 하지 않는 현재의 정태적인 인적자원계획에 해당된다. 이에 비하여 장래의 인력계획은 장래의 상태에 관한 예측을 필요로 한다.

인적자원계획은 종업원의 입사에서부터 퇴직까지의 인력의 흐름에 관한 전반적인 계획이다. 인력의 수급계획에 있어서 인원수라는 양적인 측면만이 아니라 조직이 필요로 하는 특성과 능력을 갖춘 사람을 적시에 공급해야 하는 질적 측면도 중요하다. 이러한 질적 측면은 지식, 기능, 능력 등 인적자원의 역량에 관한 것으로서, 종업원의 내부육성 또는 경력개발과 연관되어 있다. 따라서 인적자원계획은 채용, 승진, 훈련 등 인적자원의 흐름과 관련된 직능활동의 계획을 포함하고 있다. 또한 인적자원계획은 인력수급의 과부족에 대한 조정계획을 포함하고 있다. 앞으로 살펴보겠지만 인력수급의 과부족에 대한 계획은 고용관리, 개발관리, 보상관리와 밀접한 관련이 있다.

2 인적자원계획의 중요성

인적자원계획은 경영전략을 실행하기 위한 인적자원의 수급에 관한 계획이다. 경영전략은 결국 사람을 통해서 실행된다. 아무리 훌륭한 사업계획이나 전략적 목표를 설정한다 해도 이를 추진할 핵심인력을 충당하지 못한다면 이는 한낱 휴지조각에 불과하다. 또한 인력의 수급이 조정되더라도 질적인 측면에서 조직이 필요로 하는 능력과 가치를 보유한 인력을 충당하지 못한다면 경쟁기업에 비해서 시장에서의 경쟁우위를 달성하기가 어렵다. 기업특유의 기능과 문화를 체득한 핵심인력은 외부노동시장에서 조달하기가 곤란하다. 이러한 인력은 인적자원계획에 따라서 조직 내부에서 장기적인 차원에서 육성되어야 한다. 결국 인적자원계획은 조직의 장기적인 인적자원구성과 인력의 질을 계획하는 활동으로 볼 수 있다.

인적자원계획이 잘못 수립되면 인력과잉이나 인력부족으로 인한 심각한 문제가 발생한다. 인력과잉의 경우 대량해고와 같은 사태를 맞이하거나 과도한 인건비 부담 때문에 저임금정책을 쓰지 않을 수 없게 된다. 물론 어느 정도의 여유인력은 여유자원과 함께 조직혁신의 원천이자 새로운 도약의 토대가 된다. 그러나 의도적으로 보유하고 있는 여유자원이나 여유인력과 그렇지 않은 인력과잉은 구분되어야 한다. 인력의 부족도 마찬가지 결과를 가져온다. 왜냐하면 적정수준 이하의 인력으로 과도한 양의 업무를 처리하자면 일의 질을 확보할 수 없고 또 고임금정책을 쓴다 하더라도 합리적인 업무배정을 할 수 없으므로 창의력을 발휘할 수 있는 여유를 없게 하고, 노동력의 재생산 자체에 영향을 주어 개인에게 과도한 업무압박을 가져와서, 그 결과는 장기적으로 계속적인 고생산성을 얻는 데 효과적이라 할 수는 없다.

인적자원계획은 전략적 목적과 인적자원관리의 목적 그리고 개별 인적자원관리 직능활동의 목적을 연계시키는 역할을 한다. 예를 들면, 매출액 대비 인건비라는 인력예산 제약하에서 총인력의 수준이 결정된다. 인적자원계획은 고용관리를 위해서뿐만 아니라 승진 · 이동관리 · 훈련계획 · 임금계획 등과도 밀접한 관련을 가지고 있다. 계획적인 승진이나 이동을 시키자면 사전에 조직 내의 각 직위의 필요인원수와 현재인원의 변동관계를 파악하여야 하기 때문이다. 또 임금예산은 인원수에 의하여 영향을 받기 때문에 인적자원계획과 밀접한 관계를 가지게 된다.

인적자원계획은 조직의 활성화에 영향을 미친다. 인력의 공급은 외부노동시장을 통해서도 이루어지지만, 조직 내부의 인력을 통해서도 이루어진다. 사내인력의 승진 · 이동을 통한 필요인력의 충당은 비록 훈련비용이 든다고 하더라도 사기와 학습의욕을 높이는 데 큰 영향을 준다. 그뿐만 아니라 사내인력의 능력이나 인성평가는 외부인력의 평가보다 훨씬 용이할 수 있다. 그래서 오늘날 대부분 기업은 내부고용 우선방침을 채택하고 있다.

그러나 기업이 사내인력만으로 필요인력을 채울 수 없는 경우에는 외부에서 경력을 가진 사람을 채용할 필요가 있다. 이는 또한 조직 내에 활력을 불어넣는 의미에서도 유용하다. 사내승진이 너무 강조되고 특히 승진정책이 연공주의에 치우칠 때에는 조직의 분위기가 안일해질 가능성이 있기 때문이다.

일반적으로 조직에서 필요로 하는 인력이 어느 정도인가는 다음 몇 가지를 고려하여야 한다.

① 어느 일정기간에 걸쳐 회사가 필요로 하는 인력계획

② 필요인력을 충족하기 위한 현재의 노동인력에 대한 분석

③ ①과 ②에서 차이가 생겼을 경우에는 해고, 내부이동을 통한 조정 또는 고용과정을 통한 내부확장 등의 방법이 이용된다.

이때 고용과정의 핵심적 기본요소는 노동에 대한 수요예측, 노동에 대한 공급예측 및 수요와 공급의 균형을 들 수 있다. 이러한 예측은 경영자들이 그들의 조직에서 얼마나 사람이 필요한가를 이해하는 데 큰 도움이 될 것이다.

3 인적자원계획의 절차

인적자원계획은 일반적으로 네 가지 단계를 거치게 된다.

첫째, 조직이 처한 환경의 분석과 전략적 계획의 수립이다. 환경분석은 조직에 영향을 미치는 경제여건과 제품시장 환경, 노동시장의 변화는 인적자원계획 수립에 직·간접적인 영향을 미친다. 그리고 기업의 경영활동을 규제하는 정부의 인적자원 관련 각종 정책과 법규, 노동조합, 정보기술의 발전도 인적자원계획의 틀과 운영방식에 영향을 미치게 된다. 한편 기업의 내·외부 환경분석에 따른 기회와 위협, 강점과 약점을 도출하고 이를 토대로 전략적 계획을 수립하는데, 이러한 전략적 계획은 기업의 기본적인 장기적 목표설정, 정책과 자원배분 등 조직 전체의 방향을 좌우하게 된다. 예를 들어 신사업의 추진, 신공정 및 신설비의 도입, 생산시설의 이전, 기업의 인수합병 등과 같은 장기적인 기업 성패와 밀접한 관계가 있는 전략적 계획의 범위에는 인적자원의 수급상황에 대한 고려가 필수적이다. 또한 기업이 성장전략을 추구하는가 아니면 현상유지전략이나 감량전략으로 선회하는가에 따라 인적자원계획의 방향도 달라진다.

둘째, 인적자원의 수요예측이다. 이는 조직이 미래에 필요로 하게 될 종업원의 양적·질적 수요를 예측하는 과정으로서, 종업원의 수요는 조직이 선택하는 전략적 방향에 따라 직접 영향을 받는다. 즉, 기업이 미래에 어떤 성장전략을 선택할 것인가에 따라 필요한 인적자원의 양과 질이 결정된다. 이를테면 조직의 전략적 계획의 변경에 따라 직면하게 될 외부환경의 변화, 고객의 구매행동 변화, 국내외 경제환경 변화, 라이프스타일 변화 등의 역동적 환경요인들은 인적자원의 양과 질에 중대한 영향을 미친다.

셋째, 인적자원의 공급예측이다. 이는 조직이 미래의 충원에 대비하기 위하여 현재 어떠한 능력과 자질의 종업원을 얼마나 보유하고 있는가를 평가하는 과정이다. 대부분의 기업들은 공급분석의 도구로서 기술목록표(skill inventory)나 대체도표(replacement charts) 등을 활용하여 종업원들이 보유하고 있는 기술, 능력, 경험, 훈련 등에 대하여 분석 · 평가하고 있다.

넷째, 인적자원의 수급 불균형 조정이다. 이는 인적자원의 수요와 공급의 비교를 통해, 그 결과에 대한 조치와 조정을 하는 것을 말한다. 먼저 인적자원의 수요와 공급이 균형을 이루는 상황에서는 안정화 계획이 필요하다. 그러나 수요가 공급을 초과하는 인력부족이 예측될 때는 필요한 인적자원을 조직 내 · 외부로부터 확보하는 방안이 모색되어야 한다. 그리고 인적자원의 공급이 수요를 초과하는 인력과잉의 경우에는 인력감소 계획이 강구되어야 한다.

4 인적자원의 수요예측

인적자원개발의 핵심요소는 조직의 목표를 달성하는 데 필요한 사람들의 수와 유형을 예측하는 것이다. 여러 가지 조직의 요소가 노동의 수요에 영향을 미친다. 그 요소로는 경쟁전략, 기술, 구조 및 생산성 등을 들 수 있다. 예를 들면, 진보된 기술의 이용은 일반적으로 미숙련근로자들에 대한 수요는 줄어들고 지식근로자들에 대한 수요는 늘어남으로써 가능해진다. 동시에 경제추세나 계절적 추세와 같은 경기상황이 중요한 영향을 미친다.

예측은 흔히 과학이라기보다는 오히려 기술에 가깝다. 예측은 절대적인 결과라기보다는 오히려 부정확한 대략치이다. 조직이 활동하는 환경이 이러한 문제를 해결하는 데 도움이 된다. 예를 들면, 생산 및 서비스에서의 변화를 추정하는 일은 국가나 지역경제의 변화를 예측하게 하는 기본적인 예측자료이다. 기술, 조직 또는 관리에서의 내부적 변화를 기대하는 지역의 병원은 어느 정도 스탭들이 필요한가를 예측할 때 이러한 환경적인 요소를 고려해야만 한다. 동시에 예측된 스탭이 필요한가는 조직의 재정적 자원과의 고려하에 그 결정이 이루어져야 한다.

인적자원을 예측하는 방법으로는 두 가지를 들 수 있다. 즉 양적인 접근방법과 질적인 접근방법이다. 인적자원이 어느 정도 필요한가를 보려고 할 때 예측은 기본적으로 양적인 접근방법을 말한다. 거대한 조직에서는 예측이 고도로 훈련된 전문가들에 의해서 이루어진다. 예측에 대한 양적 접근방법은 복잡한 분석모형들을 통해 이루어진다. 물론 경우에 따라서는 조직을 아는 어떤 사람이 미래의 인적자원이 얼마나 필요한가를 예측하는 것이 비공식적으로 이루어지기도 한다. 어떤 기법을 쓸 것인가는 조직의 요구에 따라 결정될 것이다. 그러나 방법은 어떤 것을 쓰든 간에 예측은 상대적으로 소규모의 조직에서도 소홀히 될 수 없는 것이다.

그림 3-1 | 인적자원계획모형

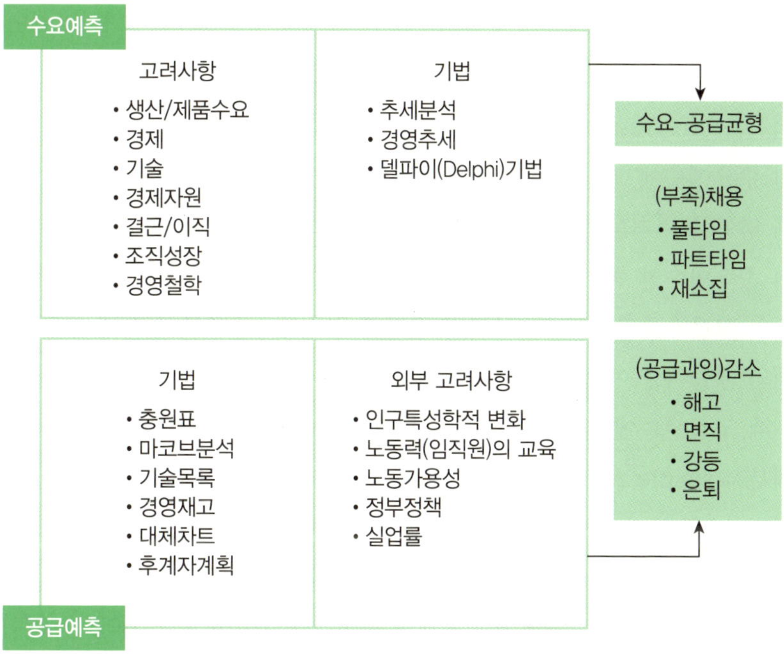

4.1 양적 접근방법

1) 추세분석

추세분석(trend analysis)은 과거 일정기간의 고용관련 요인(예: 매출액 또는 노동생산성 등)의 변화와 고용인원(인적자원의 수요)의 변화추세 간의 관계에 기초를 두고 미래의 인적자원수요를 예측하는 기법이다. 이 방법은 인적자원수요와 밀접한 하나의 변수만을 이용하여 예측하며, 추세가 미래에도 일정하게 유지된다는 가정을 전제로 하기 때문에 단기적인 인력수요 예측에 적합하다. 따라서 장기적인 인력수요 예측이나 추세의 변동이 심하고 불확실성이 높은 상황에서는 적합하지 않다.

2) 회귀분석

회귀분석(regression analysis)은 통계적 방법을 이용하는 기법으로 인적자원 수요예측에 가장 보편적으로 사용되고 있다. 회귀분석은 인적자원 수요에 영향을 미치는 독립변수(예: 매출액, 생산량, 설비투자액 등)를 기초로 하여 종속변수인 종업원 수요를 예측하는 수학적 기법이다. 예를 들면 어떤 회사의 고용수준과 매출액 사이의 관계를 산식(算式)으로 나타낼 수 있다면 미래의 매출액을 예측하여 종업원 고용수준을 산출할 수 있을 것이다.

이때 고용수준에 영향을 미치는 변수가 단 1개로 가정되는 경우에는 단순회귀분석(simple regression analysis)을 사용하게 되며 고용수준에 영향을 미치는 변수가 2개 이상인 경우에는 다중회귀분석(multiple regression analysis)을 사용하게 된다. 예를 들면 인적자원수요에 영향을 미치는 요인으로 매출액, 생산량, 생산설비 투자액 등이 고려된다면 아래와 같은 회귀방정식을 이용하여 종업원 고용수요를 계산할 수 있다.

$$Y = a + bx_1 + cx_2 + dx_3$$

Y : 종업원 고용수요

a : 고정종업원

x_1: 매출액

x_2: 생산량

x_3: 생산설비 투자액

4.2 질적 접근방법

1) 델파이기법

델파이기법은 의사결정에 관한 기법으로 회사가 장래에 필요로 하는 다양한 유형의 전문화된 인원을 결정하는 데 사용되고 있다. 특정 문제에 관해 집단토론을 거치지 않고 다수 전문가의 의견을 개별적으로 종합하여 미래의 상황을 예측하는 집단의사결정 방법이다. 이 기법은 동태적 기술변화가 필요인력에 영향을 미치는 조직에서 가장 유용성이 있다. 델파이기법은 일반적으로 다음의 과정으로 이루어진다.

첫째, 조직의 인적자원수요에 대한 전문적인 식견을 지니고 있다고 판단되는 사람들을 조직의 내 · 외부에서 선정한다.

둘째, 선정된 사람들에게 조직의 장 · 단기 인적수요에 대해 익명으로 질문하는 설문지를 보낸다.

셋째, 설문지의 결과를 수집하여 종합한 뒤 결과를 응답자들에게 다시 보낸다.

넷째, 다시 수집된 결과를 통해 인적수요예측을 하고 이러한 과정을 반복한다.

2) 명목집단법

명목집단법(nominal group technique)은 조직에서 지명된 사람들이 구조화된 회의에 참석하여 미래의 인적자원수요에 대하여 브레인스토밍 방식으로 각자의 아이디어를 제시하고 모든 사람이 제출한 아이디어를 칠판이나 차트에 기록하여 충분한 토론을 거쳐 수요를 예측하는 기법이다. 명목집단법은 일반적으로 다음의 과정으로 이루어진다.

첫째, 집단구성원들이 제시한 문제에 대하여 일체의 토론없이 자신의 아이디어를 작성한다.

둘째, 제출된 아이디어를 기록원으로 하여금 칠판이나 차트에 기록하도록 한다. 이때 제시된 아이디어가 누구의 것인지 모르게 한다.

셋째, 칠판이나 차트에 기록된 아이디어에 대해 장점, 타당성, 합리성 등 여러 가지 측면에서 토론한다.

넷째, 제출된 아이디어에 대해 선호도를 투표에 의하여 가장 많은 점수를 얻는 것을 집단의사결정으로 한다.

5 인적자원 공급예측

인적자원 수요예측이 끝나면 필요로 하는 인적자원에 대한 공급을 예측해야 한다. 즉, 기업의 인력수요에 비추어 해당기술과 능력을 가진 인적자원을 유입할 수 있는 원천에 대한 분석이 인적자원 공급예측이다.

인적자원의 공급원천은 조직 내부와 외부가 있다. 내부 공급원천은 승진이나 배치전환을 통해 조직 내 공석을 충원하는 것이며, 외부 공급원천은 현재 다른 조직에 종사하고 있는 외부인력이나 고용되지 않은 상태에 있는 구직자들을 말한다.

5.1 내부공급

1) 기능목록

기능목록(skill inventory)은 종업원의 경험, 교육수준, 능력 등과 같은 직무관련 정보를 분석 · 검토하여 요약한 자료로서, 개인의 직무적합성에 대한 정보를 파악하기 위한 도구이다. 즉, 종업원의 업무수행능력 파악과 개인의 직무적합성에 대한 정보를 파악하기 위한 도구로써 개개인의 기능과 능력을 목록화한 것이며, 이는 문서의 형태로 또는 컴퓨터 파일로 관리할 수 있다. 기능목록에는 종업원의 이름, 학력, 교육훈련, 주요 직무경험, 직무 관련 기술 및 자격 등의 내용으로 구성된다.

반면 관리직 구성원들의 관리능력을 포함하여 직무경험, 승진가능성, 경력목표, 인적사항에 관한 정보를 요약해 놓은 것을 관리자목록(management inventory)이라고 한다.

2) 대체도표

대체도표(replacement chart)는 종업원의 승진과 같은 인적자원의 공급예측을 위해서 특히 전문직이나 관리직의 업무성과, 승진잠재력, 개발 필요성 등을 기록한 차트이다. 대체도표는 조직의 중요 직위에 있는 사람들의 임무수행능력이나 성과평가, 잠재능력 등이 요약되고 있다. 즉, 현재 어떤 직위에 누가 어떻게 근무하고 있고, 누가 승진을 위해 대기하고 있는가에 관하여 구체적으로 기술하고 있다.

대체도표는 인적자원 공급예측을 위한 중요한 도구로서 역할을 할 뿐만 아니라 중요한 인재의 부족을 미리 알려주는 역할을 하기도 한다. 만일 중요한 직위에 있는 경영자가 갑자기 사직하였음에도 불구하고 신속하게 대체할 인재에 관한 정보가 없다면 회사는 인재공급의 어려움에 직면할 것이며, 인재공급의 지연이나 실패로 인한 직무수행에 큰 상처를 입게 될 것이다.

3) 마코브체인분석

마코브체인분석(Markov chain analysis)은 시간의 흐름에 따라 구성원이 한 직무에서 다른 직무로 이동할 확률(transition probability)을 파악하기 위해 개발된 것으로, 내부노동시장이 안정적이라는 조건하에서 구성원의 승진, 이동, 이직 등의 일정 비율을 적용하여 미래 각 기간에 걸쳐 현재 인원의 변동을 예측하는 방법이다. 마코브체인분석은 현재의 직무에 계속 재직할 가능성, 조직 내 다른 직무로 이동할 가능성, 조직을 이탈할 가능성 등에 관한 확률을 이용한 전이행렬(transition matrix)에 기초하고 있다. 전이행렬은

| 표 3-1 | 직무 간 예상이동률

	예상이동률				
	time 2				
time 1	직무 A	직무 B	직무 C	직무 D	퇴직
직무 A	0.70	0.10	0.05	0	0.15
직무 B	0.15	0.60	0.05	0.10	0.10
직무 C	0	0	0.80	0.05	0.15
직무 D	0	0	0.05	0.85	0.10

자료: 이승계 외(2014), 창의경영시대의 인적자원관리, 탑북스, p.137.

| 표 3-2 | 전이행렬 계산(예)

time 1		time 2(연말)				
		직무 A	직무 B	직무 C	직무 D	퇴직
직무 A	62	44(0.70)	6(0.10)	3(0.05)	0(0.00)	9(0.15)
직무 B	75	11(0.15)	45(0.60)	4(0.05)	8(0.10)	7(0.10)
직무 C	50	0(0.00)	0(0.00)	40(0.80)	2(0.05)	8(0.15)
직무 D	45	0(0.00)	0(0.00)	2(0.05)	38(0.85)	5(0.10)

자료: 이승계 외(2014), 창의경영시대의 인적자원관리, 탑북스, p.137.

매년 초 각기 다른 직무에 종사하고 있는 사람들의 숫자를 이동예상률과 곱하여 나타낸다. 이 결과를 통해 매년 말 각 직무에 남게 될 사람이 몇 명인가를 알 수 있다.

5.2 외부공급

기업을 경영하다 보면 승진을 통한 종업원의 내부확보가 어려울 때가 있다. 그리고 신입자들을 충원하기도 어려울 때가 있다. 이런 경우 경영자들은 노동의 외부공급을 생각해보아야 한다. 노동의 외부공급에는 많은 요인이 영향을 미친다. 그 요인들로는 인구통계학적 변화, 국가 및 지역경제, 노동력의 교육수준, 특수한 종업원 숙련에 대한 수요, 노동력 가용인구, 정부의 정책 등을 들 수 있다.

국가나 지역의 실업률은 노동공급의 잣대로 자주 이용된다. 이 경우 노동시장에 대한 정보는 인적자원의 수급을 예측하는 데 많은 도움을 준다. 노동시장은 일차적 노동시장과 이차적 노동시장으로 구분된다. 이 두 노동시장 간에는 노동력의 교류도 상당히 제한되어 있고 임금과 노동조건에 있어서도 이차적 노동시장이 일차적 노동시장에 비해 열등하다. 그러므로 일차적 노동시장은 안정적인 데 비하여 이차적 노동시장은 불안정한 요소가 강하다.

이차적 노동시장에 속하게 되는 노동력은 대체로 다음의 두 그룹, 즉 전문능력이 부족한 그룹과 성취동기가 열등한 그룹으로 나누어 생각할 수 있다. 전자는 기능, 기술, 지식, 경력 등의 직무상의 전문적 능력의 상대적 결여로써 발생하는 경우이다. 반면 후자는 직무애착, 직무만족, 직무몰입 등의 근로 성취동기의 결여와 노동참여의 결여로써 발생하는 경우이다.

오늘날 노동시장에서 노동참여기회의 부족으로 인하여 높은 이직률을 보이는 젊은 세대 내지 여성근로자, 작업상 자기개발의 소홀로 인한 열등근로자 등이 이차적 노동시장으로 전락하는 경우가 많다.

바람직한 노동시장정책은 이차적 노동시장의 노동력을 일차적 노동시장에 속하도록 하는 데 있다. 여기에는 정부적 차원에서 정보의 제공, 교육훈련기회 부여와 더불어, 경영적 차원에서 고용기준 완화와 고용기회의 확대 그리고 내부노동시장의 적극적인 개발 등이 요청되고 있다.

| 표 3-3 | 일차적 노동시장과 이차적 노동시장의 비교

시장구분 / 기준	일차적 노동시장 (시장의 안정)	이차적 노동시장 (시장의 불안정)
전문적 능력	고	저
성취동기	고	저

6 노동의 수요-공급의 균형

인적자원계획(HRP)을 통해서 조직은 조직구성원의 수요와 공급을 적절하게 맞추려고 노력을 한다. 수요예측은 기업활동의 추세를 기초로 이루어진다. 공급예측은 기업이 필요로 하는 공석을 채우는 데 필요한 요건을 지닌 후보자들을 어디서 어떤 방법으로 찾을 것인가를 결정하는 것에 기초한다. 지원자들을 점점 늘어만 가는 일자리에 배치하는 데는 많은 고도의 훈련이 필요하다. 그러므로 인력계획을 하는 데는 많은 주의를 기울이는 것이 필요하다.

관리직과 기술직을 담당하는 사람들을 모집하는 데는 각별한 주의를 필요로 한다. 그것은 그 사람들에게는 상당한 훈련수준을 필요로 하기 때문이다.

인력부족(수요가 공급을 초과)은 매출액의 증대, 사업의 확장, 생산라인이나 공장의 증설 등으로 인해 증가하는 인력수요를 충족시키지 못하는 경우를 말한다. 인력부족에 대처하는 방법으로 조직은 여러 가지 충원방법을 사용하고 있다. 그 방법으로는 정규직 사원의 모집, 종업원 초과근무, 퇴직한 종업원들의 재취업, 비정규직 사원의 모집 등을 들 수 있다. 그러나 인력계획분석을 했을 때 노동공급 과잉상태에 빠질 수가 있다. 인력과잉(공급이 수요를 초과)은 경기침체, 매출액의 감소나 사업의 축소 등으로 인력이 남아돌 경우 인건비 과다지출과 경쟁력 저하를 초래하게 되므로 인력감소 조치가 요구된다. 이때에는 모집의 감축, 작업시간의 감축, 워크셰어링(work sharing), 작업할당재배치, 일시해고, 강등 및 해고를 한다.

6.1 구조조정

지난 10여 년 동안 조직은 '인원수(head count)'를 줄이기 위하여 조직축소 및 조직구조조정이라는 혹독한 일을 해왔다. 조직은 경제적인 압력과 경쟁적인 압력으로 인해서 종업원이 너무 많다는 것과 숙련도가 낮은 종업원들이 많다는 것을 알게 되었다. 이러한 일자리 감축은 단순히 시간제근로자에게 한정되지 않았다. 기술직, 전문직 및 관리직이 과거에 볼 수 없을 만큼 줄어들었고 지금도 줄어드는 추세에 있다. 많은 경우에 있어서 구조조정(downsizing)은 새로운 기술, 기업의 통합 및 비용감소의 목적으로 재배치하는 장기적 과정의 일부로서 사용되고 있다.

6.2 일시해고

종업원 일시해고에 관한 결정은 보통 근무연한과 성과에 근거해서 이루어진다. 어떤 조직에서는 노사합의에 따라 근무연한이 주요한 고려요인이 되기도 한다. 또 다른 조직에서는 일시해고를 결정하는 데 있어 능력이나 직무적합성과 같은 요인이 근무연한보다 우선하여 고려되기도 한다.

노조가 있는 조직의 경우에서는 종업원의 해고에 대한 규정을 결정하는 기준이 전통적으로 노사합의로 이루어진다. 일반적으로 직무에서의 근무연한이 종업원의 해고를 결정한다. 노사합의에서 종업원들을 위해 유사한 규정들이 만들어지기도 한다. 즉 경기가 회복되어 사람이 필요할 때는 그 해고된 사람들을 먼저 일할 수 있도록 기회를 준다는 것이다. 이 경우 노사합의에서의 규정과 동시에 회사방침, 즉 각 개인의 고용권과 해고 규정 및 재고용권이 분명하게 문서로 마련되어야 한다. 그리고 해고기간에 종업원의 권리, 재고용에 관한 규정, 재고용을 수용할 책임도 분명하게 문서로 정리되어야 한다.

부득이한 경제상황으로 일시해고된 종업원들은 경기가 좋아지고 일자리가 생기면 다시 그들의 일자리로 복귀될 수도 있다. 그러나 많은 경우 새로운 직무는 다른 종류의 기술을 필요로 할 수도 있다. 늘어난 일자리는 이전의 종업원들 가운데서 채워지고 때로는 현재의 종업원 가운데서 옮길 수 있는 사람들로 채워지기도 한다. 그러나 그러한 일자리는 보다 광범위한 노동시장에서 외적으로 채워지는 경우가 허다하다.

토·의·문·제

1. 인적자원계획은 무엇인가?

2. 인적자원 수요예측 중 델파이기법은 무엇인가?

3. 인력부족과 인력과잉의 경우 조직이 취할 수 있는 방안은 무엇인가?

Chapter 04

확보관리

학 / 습 / 목 / 표

- 모집의 원천에 대한 이해
- 모집의 방법에 대한 이해
- 선발의 절차에 대한 이해
- 선발의 방법에 대한 이해
- 배치 · 이동에 대한 이해

기업에서 주어진 일, 즉 직무에 대한 구체적인 내용을 파악한 후에는 그 일을 하는 데 필요한 사람을 어디서 어떻게 구할 것인가를 생각해야 한다. 이에 대한 구체적인 방법이 결정되면 그 지원자들 중에서 그 일에 가장 적합한 사람이 누구인가를 보고 적임자를 선발해야 한다. 어떤 방법으로 선발할 것인가? 과거에는 필기시험으로 사람을 선발했는데 오늘날에는 면접을 통해 사람을 선발하는 것이 대세이다. 그리고 선발한 사람을 어느 곳에 배치해야 할 것인가의 문제를 살펴본다.

'트랜스포메이션' 성공한 기업의 4가지 공통점

작금의 빠르고 와해적인 환경에서 경영자들은 '트랜스포메이션(transformation · 혁신)'을 외치고 있다. 디지털, 성과, 포트폴리오, 조직문화의 목적어 뒤에 '혁신'이란 수단적 용어가 등장한다. 한 걸음씩 발전하는 카이젠(kaizen · 개선)이 더 이상 생존을 담보할 수 없는 환경을 근본적으로 이겨낼 수 있는 변혁을 갈망하기 때문이다. 마치 애벌레가 더 큰 애벌레로 성장하는 게 아니라 나비가 되듯 게임의 룰을 바꾸겠다는 외침이다.

안타깝게도 모든 애벌레가 나비가 되진 못한다. 가죽을 벗겨내는 각오와 고통을 이겨내야 하기 때문이다. 그렇다면 성공적인 혁신을 이룬 기업들은 어떻게 나비가 되었을까. 맥킨지는 지난 10년간 전사적인 대규모 혁신 프로그램을 실행한 200개 기업을 분석해 4가지 성공요인을 발견했다.

첫째, 크고 과감하게 혁신을 추진해야 한다는 것이다. 많은 경영자들이 새로운 시도에 대한 확신이 없을 때 파일럿 방식을 택한다. 해보고 안 되면 접겠다는 것이다. 아이러니하게도 전사적 규모로 올인하는 혁신 프로그램의 성공확률이 더 높았다. 혁신의 규모가 커야 가치창출의 기회와 가능성 역시 극대화한다. 성공 기업들은 조직 참여도도 높았다. 적어도 조직의 8%가 변혁 과제에 직접 참여했고, 일부 기업은 20% 이상을 동원하기도 했다. 상품개발, 조달, 제조, 공급망, 서비스 등 여러 기능을 아우르는 혁신을 추진한 기업은 일부 기능별로 혁신을 추구한 기업보다 성과가 30~40% 좋았다. 또한 혁신으로 인한 가치창출의 41%는 성장관련 활동(growth initiatives)에서 나왔다. 비용절감만이 답이 아니라는 것이다. 마지막으로, 티끌 모아 쌓은 태산은 거대했다. 분석대상 기업들이 추진한 혁신과제의 68%는 목표개선 효과가 25만 달러 이하였고, 100만 달러 이상의 과제는 16%에 불과했다. 다수의 알찬 혁신활동을 지속적으로 발굴하고 추진하는 게 중요하다는 뜻이다.

둘째, 빠르게 추진하고, 자주 쇄신해야 한다는 점이다. 혁신에 성공한 상위 10% 기업들은 첫 3개월에 전체 목표성과의 28%를 달성하고 6개월 내에 57%, 첫해에 74%를 달성한다. 특히 초반에 창출한 가치를 조직역량 구축과 문화 혁신 등을 위해 재투자해 혁신의 선순환을 이끌어낸다. 일부 기업들은 혁신 프로그램을 연간 경영 프로세스에 아예 탑재하고, 외부 투자자 관점에서 실사함으로써 추가 가치창출의 기회를 찾아낸다.

셋째, 건강한 조직이 성공적인 혁신을 이끌어낸다. 건강한 조직이란 미래 방향에 대해 조직적 확신이 있고, 실행 기반과 역량이 강하며, 외부 변화에 대한 대응력과 쇄신의 힘이 강한 조직이다. 맥킨지가 지난 15년간 축적한 글로벌 상장 기업들의 조직건강도(OHI) 데이터베이스를 분석한 결과, 가장 건강한 상위 25% 기업들은 최하위 25% 기업 대비 세 배 이상의 총주주수익률(TSR)을 달성했다.

넷째, 성공한 기업들은 목표를 과감하게 세우고, 달성 시 더 높게 재설정한다. 맥킨지 분석에 따르면 혁신의 목표를 기존 수익의 75% 이상으로 설정한 기업들의 총주주수익률이 월등히 높았고, 25% 이하로 설정한 기업들의 총주주수익률은 평균보다 낮았다. 심리적인 동력, 즉 피그말리온효과(기대가 긍정적인 효과를 낳는 현상)가 작동하는 것이다.

사료: 매일경제, 2019. 11. 15.

1 모집관리

조직의 목표를 달성하기 위해서는 직무를 담당할 사람을 필요로 한다. 이때 어떤 종류의 사람들이 얼마나 필요한가는 직무의 연구를 통해서 알 수 있다. 확보관리는 조직에 필요한 사람을 모집하여 선발하고 배치하는 단계로 인적자원관리의 제1의 단계라고 할 수 있다.

확보관리의 핵심은 모집(recruitment), 선발(selection) 및 배치(placement)라고 요약할 수 있다.

1.1 모집관리의 의의

모집은 선발을 전제로 직무수행에 적합한 능력 있는 종업원을 조직 내부로 유인하는 과정이라고 할 수 있다. 이때 선발이 조직에 가장 적합한 사람만을 추려내는 것을 소극적 고용활동이라고 하는 데 반하여, 모집은 선발비율을 높일 목적으로 수행된다는 의미에서 적극적 고용활동이라고 불린다.

따라서 모집은 조직체의 목적달성에 기여할 수 있는 인력의 공급원을 개발하고, 또 조직체에 관심을 가지고 일할 수 있는 기회를 만들어 가는 과정이라고 할 수 있다. 모집활동은 인적자원의 계획과정에서 인적자원에 대한 수요가 발생함으로써 비로소 시작되는 활동이다.

조직체에서 필요한 인력확보를 하는 데 있어서의 중요성을 들면 다음과 같다.

1) 내부인력의 변동

조직의 인력은 항상 변한다. 퇴직, 사고, 이직, 승진, 배치전환, 휴직, 휴가, 질병 등으로 인한 노동인력의 변동은 물론 조직의 확장과 새로운 기술도입 등 조직의 변화와 더불어 인력규모의 구성도 항상 변한다. 조직의 인력수요는 가능한 한 내부인력으로 충원하는 것이 바람직한 것으로 인식되기는 하지만, 조직이 급속히 성장하는 기업의 경우는 그 소요인력을 외부인력에 크게 의존하지 않을 수가 없다. 따라서 외부인력의 충원을 위한 모집활동이 특히 중요하게 되는 것이다.

2) 외부인력시장의 변동

내부인력의 구조가 항상 변하는 것과 같이 외부의 인력시장구조도 항상 변화하게 된다. 대체로 경제발전에 따라서 인력구조가 점차 고도화되어 특히 기술인력과 관리인력의 비중이 점차 커지게 된다. 그러나 조직체의 미시적인 관점에서 볼 때는 기술인력과 관리인력에 있어서 외부의 인력공급은 항상 내부의 인력수요를 따라가지 못하는 것으로 인식하게 되고, 특히 새로운 기술인력과 선진 경영인력의 경우에는 인력수급의 문제가 더욱 심각하게 느껴지게 된다. 따라서 외부인력시장의 동향을 분석하고 기술인력과 관리인력의 원천과 긴밀한 접촉을 유지하기 위한 모집활동이 매우 중요해진다.

3) 종합적인 장기계획

아무리 모집활동을 잘한다 하더라도 기업에서 필요로 하는 인력을 적시적기에 공급하는 것은 쉬운 일이 아니다. 특히 기술인력과 관리인력의 경우에는 더욱 적시공급이 어렵다. 따라서 소요인력을 확보하기 위해서는 높은 임금을 제공하여야 한다든가, 스카우트 등에 의존한다면 특별한 조건을 제공해야만 되기 때문에 기존 구성원 간에 대우상의 불균형을 가져오게 될 가능성이 많다. 그리고 고급인력의 경우에는 조직체에서 그들 자신의 경력개발과 자아실현을 강조하여 그들의 욕구를 충족시킬 수 있다는 이미지의 형성과 홍보활동도 종합적으로 추진되어야 한다. 그뿐 아니라 모집은 조직체의 선발방침과도 밀접한 관계하에 전개되어야 하므로 이러한 선발방침에 맞추어 이에 적합한 인력원천의 대상을 모집하는 데 일관성 있는 프로그램이 계획되고 추진되어야 할 것이다.

1.2 모집방법

기업이 필요로 하는 종업원을 효과적으로 모집하기 위하여, 먼저 자격을 갖춘 종업원이 어디에 있는지 그 공급원을 찾아야 하며, 이후 그들을 모집하기 위한 방법을 생각하여야 한다. 이 공급원과 방법은 내부적 공급원과 외부적 공급원으로 나눌 수 있다.

1) 내부적 공급원

내부적 공급원은 기업내부의 현직 종업원이 공급되는 것이다. 내부적 모집활동은 승진(promotion), 전직(transfer), 직무순환(job rotation), 재고용(rehires)과 재소환(recalls) 등을 통하여 필요한 인적자원을 기업 내부에서 발견하는 활동이다.

(1) 승진

기업은 내부승진을 통하여 적임자를 확보할 수 있다. 내부의 종업원이 보다 나은 자격자일 수 있기 때문이다. 그들은 조직의 다른 구성원, 절차, 방침, 특성을 더 잘 알고 있으며, 내부승진은 조직문화의 적응이나 비용 면에서 경제적일 수 있다. 반면에 내부승진은 많은 단점도 갖고 있다. 예를 들면, 내부에 반드시 최고의 적임자가 있다는 보장이 없고, 있다 하더라도 본인이 승진을 원하지 않을 수도 있다. 이것이 내부승진보다는 외부에서의 확보를 선호하게 하기도 한다.

(2) 전직

전직은 종업원을 승진시키지 않고, 동급의 다른 직무로의 이동인 전직을 통하여 적임자를 확보하려는 것이다. 전직은 넓은 의미에서 종업원들로 하여금 미래의 승진을 예고하기도 한다. 전직의 기준이 연공(seniority)인지 업적(merit)인지를 둘러싸고 끊임없이 논란이 발생하고 있다.

(3) 직무순환

직무순환방법을 통하여 필요한 인력을 찾을 수도 있다. 직무순환(job rotation)은 성격상 일시적이거나 단기적이기는 하나, 이 방법은 여러 가지 직무를 경험하도록 함으로써 미래의 경영자를 양성하고자 널리 활용되고 있다. 이 방법은 직무순환에 의한 비용의 문제가 있을 수 있으나, 종업원으로 하여금 넓은 시야를 갖게 하는 장점이 있다.

(4) 재고용과 재소환

미국에서는 매주 수천 명씩 해고당하기도 하고, 또 많은 사람이 재고용되기도 한다. 해고된 종업원의 재고용이나 이직한 종업원의 재소환은 상대적으로 비용이 적게 들며, 내부모집의 효율적인 방법으로 활용되고 있다.

2) 내부 모집방법

(1) 직무공고와 직무응찰

직무공고(job posting)는 여러 종업원에게 현재의 결원된 직무를 알리고 응모하도록 하는 방법이다. 이 방법은 종업원에게 새로운 직무에서 새로운 성장이나 개발의 기회를 찾도록 하는 장점이 있다.

직무응찰(job bidding)은 공고된 직무에 대해서 요구되는 자격을 갖추었다고 생각하는 종업원이 지원을 하도록 하는 기법을 의미한다. 직무공고와

응찰이 효율적인 시스템을 갖추면 시간과 비용을 절약할 수 있으나, 최고의 자질을 갖춘 사람이 선발되지 못하면 선발에 신뢰성이 없어지고, 지원자들의 불평을 줄일 수 없다.

(2) 관리자목록 및 기능목록 활용

조직 내의 모든 관리자들의 관리능력을 포함하여 그들에 관한 자세한 정보 모음인 관리자목록(management inventory)과 종업원에 대해 작성된 기능목록(skill inventory)을 참고하여 적격자를 찾는 방법이다. 과거에는 대부분 기업들은 인사파일의 형태로 종업원의 기능관련 정보를 갖고 있었으나 오늘날은 인적자원정보시스템(Human Resources Information System: HRIS)과 같이 전산시스템화하여 사용하고 있다.

3) 외부적 공급원

내부적 공급원만으로 적임자를 확보하지 못하면 다음 단계로 그 공급원을 외부에서 찾아야 한다. 특히 급성장하는 기업이든지, 고급전문가, 숙련공, 관리직 종업원에 대한 수요가 큰 기업의 경우는 외부적 공급원에서 사람을 찾는 것이 훨씬 효율적일 수 있다. 외부적 공급원에서 모집한다는 것은 시장이 넓기 때문에 찾고자 하는 사람을 보다 쉽게 찾을 수 있기 때문이다.

(1) 종업원을 통한 모집

종업원을 통한 모집은 현직 종업원들로 하여금 그들의 친구들을 권유하여 응모하도록 하는 방법이다. 이것은 내부의 현직 종업원이 참여하고 있기 때문에 내부적 모집활동과 외부적 모집활동을 믹스한 모집방법이기도 하며, 비용이 적게 드는 이점이 있다.

(2) 예상치 못한 응모

예상하지 않았던 응모는 구직자가 어느 누구로부터의 알림을 받은 바 없이 스스로 판단하여 응모하는 경우이다. 이것은 기업으로서는 예상하지 않았던 응모이다. 이 방법은 관리직이나 전문직보다는 사무직이나 서비스직의 구직자에게서 흔히 볼 수 있는 방법이다. 이 경우는 구직자가 자기와 관련된 이력서를 이용하여 서면상으로나 직접적으로 회사를 방문하여 취업상담을 요청하는 것이 일반적이다.

(3) 취업소개소

필요로 하는 인력을 때로는 고용대행기관을 통하여 모집하기도 한다. 거기에는 정부나 공공기관이 운영하는 기관과 사설고용기관이 있다. 전자는 개인, 군제대자, 대학졸업자, 기술직과 전문직 등 다양한 취업희망자를 위해 서비스하고 있으며, 후자는 전문직이나 관리직 또는 미숙련공을 위하여 주로 취업을 알선해주고 있다.

(4) 교육기관

과학 및 기술교육을 받은 사람이나 보다 광범위한 고등교육을 받은 사람의 수요가 증가함에 따라 기업들은 각급 학교를 통하여 해당 학교의 졸업자 가운데서 필요한 인력을 찾고자 한다. 교육기관과 유기적인 관계를 맺고 필요한 정보를 교환하는 것이 유능한 인재의 확보방법 중 하나이다.

(5) 특수전문조직과 노동조합

기술분야나 전문분야의 전국 또는 지방조직 등이 특정 활동을 위해 집회를 갖는데, 그 모임이 종업원들에게 취업의 기회를 제공하기도 한다. 또 노동조합을 이용하여 필요한 인력수요를 지원하도록 하는 것도 하나의 방법이다.

(6) 네포티즘

네포티즘은 친족고용을 의미한다. 친족고용은 가족소유 기업에서의 모집프로그램에서 빠지지 않는 부분이다. 그와 같은 방침은 능력에 기초한 고용과 반드시 일치하지는 않는다. 그러나 기업에 대한 관심과 충성심은 장점으로 작용할 수도 있다.

4) 외부 모집방법

(1) 라디오와 TV

라디오나 TV와 같이 매스컴을 외부적 공급원의 모집방법으로써 널리 활용하고 있다. 이것은 일시에 많은 사람들에게 전달하는 효과를 가지고 있기 때문에 기업들은 주로 이 방법을 이용하기도 한다.

(2) 신문과 잡지

가장 전통적인 광고방법으로서 지금도 널리 활용되고 있다. 이것은 비용이 적게 들며, 미숙련공에서부터 경영자에 이르기까지 모든 종류의 모집활동을 위해 사용되는 장점이 있다.

(3) 상시채용제

그동안 주류를 이루고 있던 정기공채의 단발적이고 한시적인 채용형태에서 탈피하여 인력채용의 전문성과 유용성을 확보할 수 있고, 우수인력을 확보할 수 있다는 점에서 최근 많은 기업들이 상시채용제를 도입하고 있다. 상시채용제는 말 그대로 시기와 상관없이 항상 채용의 문을 열어 놓고 수시로 지원서를 받아 필요한 인력을 채용하는 제도이다. 취업희망자 입장에서 보면 응시기회가 확대되고 일정자격을 갖춘 사람의 경우 시간을 절약할 수 있다는 점에서 긍정적인 평가를 받고 있으며, 기업 입장에서는 인력수급 및 응용에 효율을 기할 수 있고, 인재발굴의 폭을 확대할 수 있다는 점이 장점으로 꼽힌다.

(4) 인력풀제

인력풀(pool)제는 상시채용제가 보다 발전한 형태라고 할 수 있다. 즉 상시채용 시 접수된 입사지원자의 관련자료를 데이터베이스화하여 입사기회를 계속 부여한다는 것이다. 이에 따라 회사측은 채용계획에 적합하지 않아 탈락시킨 우수인력을 다시 채용할 수 있어 보다 효율적인 인력수급이 가능하며, 지원자는 입사기회가 한 번에 끝나지 않고 취업기회가 확대되는 장점이 있다.

(5) 온라인채용제

정보통신기술의 발전에 따라 인터넷 등의 온라인을 이용하여 원서를 접수받는 기업들도 크게 늘고 있는 추세이다. 인터넷을 통한 원서접수는 지원자들의 입장에서는 해외나 지방에 멀리 떨어져 있어도 쉽게 지원이 가능하고 작성이 손쉬우며, 기업측에서는 접수된 입사지원서를 모두 다시 컴퓨터에 입력시켜야 하는 불편을 생략할 수 있다는 장점을 가지고 있다.

상시채용제를 시행하는 기업들의 경우 대부분 인터넷을 통한 원서접수를 지원하고 있으며, 이와 같은 온라인채용의 증가추세는 앞으로도 계속 이어질 전망이고 대세가 되고 있다.

(6) 인턴사원제

인턴사원제는 기업들이 산학협력체제 확립을 위해 대학졸업 예정인 학생을 대상으로 일정기간 동안 자사 현업부서에 배치하여 현장실습의 기회를 제공한 뒤 특별한 하자가 없는 한 정식사원으로 채용하는 제도를 말한다. 이 제도는 기업이미지 제고, 기업에 대한 친근감과 신뢰감 조성, 학생들에게 건전한 기업관 주입, 우수인력확보, 기업홍보 등의 장점을 가지고 있다. 또한, 실습기간 동안 각 개인의 기업관과 능력, 인성 등의 파악이 용이하다. 정식 취업 후에는 공채출신보다 이직률이 훨씬 낮다는 장점을 가지고 있다.

(7) 추천제

추천제는 공개채용의 번거로움을 보완하고 비용을 줄이기 위해 사용하는 채용방법으로 채용인원이 적어 모집공고를 낼 필요가 없을 경우나 특정 분야나 특정 기능을 가진 인재를 필요로 할 때 사용한다. 특히 상시채용이 증가하고 있는 오늘날의 상황에서는 회사에서 필요할 때에 필요한 분야의 우수한 인재를 채용할 수 있는 적합한 채용방법의 하나이다.

5) 미개발 공급원

우리 사회에는 잠재력을 가지고 있으면서도 그 능력을 발휘할 기회를 갖지 못하는 집단이 있다. 예를 들면, 여성, 노인, 신체장애자, 외국인근로자 등과 같은 미개발 공급원은 그들에 대한 사회적 편견으로 인해 참여가 제한되고 있다. 그러나 최근에 이르러서는 이들 집단의 잠재력이 재평가됨으로써 사회적 진출이 눈에 띄게 늘었다. 노동관계법 등의 정부규제도 강화되었지만 경영자의 인식이 크게 달라진 것이 중요한 원인이다.

미국을 비롯한 선진국에서는 과학, 기술, 관리분야에서도 여성들의 능력이 크게 평가되었으며, 장애자에게도 적절히 직무를 조정하였을 때 정상적인 종업원보다 오히려 실적을 올리는 케이스가 널리 알려지고 있다. 그리고 직무의 성격에 따라서는 노인노동력이 젊은 노동력보다 신체적으로나 정신적으로 적합한 경우도 적지 않다. 교육상의 계몽과 법률적인 구제가 이들 집단에 대한 고용차별을 줄이고는 있지만 앞으로는 더욱 새로운 인식으로 이러한 미개발자원의 활용을 고려할 필요가 있다.

6) 우리나라 기업들의 대표적인 인재모집방법

우리나라에서 국내기업들이 핵심인재를 모집하는 가장 대표적인 방법 두 가지를 들면 다음과 같다.

(1) 임직원 추천제

이는 현직 구성원들이 추천한 사람을 대상으로 채용하는 방법이다. 이 경우 현직 종업원들은 해당 기업의 분위기, 필요로 하는 기술 등을 잘 알고 있고, 이것을 피추천자에게 충분히 설명하였기 때문에, 적격자를 손쉽게 모집할 수 있는 방법이다. 또한 특정 기능영역에서는 인적자원이 부족한 경우에 이 방법이 효과를 거둘 수 있다. 추천대상자가 채용될 경우 추천한 사람에게는 인센티브를 제공하고 있다.

(2) 캠퍼스 리크루팅

이 방법은 채용활동의 가장 큰 행사로 진행되고 있다. 해외모집활동을 나갈 경우도 있다. 이 경우 막대한 경비를 투자하고 채용담당자뿐만 아니라 경영진, 사업부별 책임자들이 동행하고 있다. 이를 원활하게 하기 위해서는 사전에 잠재적인 대상자들과 긴밀한 인맥을 형성하는 것이 중요하다. 그런데 몇몇 대기업을 제외하고는 아직 인맥형성에 대한 노력이 부족한 편이다. 최근 일부 기업들이 글로벌 채용전담조직을 구성하여 이러한 역할을 수행하게 하고 있다.

글로벌 채용전담조직이 효율적으로 운영되기 위해서는 모집활동을 전담하는 담당자들의 역할이 중요하다. 그런데 다양한 직무경험과 글로벌 마인드를 가진 모집요원이 부족한 현실이다. 모집요원들은 주로 이전에 인사업무를 담당했거나 해외근무 경험자 또는 헤드헌팅업계 출신자들이다.

2 선발관리

2.1 선발관리의 의의

선발관리는 응모한 사람 가운데에서 설정한 선발기준에 가장 적합한 사람을 뽑는 과정이다. 이 선발관리가 성공하려면 직무명세서에 정리된 직무담당자의 자격요건에 합치된 사람을 선발하여야 한다. 선발의 전형적인 기준으로서 일반적으로 교육, 경험, 신체적 조건과 개인적 특성이 널리 활용되고 있다.

선발자에 따라서 올바른 능력과 태도를 선발기준으로 중시한다. 그것은 직무수행능력의 중요성과 대인관계의 중요성을 강조하는 것이다. 또 다른 기준으로서 경험이나 과거의 업적을 중시하기도 한다. 대부분의 선발전문가들은 유사한 직무에 대한 과거의 업적이 미래의 업적에 대한 최고 예측치라고 믿고 있으며, 또 과거의 경험이 능력이나 직무관련 태도의 가장 좋은 자료라고 생각하고 있기 때문이다.

지금까지 많은 경영자가 의식적이든 무의식적이든 간에 외모를 선발기준으로 사용해오기도 하였다. 키가 큰 사람을 선호한다든가 항공회사와 같이 미모를 기준으로 스튜어디스를 선발하는 것이 그 예이다. 이것은 성차별, 인종차별 등을 가져오는 선발행위로서 금지되어 있으나, 이 기준이 없어지지 않고 있는 것이 현실이다.

또 다른 기준으로 개인적인 특성이나 퍼스낼리티 유형이 활용되고 있다. 개인적 특성이란 결혼 여부, 성별, 연령 등과 같은 것으로서 이러한 특성과 직무상의 태도가 매우 밀접한 관계가 있다고 생각되고 있다. 예를 들면, 결혼한 사람이 결혼하지 않은 사람보다 이직률이 낮다든가, 반대로 해외근무는 결혼한 사람보다 하지 않은 사람이 보다 더 적합한 것 같이 개인적 특성이 선발에 직접적인 영향을 미친다.

이와 같이 여러 가지 기준들이 선발기준으로 사용되어 왔으나, 그 선발기준이 신뢰할 수 있고 타당성이 있는 것이어야 합리적인 기준으로 사용할 수 있다.

2.2 선발절차

모집활동을 통하여 응모한 사람 가운데서 유자격자를 선발함에 있어서는 일정한 절차를 거치게 된다.

[그림 4-1]은 미국에서 전형적으로 사용되고 있는 선발절차모델이다. 모두 직무명세서를 출발점으로 선발배치의 과정을 나타내고 있다. 그 과정은 시간의 흐름 속에서도 별로 변하고 있지 않음을 알 수 있다. 각 단계의 특성을 살펴본다.

그림 4-1 | 프렌치의 선발절차

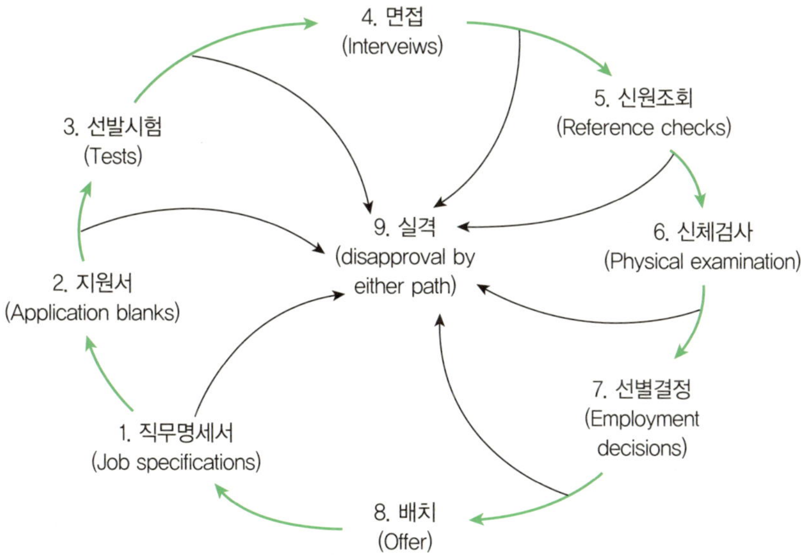

자료: W. L. French, *The Personnel Management Process*(6th ed.), Houghton Mifflin Co., 1987, p.235.

1) 지원서작성

선발과정에 있어서 보편화된 첫 단계는 지원자로 하여금 지원서를 작성하도록 하는 것이다. 지원서에는 지원자의 일반적 이력사항이나 직무수행을 위한 최소한의 자격요건에 관한 정보를 기록하도록 함으로써 지원자의 기본적 직무수행 능력을 선별하는 도구로 이용되고 있다.

조직들은 유용한 보완적 정보를 얻기 위해서 이력서나 자기소개서를 요구하고 있다. 이력서는 지원서에 포함되지 않은 직무관련 태도나 경험, 학교에서의 선호과목, 직무성과기록 등의 광범위한 정보를 기재하고 있다. 자기소개서는 지원자의 가정환경과 성장배경, 성격과 가치관, 취미와 특기, 학교생활과 대인관계, 지원동기와 장래희망 등에 관한 정보와 의지를 솔직하고 상세하게 설명하도록 함으로써 종업원으로서의 적응성, 성실성, 책임성, 솔선성, 협력성 등에 관한 적성과 자질을 판단하는 중요한 기준이 될 수 있다.

2) 채용시험

채용시험은 거의 모든 기업에서 채용을 위한 가장 훌륭한 방법이라고 생각하고 널리 활용하고 있다. 지금까지 경영자나 종업원들이 갖고 있던 채용시험에 관한 개념은 대부분 필기시험을 통하여 교육적 배경을 조사하는 것으로 인식하여 왔다. 그러나 최근에는 능력과 적성 및 인성에 관한 심리검사들이 개발되어 선발의 효율을 높이고 있다.

(1) 필기시험

필기시험은 직무를 수행하는 데 필요하다고 인식되는 포괄적 지식을 조사하기 위하여 사용되는 방식이다. 그러나 이 방식이 반드시 담당할 직무에 직접적인 관계가 있다고는 볼 수 없다.

(2) 심리검사

최근에는 지적 능력인 학식을 테스트하는 필기시험보다 지원자의 능력과 적성, 성격, 흥미, 인성, 기질 등과 같은 심리적 요인을 측정하는 심리검사 방법이 개발되어 활용되고 있다.

- 지능검사: 개인의 지능지수(IQ)를 조사한다.
- 적성검사: 직무를 수행할 수 있는 능력과 잠재능력을 조사한다.
- 인성검사: 동기, 욕망, 자신감과 같은 개인의 성격을 조사한다.
- 흥미검사: 흥미와 관심을 조사한다.
- 성취도검사: 성취욕구의 강도를 조사한다.
- 심리동력검사: 개인의 육체적 힘이나 기민성 등을 조사한다.

3) 면접시험

면접은 필기시험과 더불어 널리 활용되고 있는 선발방법의 하나이다. 면접은 극히 주관적인 판단에 의존한다는 약점에도 불구하고 경영자나 인사담당자는 면접의 유용성에 대한 강한 믿음을 갖고 있다. 그것은 직무요건과 관련하여 시험결과를 재확인한다든지, 시험을 통하여 얻을 수 없는 지원자에 관한 정보를 면접을 통하여 얻을 수 있다고 생각하고 있기 때문이다. 면접이 효과적이 되기 위해서는 면접이 신뢰할 수 있고 타당하도록 구조화되어야 하고, 면접자에게 최선의 면접기법을 훈련시켜야 한다. 또한, 면접은 면접자의 오류로 인하여 정보가 왜곡될 수 있다는 사실에 유념해야 한다.

면접은 면접기법의 정형화된 정도나 참가자수에 따라 다음과 같은 면접방식을 생각할 수 있다.

일반적으로 면접은 구조적 면접과 비구조적 면접이 있다. 이 밖에도 집단면접, 혼합형 면접, 상황적 면접과 스트레스 면접 등이 있다.

(1) 구조적 면접

구조적 면접은 정형적 면접이라고도 한다. 면접담당자가 미리 정해진 질문양식에 따라 모든 피면접자에게 동일한 질문을 던지고 그에 대한 반응을 기초로 평가하는 면접방법이다. 이 방법은 면접담당자가 동일한 내용의 질문을 일정한 형식으로 던지기 때문에 비구조적 면접에 비하여 신뢰성이 확보될 수는 있으나, 너무 정해진 형식에만 따르다 보면 면접의 분위기를 경직화시킬 우려가 있다.

(2) 비구조적 면접

비구조적 면접은 비정형적 면접이라고도 한다. 면접담당자가 면접을 진행하면서 자유로운 분위기에서 다양한 질문을 던지고 그에 대한 피면접자의 반응을 토대로 평가하는 면접을 말한다. 그러나 이러한 면접은 면접담당자가 피면접자에게 각기 다른 질문을 던지기 때문에 평가결과의 신뢰성이 떨어질 수 있다. 이러한 면접방법은 면접담당자가 고도로 숙련되지 않으면 실효를 거둘 수 없는 방법이며, 구조적인 면접과 비교해볼 때 지원자들의 직무관련지식이나 기능을 정확히 평가하기가 어려운 방법이다.

(3) 집단 면접

집단 면접(group interview)은 개별 면접과 대비되는 말이다. 개별 면접은 면접담당자와 피면접담당자의 수가 1명인 경우를 말한다. 집단 면접은 면접담당자의 수와 피면접담당자의 수가 1명 이상인 경우를 말한다. 집단 면접의 경우 면접담당자가 질문을 던지면 피면접자가 답하는 형식으로 진행될 수도 있지만, 각 집단단위별로 특정한 문제에 대해 자유롭게 토론할 수 있는 기회를 부여하고 토론과정에서 피면접자의 적격 여부를 판단하는 방식으로 진행될 수 있다. 집단 면접은 다수의 지원자를 동시에 평가할 수 있으므로 시간절약이 가능하고, 다수에 대한 우열비교를 통하여 지식이나 리더십이 있는 사람을 발견할 수 있는 장점이 있으나 경우에 따라서는 토론을 하고 싶어도 발언을 할 수 없는 단점이 있다.

(4) 혼합형 면접

혼합형 면접(mixed interview)은 구조적 면접과 비구조적 면접을 혼합한 방법이다 혼합형 면접을 실시할 때에는 구조화된 질문들은 지원자들을 비교하는 데 활용되는 정보를 얻는 데 사용이 되며, 비구조화된 질문들은 면접의 분위기를 보다 부드럽게 만들고 여러 지원자들이 각기 지니고 있는 독특한 차이점들을 파악하는 데 활용이 된다.

(5) 스트레스 면접

스트레스 면접(stress interview)은 긴장된 상황에서 피면접자가 어떻게 행동하느냐를 조사하는 면접을 말한다. 만일 피면접자가 지원한 직무가 스트레스 요인이 많은 직무인 경우에는 이 면접방식을 활용할 수 있다. 이 방법은 원래 제2차 세계대전 중 적진에 들어가 활동해야 할 첩보요원들을 선발할 때 사용되었던 면접방법이다. 면접담당자가 피면접자에게 공격적인 질문을 연속적으로 던지고 퉁명스럽게 대하여 피면접자가 그러한 상황에 어떻게 대처하며 답변하는가를 토대로 평가한다. 그러나 이 방법은 지원자에게 조직체에 대한 부정적인 인상을 주어 선발결정이 이루어진 다음에 입사를 거부할 수도 있으므로 반드시 필요한 상황에서만 활용되는 것이 바람직하다.

(6) 상황적 면접

상황적 면접(situational interview)은 직무와 관련된 지식이나 필요정보를 얻는 데 있어서는 다른 면접방법들과 동일하나, 그에 추가적으로 지원자들에게 직무와 관련된 가상적인 상황을 제시하고 그러한 상황에서 어떻게 하겠는가를 묻거나 어떠한 문제에 대한 해결책을 물어 그에 대한 답변을 근거로 지원자들을 평가하게 된다. 이 방법은 질문으로 던지는 가상적인 상황이나 문제가 실제로 직무상황을 잘 대표할 경우에 큰 효과를 거둘 수 있는 면접방법이다.

4) 경력조회

경력조회는 전력조사 또는 신원조회라고도 하는데, 과거의 경력을 조사하여, 그것이 직무와 연관성이 있는지를 판단하여 채용하고자 하는 과정이다.

5) 신체검사

신체검사는 직무수행과 관련하여 신체 및 정신적 능력과의 적합성을 조사하는 과정이다. 신체적 부적격자의 발견, 각종 질환 소유자의 발견, 약물중독자의 발견은 직무적응상 매우 중요한 조건이 된다.

인재선발에서 가장 중요한 것은 어떤 사람을 어떤 기준에 의해 선발할 것인가이다. 그런데 국내기업들에 있어 핵심인재에 대한 개념의 정의는 존재하지만 구체적으로는 어떤 기준으로 어떻게 평가할 것인가에 대한 가이드라인이 부족한 것이 현실이다. 대부분의 기업들이 우수한 사람(good person)이 아니라 적합한 사람(right person)을 선발하는 것이 중요하다는 것은 모두 인식하고 있다. 그러나 이를 테스트할 수 있는 방법에는 한계가 있다.

개별 기업별로 사용되는 인 · 적성 검사도구가 있다. 그러나 이것은 공채대상에게는 적용이 가능하지만 핵심인재 선발평가에 적용하기에는 신뢰성 및 타당성 측면에서 한계가 있다. 이러한 상황에서 핵심인재 선발에 대한 의사결정은 채용담당자와 현장책임자의 주관적인 관점에 따라 평가되는 경우가 많다.

일반적으로 선발(selection)기준으로 인성측면과 업무/업적측면을 구분하여 검토를 하고 있다. 인성에 대한 평가는 인사담당자가 많이 관여하고, 업무/업적평가는 일선책임자가 주로 관여하고 있다.

또한 단위조직의 책임자인 중량급 인재의 경우 회사가 관련 인맥을 통해 지원대상자를 확인하는 참고인조회(reference check) 방식을 많이 활용하고 있다. 채용의사결정에 관여하는 사람들은 참고인과 비공식적인 대화나 전화통화를 통해 지원대상자의 기존 업무실적, 인성, 팀워크, 리더십 등에 대한 정보를 얻어 의사결정에 반영하고 있다.

2.3 선발도구의 신뢰성과 타당성

기업에서 실시되는 선발절차가 합리적으로 운용되기 위해서는 사용되는 선발방법이나 도구가 신뢰할 수 있고 타당성이 있어야 한다. 이것과 관련하여 선발비율의 결정과 관련된 내용을 보면 다음과 같다.

1) 신뢰성

신뢰성은 동일한 사람이 동일한 환경에서 측정을 반복했을 때 그 측정결과가 동일하게 나타남을 의미한다. 예를 들면, 같은 사람에게 같은 내용으로 시험을 몇 차례 치른 후 같은 결과를 가져오면 그 선발도구는 신뢰할 수 있으며, IQ 테스트의 경우 봄에 한 테스트나 가을에 한 테스트가 같은 점수를 나타내야 그 테스트방법을 신뢰할 수 있을 것이다.

(1) 시험-재시험방법(test-retest method)

동일한 상황에서 동일한 대상에 대해 동일한 선발도구를 시간을 달리하여 두 번 측정하여 그 결과를 비교하는 것이다. 다시 말해 어떤 시점에서 신뢰성을 알아보려는 선발도구를 통해 측정한 후 일정기간이 경과한 뒤 동일한 선발도구를 사용하여 동일한 대상에게 다시 한 번 측정하여 그 결과의 상관관계를 계산하는 것이다. 여기서 계산된 상관계수를 통하여 신뢰성의 정도를 추정할 수 있다. 즉, 상관계수가 높다는 것은 선발도구의 신뢰성이 높다는 것을 의미한다.

(2) 대체형식방법(alternative-form method)

선발도구와 유사한 선발도구를 개발하고 이것과 본래의 선발도구를 동일한 대상에 차례로 적용하여 신뢰도를 측정하는 방법이다. 예를 들어, 난이도, 문항수, 내용 등이 아주 유사한 두 가지 선발시험 문제를 개발하여 동일한 대상에 대해 실시한 후 두 점수 사이의 상관계수가 높으면 신뢰성이 높은 것이고 그렇지 않으면 신뢰성이 낮은 것이다.

(3) 반분법

하나의 큰 개념을 측정하기 위하여 여러 항목들로 구성된 선발도구에만 적용할 수 있다. 이 방법은 선발도구의 항목을 임의로 반으로 나누어 각각 독립된 두 개의 척도로 사용함으로써 신뢰성을 측정하는 방법이다. 다시 말해 항목의 반을 가지고 결과를 얻은 다음 항목의 다른 반을 동일한 대상에 적용하여 얻은 결과와 비교하는 방법이다.

2) 타당성

타당성은 측정한 점수와 직무업적과 같은 기준과의 관련성을 의미하는 것으로 관련성이 높으면 타당성이 있는 것이고 관련성이 없으면 타당성이 낮은 것이다. 예를 들면, 시험에서 우수한 성적을 얻은 사람이 근무성적에서도 우수하다면 그 선발도구는 타당성이 높은 것이다. 이러한 선발도구의 타당성을 평가하는 데는 내용타당성, 구성타당성과 기준관련타당성의 세 가지 방법이 있다.

(1) 내용타당성

내용타당성은 시험문제가 측정하고자 하는 내용을 얼마나 잘 반영하고 있는가의 정도를 의미하는 것으로서, 시험이나 면접 등의 선발도구가 직무수행에 필요한 지원자의 지식, 기술, 능력을 측정할 수 있는 정도를 말한다. 예를 들면 비서직 지원자에게 그가 입사하여 바로 수행하여야 할 워드 프로세서를 치는 능력을 시험하는 것은 내용타당성이 있다고 말할 수 있다. 그러나 내용타당성은 리더십 잠재력, 리더십 스타일 또는 직무윤리와 같은 추상적 직무행동을 측정하기에는 적합하지 않다.

(2) 구성타당성

구성타당성은 일반적으로 특정한 추상적 개념을 측정하기 위하여 설계된 측정도구가 그 측정하고자 하는 개념을 얼마나 정확하게 측정하고 있는지를 말한다. 예를 들면, 지능의 측정과 같이 매우 추상적인 행동특성을 측정할 필요가 있을 때 지능검사의 점수를 통하여 지능의 수준을 측정한다. 지능검사방법이 지능측정에 구성타당성이 높은 것이다.

(3) 기준관련타당성

기준관련타당성은 선발기법이 중요한 직무행동 요소를 정확하게 예측할 수 있는 정도를 말하는 것으로서, 종업원에 대한 시험성적과 직무성과의 관계를 비교함으로써 타당성을 측정하는 것이다. 여기에서 시험성적(점수)은 예측치(predictor)이고 직무성과는 기준치(criterion)라고 할 수 있으며, 종업원 선발관련 기준으로는 매출, 품질, 생산량, 사고율, 결근율, 감독자의 평가 등이 포함된다.

기준관련타당성에는 예측타당성과 동시타당성의 두 가지 방법이 있다.

예측타당성은 선발시험에 합격한 사람의 성적과 입사 후의 직무업적을 비교하여 타당성을 조사하는 방법이며, 동시타당성은 현직 종업원의 시험성적과 직무업적을 비교하여 그 타당성을 조사하는 방법이다.

2.4 선발비율의 결정

합리적인 선발이 되기 위해서는 선발도구의 신뢰성이나 타당성이 전제되어야 함은 물론, 적정한 선발비율도 고려되어야 한다. 선발비율은 총응모자 가운데서 몇 사람을 선발할 것인가의 비율을 정하는 것으로서 다음과 같은 식으로 표시된다.

$$\text{선발비율}(SR) = \frac{\text{선발예정자수}}{\text{총응모자수}}$$

이러한 선발비율은 조직의 관점에서 보면 비율이 높을수록, 즉 1(응모자 전원이 선발되는 경우)에 가까워질수록 바람직스럽지 못하며, 반대로 비율이 낮을수록, 즉 0(응모자의 전원이 불합격되는 경우)에 가까워질수록 바람직스럽다. 그것은 선발비율이 높다는 것은 선발노력이 필요 없다는 것이고 선발비율이 낮다는 것은 조직의 선택의 폭이 너무 넓다는 것을 의미하기 때문이다.

선발비율은 선발기준의 타당성과 선발예측치와 밀접한 관련이 있다. 즉 선발비율이 낮다면 선발예측치인 합격점수는 높아지므로 선발기준의 타당성이 비록 낮다 하더라도 유용한 기준이 될 수 있다. 만약 선발비율이 높아진다면 합격점수의 하락이 예상되므로 선발기준의 타당성이 높아야만 유용한 선발기준이라고 할 수 있다.

[그림 4-2]는 일정한 타당성(상관계수: r)하에서 선발비율과 선발예측치의 관계를 나타내고 있다. 여기서 선발비율이 낮아질수록 선발예측치, 즉 합

격점수인 X_p가 높아지고 있음을 알 수 있다. 따라서 선발기준의 타당성이 일정하게 주어진 경우에는 선발비율을 가능하면 줄여 합격점수를 올리는 것이 바람직하다 하겠다. 그러나 한편으로 선발비율을 낮춘다는 것은 조직의 모집과 선발의 노력에 비하여 선발예정자수가 적다는 것을 의미하게 되어 선발비율을 높이는 결과가 된다. 그러므로 선발비율의 문제를 고려하여 선발비율과 합격점수를 결정하여야 한다.

그림 4-2 | 일정한 타당성하에서 상이한 선발비율이 예측치에 미치는 영향

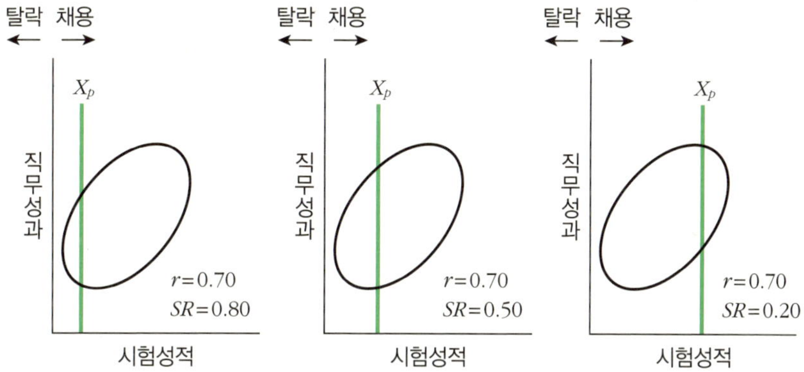

자료: W. F. Cascio, *Applied Psychology in Personnel Management*, Reston Publishing Company, 1987, p.284.

선발에 대한 의사결정의 결과는 [그림 4-3]에서 보는 바와 같이 선발기준치와 선발예측치에 따라 변하게 된다. 여기에서 선발기준치는 측정자가 당초에 측정하고자 의도한 것으로, 응모자가 선발되기 위해서 갖추어야 하는 최소한의 요구수준이며, 선발예측치는 이러한 선발기준치의 대응물인 응모자의 시험성적을 말한다. 따라서 시험성적의 결과는 응모자의 기준치를 예측가능하게 해주는 것에 불과하며 그것이 바로 선발기준치를 의미하는 것은 아니다.

그림 4-3 | 선발의사결정의 여러 가지 가능한 결과

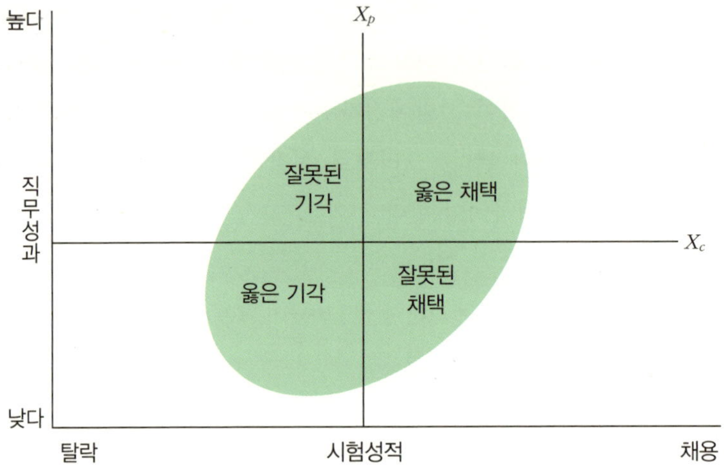

자료: W. F. Cascio, *op. cit.*, 1987, p.285.

[그림 4-3]에서 보면 선발예측치를 올리게 되면(X_p를 우측으로 이동) 선발되지 말아야 할 사람이 선발될 가능성은 줄어들지만 동시에 선발되어야 할 사람들을 탈락시키게 될 가능성을 높이게 된다. 그리고 선발기준치를 높이게 되면(X_c를 상측으로 이동) 이와는 반대되는 결과가 일어나게 된다. 따라서 선발에 대한 의사결정을 하고자 하는 경우에 이러한 선발기준치와 선발예측치의 관계를 참고로 하여 정책을 결정하는 것이 선발의 효율을 증대시켜준다.

2.5 선발의 결정

선발결정 또는 채용결정이 선발절차의 마지막 단계이다. 이 선발결정을 어떤 방식으로 하느냐에 따라 선발결정방법이 달라진다. 다시 말해, 각 선발절차의 단계마다 부적합자를 가려내는 방식이 있는가 하면, 일단 모든 선발절차를 전부 마친 후 전체를 종합하여 최종적인 판단을 내리는 경우가 있다.

1) 단계별 결정방식

선발절차에 따라 단계별로 선발행동이 진행된다. 각 단계별 결정방식이란 각 단계가 하나의 허들(hurdle)로서, 허들을 통과하면 다음 단계의 허들로 진행하면서 모든 허들을 통과하여야 비로소 선발이 결정되는 방식이다. 만약 어느 허들이든 통과하지 못하면 그 단계에서 실격 내지는 불합격결정이 내려지는 방식이다.

2) 다수상관결정방식

다수상관결정방식은 일단 선발절차의 전 과정을 마치게 한 다음, 각 단계에서 얻어진 점수를 종합하여 최종적인 결정을 내리는 방식이다. 따라서 단계별로 얻는 점수는 좋을 때도 있고 나쁠 때도 있는데 선발기준과 비교하여 종합적으로 판단하게 함으로써 각 단계별 결정방식의 단점을 커버할 수 있는 장점이 있다.

3) 대체가능분석방식

대체가능분석방식이란 어느 하나의 특정 직무에 한정하여 유자격자를 선발하는 것이 아니고, 다른 직무에의 대체가능성까지 조사하여 선발결정을 내리는 방식이다. 대체가능분석방식은 인력활용의 폭을 한층 더 넓혀주는 장점이 있다.

3 배치 · 이동관리

3.1 배치 · 이동의 의의

합리적인 선발절차를 걸쳐 합리적인 의사결정에 의하여 채용이 확정된 인력은 합리적으로 각자 적재적소에 배치할 필요성이 있다. 그러나 상당수의 조직에서는 합리적인 채용결정을 해 놓고도 배치 · 이동에 대해서는 소홀히 하는 경향이 있다. 그렇게 되면 그동안에 투입된 노력과 비용을 헛되이 하는 결과가 되며 또한 기업의 성과나 본인의 성장에 지대한 영향을 줄 수도 있다.

배치는 인적자격과 직무요건을 적합시키는 것을 말한다. 즉 개인이 가지고 있는 능력을 직무기술서와 직무명세서에 나타난 직무요건에 짝을 맞추어 주는 활동을 말한다. 이동(transfer)은 현재 담당직무를 급여수준이나 지위, 위신, 사용하는 기능, 책임 면에서 별다른 차이가 없는 다른 직무로 수평적 이동을 하는 것을 말한다. 신규채용자는 직무 또는 어떤 부서에서 생긴 결원을 보충하기 위한 임시채용과 계획적으로 장래의 요원확보를 위한 정기채용 등이 있다. 결원을 보충하기 위한 경우에는 그 직무 또는 결원이 생긴 부서에서 가장 적합한 종업원을 선정해서 보충하는 것이기 때문에 크게 문제가 되지는 않는다. 그러나 배치받은 직무에 적응하고 숙달하기 위해서는 일정기간의 수습기간이 필요하다. 이 수습기간은 직무내용과 성격에 따라 다르기는 하지만 일반적으로 1주일부터 3개월 정도가 소요되는 것이 보통이다.

그러나 아무리 합리적인 선발과정을 거쳐 채용되어 적재적소에 배치된 종업원이라 하더라도 일정기간이 지나면 권태나 능력변화가 일어나기도 한다. 그러므로 일정기간마다 종업원의 성격, 능력, 근무상태, 업적 등을 재평가하여 승진, 강등, 전보 등의 전환을 할 필요가 있다.

3.2 배치 · 이동의 목적

종업원의 배치와 이동은 신중을 기할 필요가 있다. 종업원의 자질이나 능력을 무시하여 배치한다든지, 만약 이동을 원칙 없이 불공정하게 시행할 때에는 능률저하가 이루어질 뿐만 아니라 종업원의 사기저하가 발생하여 조직목적을 달성할 수 없을 것이다. 따라서 배치전환에 앞서 직무내용을 명확히 하고 종업원의 능력이나 특성, 업적 등을 과학적으로 평가하기 위해 과학적으로 이루어진 직무분석과 인사고과를 기초로 해야 할 것이다.

배치 · 이동의 목적을 들면 다음과 같다.

- 직무요건의 변동에 따른 적응
- 직무와 직무수행능력의 결부를 위한 적정배치
- 만능공 양성 및 장차 간부로서의 인재육성
- 종업원 상호 간의 마찰해소와 침체된 조직분위기의 쇄신
- 종업원의 연령 및 건강상태에 대한 배려
- 포상과 제재를 위한 신상필벌

3.3 배치 · 이동의 원칙

1) 적재적소주의

어느 조직을 막론하고 사람 위주의 자리배치를 하는 정실인사보다는 조직목적을 달성하기 위해서, 무엇보다 일을 위한 적재적소의 배치가 중요하다. 그러나 수많은 종업원을 여러 직종과 직무에 골고루 적재적소의 원칙에 따라 배치한다는 것은 그리 쉬운 일은 아니다. 하지만 인간은 상당히 유연성과 적응성을 지니고 있기 때문에 일단 어떤 직무에 배치되었다고 하더라도 상당한 부분에서는 적응하여 나아갈 수 있다.

2) 능력주의

종업원이 가지고 있는 능력은 곧 생산성과 결부되며 그것이 바로 개인의 업적이 된다. 뿐만 아니라 그가 가지고 있는 잠재능력은 또한 그 사람의 장래성을 보장하기 때문에 어떠한 직무이든 능력과 실력에 따라 배치하여야 하고 그의 업적에 대하여 만족할 만한 대우를 하여야 한다는 원칙이다. 만약 개인의 능력과 실력을 활용하지 못하고 이를 인정하지 않으려 할 때 능률은 저하되고 의욕을 상실하게 된다.

3) 인재육성주의

오늘날 정보화사회, 지식사회 또는 후기산업사회 등으로 불리고 있는 환경변화와 경쟁이 심한 사회에서는 인재, 즉 인적자원의 역할이 무엇보다도 중요하다는 것은 두말할 필요가 없다.

일반적으로 상당수의 조직에서는 사람을 소모시키면서, 즉 현재 있는 재능만을 가지고 이용만 하는 방법을 사용하고 있다. 그러나 모든 종업원들은 강력한 성취동기를 가지고 있기 때문에 조직에서는 특히 인재를 중시하고 그 인재를 육성해 간다는 원칙이 적용되어야 한다. 그렇게 하기 위해서는 조직 자체가 주체가 되어 종업원의 경력개발을 주도해 가야 할 뿐만 아니라 그 효과를 높이기 위하여 종업원 자신의 의지와 의욕을 고취시켜 종업원 스스로가 경력개발에 대한 자기관리를 해 나갈 수 있도록 해야 한다.

4) 연공주의

일반적으로 능력주의와 연공주의는 부분적으로 이율배반적인 성격을 가지고 있다. 능력주의에 따르면 연공주의가 경시되고, 연공주의를 따르면 능력이 경시되기 쉽다. 이 두 가지의 원칙이 노조측에서는 연공을 중시하고 기업측에서는 능력을 더 선호하기 때문에 항상 문제의 소지가 있는 것이다. 따라서 직종에 따라 다르기는 하지만 일반적으로 연공기준을 기초한 후에 능력기준을 합리적으로 설정하여 결정하는 것이 바람직하다고 볼 수 있다.

4 승진관리

승진(promotion)은 이동의 한 형태로서 조직에서 구성원의 직무서열 혹은 자격서열의 상승을 의미한다. 이러한 승진에서는 지위의 상승과 함께 보수, 권한, 책임의 증가가 함께 수반된다. 조직이 조직의 목표달성을 성공적으로 수행하기 위해 조직의 목표와 개인의 목표를 합치시키는 것을 그 하위목표로 삼을 때 조직구성원의 입장에서는 효율적인 인적자원개발의 근간이 된다. 그러므로 승진에 대한 관리는 전체적인 인사관리활동이 성공적인가 아닌가의 여부를 결정하는 인적자원관리의 핵심적 영역을 차지하고 있다.

이처럼 조직의 측면에서나 그 조직의 구성원 개개인의 측면에서나 다 같이 중요한 의미를 지니고 있는 승진에 관해서는 명확한 방침 아래 객관적이고 공정한 제도의 운영이 이루어져야 하며 보다 합리적인 승진정책이 추진되어야 할 것이다. 특히 혈연, 지연 등 특수 연고관계나 연공 등에 의한 비합리적인 승진관행이 인사체증의 문제를 야기시킨다. 따라서 승진관리에는 합리성, 공정성, 객관성이 절실히 요구된다.

승진의 특성은 다음과 같다.

첫째, 승진은 개인에게 권한의 증대를 수반한다. 즉, 승진은 통제의 범위가 확대되고 업무의 폭이 넓어진다.

둘째, 승진은 기본적으로 보상의 상승을 동반한다. 즉, 승진은 임금인상이 뒤따르고 근로생활의 질이 향상된다.

셋째, 승진은 개인의 성장욕구를 충족시킨다. 즉, 승진은 더욱 수준 높고 도전가치가 있는 직무를 수행하게 되며 잠재능력 발휘와 기회가 부여되므로 자아실현욕구를 충족시킬 수 있다.

넷째, 승진은 개인으로 하여금 인정감을 갖도록 한다. 즉, 승진은 조직으로부터 능력과 자질을 인정받은 것이므로 직무안정과 심리적 안정에 도움이 된다.

4.1 승진관리의 기본원칙

1) 적정성의 원칙

개인이 조직에 들어오면 조직목표달성을 위해 공헌해야 하며, 그 대가로 조직으로부터 보수, 승진, 권한증대 등의 유인을 받게 된다. 적정성의 원칙이란 이러한 유인의 크기와 관련되는 것이다. 즉 조직구성원이 일정한 정도의 공헌을 했을 때는 어느 정도의 '승진보상'을 받아야 하는지 그 크기의 적절성을 말한다. 개인의 입장에서 볼 때 승진보상을 받을 수 있을 만큼 조직에 충분한 공헌을 했는데도 불구하고 그 보상을 받지 못한다면 이는 조직 내 정당성 측면에서 문제가 있다.

승진보상에 대한 적절성은 시간적 차원과 공간적 차원에서 접근할 수 있다. 시간적 차원에서 과거 구성원들이 받았던 승진보상과 현재 구성원들이 받고 있는 승진보상을 비교하고, 공간적 차원에서 동 업체 등 유사조직의 구성원들이 받고 있는 승진보상과 비교하는 것이다.

2) 공정성의 원칙

공정성의 원칙은 조직이 조직구성원에게 나누어 줄 수 있는 승진보상의 덩어리를 올바른 사람에게 배분했느냐와 관련되는 원칙이다. 이 원칙은 상대적인 것이기 때문에 지켜지지 않을 경우 조직 내 구성원들 간 갈등의 원인이 된다. 예를 들면, 어떤 조직구성원이 이러한 원칙이 지켜지지 않는 상태에서 승진되었을 때 그는 다른 구성원에 대해 떳떳한 태도를 취할 수 없을 것이며, 오히려 죄스러운 감정에 사로잡힐 수 있다. 또한, 승진탈락자들은 조직에 대해 심리적으로 멀어질 것이며 승진자와의 협동시스템 구축에 동조하지 않을 것이다.

따라서 개별 조직의 승진제도는 승진기회가 비록 충분하지 않을지라도 그 기회는 공정하게 제공되어야 하며, 승진기준에 대한 평가의 신뢰도가 철저히 유지되어야 한다.

3) 합리성의 원칙

합리성의 원칙은 조직구성원이 조직의 목표달성을 위해 공헌한 내용을 정확히 파악하기 위해 어떤 것을 공헌으로 간주할 것인가에 관련되는 것이다. 예를 들면, 연고주의(지연, 혈연, 학연 등)에 입각한 기준에 따른 승진관리는 비합리적이다. 그러나 개인의 성과, 근속연수, 자질, 능력 등과 같은 조직의 업무수행이나 목표달성과 관련성이 있는 기준에 따른 승진관리는 그 합리성이 인정되고 있다.

기업은 업무수행이나 목표달성을 위해서 연공과 능력을 조화시키는 방향으로 승진기준을 합리적으로 설정하여야 한다. 이러한 승진기준이 계층별 · 직종별로 볼 때 관리직에서 요구되는 조직목표달성을 위한 자질 또는 능력과, 생산직에게 요구되는 자질 또는 능력이 다를 것이며 이러한 것이 구분되어 승진기준에 반영되어야 할 것이다.

4.2 승진의 유형

1) 직급승진

직급승진은 종업원이 상위직위로 이동하는 것으로서, 조직이 직무분석 ·

직무평가를 실시하여 직위체계를 분류하고 각 직위에 적합한 사람을 승진시키는 것을 말한다. 기업에서 직급에는 사원, 대리, 과장, 차장, 부장, 이사, 또는 팀원, 팀장, 본부장 등이 있는데 이러한 직급계층이 상향이동하는 것을 직급승진이라고 한다. 즉 직급승진제도는 관리체계로서의 직위, 즉 라인직위계열상의 승진을 말한다. 이러한 승진이 가능하기 위해서는 상위직급의 자리가 공석으로 비게 되든지 또는 새로운 직급이 신설되든지 해야 한다.

직급승진은 승진이 된 자에게는 권한과 책임, 보상의 증가가 이루어지게 된다. 그런데 조직에 따라 승진자격을 갖춘 대상자는 많고, 상위직급은 한정되어 있어서 승진정체현상이 발생하는 경우가 많이 나타나고 있다. 이 경우에는 구성원의 사기저하 및 유능인력의 이직현상이 초래된다.

2) 자격승진

자격승진은 종업원이 갖추고 있는 자격에 따라 승진시키는 것이다. 자격승진은 상위직급의 공석과 무관하게 일정자격을 취득하면 승진시킬 수 있으므로 합리적으로 운영될 수 있다.

자격승진에는 신분자격승진과 능력자격승진이 있다. 신분자격승진은 연공주의에 입각한 제도로서 직무의 내용이나 직무수행능력과 무관하게 개인의 인적자격요건(근속연수, 학력, 연령 등)에 따라 승진시키는 방법이다.

능력자격승진은 개인의 직무수행능력이 상위등급으로 이동할 경우의 자격상승을 의미하기 때문에 승격이라고 부른다. 능력자격승진은 종업원들의 능력신장을 유도하고 승진정체현상을 감소시키는 데 유용하다. 그런데 능력신장은 이루어졌으나 그러한 능력수준에 대응하는 직무가 없는 소위 과잉능력상황이 된다면 종업원들의 불만족을 초래한다. 그리고 기업 입장에서는 능력급으로 임금이 지급될 때 직무는 하위직무를 수행하고 있는데 그의 능력은 상위직능이므로 실제 수행하고 있는 업무보다 더 많은 인건비가 지급된다는 모순이 있다.

3) 대용승진

대용승진은 준승진이라고도 불린다. 이는 직무중심의 경영체제에서 그 경직성을 제거하고 융통성 있는 승진관리를 확립하려는 데서 비롯된 것으로서 특정 구성원에 대해 승진에 필요성은 있으나 마땅한 담당직책이 없을 경우 인사체증과 사기저하를 방지하기 위해 직무내용상 실질적 변화 없이 직위명칭 또는 자격호칭 등의 상승만 이루어지게 하는 형식적 승진을 시키는 경우에 해당한다. 또 종업원이 대외업무를 수행하는 경우 접촉고객의 종업원에 대한 신뢰를 높이기 위해 단순히 직급만 높이는 경우도 있다.

토·의·문·제

1. 모집방법 중 내부모집과 외부모집에는 어떤 것이 있는가?
2. 선발도구의 신뢰성과 타당성은 무엇을 의미하는가?
3. 배치 · 이동의 목적은 무엇인가?
4. 승진의 유형에는 어떤 것이 있는가?

Chapter 05

교육훈련관리

학 / 습 / 목 / 표

- 훈련과 학습이론에 대한 이해
- 교육훈련의 인식변화에 대한 이해
- 교육훈련의 방법에 대한 이해
- 교육훈련의 평가에 대한 이해

대학에서 기계공학을 공부하였다고 발전소에 가서 바로 일을 할 수는 없다. 대학에서 배운 것은 전반적인 내용을 가르치기 때문에 실제 작업현장에서 일을 할 때에는 그 현장에서의 일에 익숙해야 한다. 어느 경우에는 현장에서의 일을 제대로 할 정도가 되려면 적어도 5년 이상이 걸리는 업무도 있다. 여기서 교육훈련의 필요성이 강조되는 것이다. 교육훈련은 어떻게 이루어져야 할 것인가, 어떤 방법으로 누가 할 것인가 등을 살펴본다.

‘고객’ 패러다임이 송두리째 바뀌고 있다

‘고객’을 정의하는 패러다임이 송두리째 바뀌고 있다. 지금까지 기업에 고객은 최상의 제품과 서비스를 제공해야 할 대상이었다. 고객에게 차별화된 경험을 제공할 수 있는 ‘무엇(what)’이 최우선이었다. 그러나 이제 고객들은 ‘무엇’을 넘어 ‘어떻게(how)’와 ‘왜(why)’까지 요구하고 있다.

기업이 내가 소비하는 제품 · 서비스를 어떻게 생산하는지, 사회 · 환경적 책임을 다하는지, 목적의식은 어떤지를 중요시하고 이를 소비에 반영한다. 이에 대한 고민과 노력이 부족한 기업은 이윤만을 극대화하려는 존재로 낙인찍힐 수 있다. 이러한 변화는 전 세계 소비자의 64%를 차지하는 밀레니엄 세대(1980~1994년생)와 Z세대(1995년 이후 출생)가 주도하고 있다. 이들은 사회 · 환경이슈와 이에 대한 기업의 책임을 중시하는 행동주의(activist) 소비자다. Z세대 10명 중 9명은 기업이 환경 · 사회적 문제를 해결할 책임이 있다고 생각하며, 밀레니엄의 52%는 제품 · 서비스 구매 전 배경정보를 조사한다.

이에 대한 기업의 대응으로 환경 · 사회 · 거버넌스(ESG) 활동이 확산되고 있다. 사실 ESG가 기업의 가치창출이나 수익에 부정적인 영향을 줄 것이라는 편견이 있었다. 그러나 최근 진행된 2,000개 이상 기업분석 결과, ESG에 신경을 쓰는 기업의 63%가 이익률(equity returns) 증가를 경험했다. 현재 지속가능한 사업에 대한 전 세계 투자 역시 2004년 대비 10배 증가해 30조 달러를 넘어섰다.

기업들은 ESG를 통해 고객의 ‘어떻게’와 ‘왜’에 대한 요구를 충족시키는 것 외에 매출 성장, 비용절감, 규제 · 법적 문제 완화, 노동생산성 증가, 투자 최적화의 효과를 얻을 수 있다. 예를 들어 높은 ESG 평가는 기업에 대한 신뢰를 제고하고 신시장 진출과 기존 시장 확장을 용이하게 한다. 글로벌 생활용품 기업인 유니레버는 주방세제 ‘선라이트’와 같은 절수 상품을 개발해 물 부족 국가에서 전체 카테고리 대비 20% 빠르게 매출을 성장시켰고, 70년 전 정유기업으로 시작한 핀란드 네스테는 현재 매출의 3분의 2 이상을 신재생 연료와 지속가능한 상품에서 창출하고 있다. 미국 패션 브랜드 리포메이션은 ‘레프스케일(RefScale)’이라는 자체 시스템으로 각각 상품의 환경적 영향을 계산해 공개한다.

또 ESG는 자원 효율성을 개선해 원자재비용, 물 · 탄소비용 등 운영비용을 절감해줄 수 있다. 미국 소재 업체 3M은 1975년 환경오염방지 프로그램인 ‘3Ps’를 론칭한 뒤 현재까지 제조방식 효율화, 기계 재설계, 폐기물 재활용 등을 통해 약 22억 달러를 절감했다. 세계 최대의 특송회사인 페덱스는 자사의 35,000대 차량 전체를 전기나 하이브리드 엔진으로 교체하고 있다. 지금까지 20%가 교체됐고, 연료 1억 8,900만 ℓ 이상을 절감했다.

ESG 과제를 추진할 때 유념해야 할 점들이 있다. 첫째, 선택과 집중이다. 5개 과제 이상을 동시에 추진하지 않는 것이 효과적이다. 둘째, 당위성만으로는 설득력이 부족하기 때문에 ESG를 통해 어떻게 실질적인 가치를 창출할지 보여주는 객관적 수치나 지표가 있으면 효과적이다. 셋째, ESG에 대한 무관심은 리스크로 돌아올 수 있다. 지난 수년간 ESG 관련 사건으로 시가총액이 두 자릿수대 하락률을 보인 기업들이 있었다. 마지막으로, 한번 정했다면 끝까지 입장을 고수해야 한다. 미국 유통사 딕스스포팅구즈는 더 이상 총기 판매를 하지 않겠다고 선언한 뒤, 연간 매출의 약 2%(1,500만 달러)를 잃었다. 하지만 약 1년 뒤 주가는 오히려 14% 상승했다.

자료: 매일경제, 2020. 1. 10.

1 훈련과 학습이론

훈련은 교육의 한 형태이기 때문에, 학습이론에 관한 연구의 결과가 훈련 · 개발에 논리적으로 응용되기 마련이다. 따라서 학습이론들이 공식 · 비공식적인 훈련 · 개발 프로그램의 설계에 매우 중요하게 작용한다. 훈련 · 개발에 대한 이해를 높이기 위해서 학습이론의 핵심을 중심으로 간략하게 소개한다.

1.1 학습의 의의

학습은 한 개인이 환경과 상호작용한 결과로 나타나는 행동, 인식 또는 감정 · 정서의 지속적인 변화로 정의된다. 학습은 행동의 저변에 있는 하나의 기본적인 과정으로, 새로운 것에 대한 획득에 의해서든지 수정에 의한 것이든지 그 관심의 초점은 변화에 있다는 특징을 갖는다. 또한 그 변화는 반드시 오래 지속되어야 하며, 행동 · 인식 · 정서의 결합을 포함한 내용이어야 한다는 점 또한 중요하다. 우리 주변에서 일어나는 학습의 예를 보면, 프로그래밍, 카운슬링과 같은 여러 가지 기능이나 기술을 습득하는 것 등이 있으며, 언어의 사용과 그 의미 자체도 모두 학습된 것이다.

학습은 경험을 통하여 비교적 영구적인 변화를 가져오는 프로세스라고 할 수 있다. 여기에는 직접적인 경험에서 습득되는 것과 관찰과 같은 간접적인 경험에서 습득되는 것이 있다. 학습이 어떤 방법에 의해 행해지든 우리는 학습의 결과로 나타나는 태도나 행동을 파악하여 학습의 효과를 측정할 수 있다.

1.2 학습이론

학습과정을 설명하기 위한 학습이론의 대표적인 것으로서 행위론과 인지론이 있다. 행위론은 다시 고전적 조건화이론과 조작적 조건화이론으로 나누어지며, 인지론은 인지적 학습이론과 사회적 학습이론으로 나누어진다.

1) 행위론적 학습이론

행위론적 학습이론은 고전적 조건화와 조작적 조건화를 중심내용으로 하고 있다.

(1) 고전적 조건화이론

학습이 어떻게 일어나는가에 대한 최초의 기초적 이론을 제공한 사람은 유명한 생물학자 파블로프(I. Pavlov)이다. 고전적 조건화이론은 자극-반응의 관계로부터 시작한다. 파블로프는 학습되지 아니한 무조건적 반응관계에 초점을 두었다. 그는 개를 이용하여 음식과 같은 자극과 무조건적인 반응인 타액 분비 사이에 아무런 관계가 없는 종(bell)이라는 조건적 자극과 관련지어, 학습을 통하여 행동을 유도해 내는 과정을 고전적 조건화라고 불렀으며 [표 5-1]은 파블로프의 실험을 요약하고 있다.

이러한 고전적 조건화이론은 학습과정을 이해하는 데 많은 도움을 주었으며, 학습이론의 발전에 크게 공헌하였다. 그러나 그 후 인간의 행동은 동물과는 달리 매우 복잡한 것이어서 고전적 조건화이론의 관점으로만 인간의 행동을 전부 설명할 수 없다는 주장들이 나타났다. 즉 사회에서나 조직에서의 대부분의 인간행동이 이러한 반응적 행동만이 아니고 오히려 인간이 환경에 영향을 미치고 작용을 가하는 측면이 있음을 알게 되었다. 이러한 행동을 조작적 조건화이론으로 설명하게 되었다.

| 표 5-1 | 파블로프의 고전적 조건화 실험 요약

	자극		반응
학습 이전	음식(무조건적 자극) 종소리	→ →	침흘림(무조건적 자극) 반응없음
학습 과정	음식(무조건적 자극)과 종소리(중성적 자극)	→	침흘림(무조건적 자극)
학습 이후	종소리(조건적 자극)	→	침흘림(조건적 자극)

(2) 조작적 조건화이론

조작적 조건화이론에서는 학습을 결과에 의해 발생되는 행동의 변화라고 한다. 즉 고전적 조건화이론에서 자극과 반응의 관계는 무조건적인 반응으로 설명되었지만, 조작적 조건화이론에서는 단순히 자극에 대한 조건적 반응이 아니라 학습과정에서 주어진 보상이나 벌에 의해서 행동이 조작된다고 보는 것이다.

강화의 법칙(law of reinforcement)은 조작적 조건화이론의 이론적 기반을 제공하고 있다. 조작적 조건화는 조작화 과정에서 개인의 욕구나 동기를 자극하게 되고, 그것이 만족스러운 행동의 결과로 나타날 때 반응행동은 강화되고 반복된다는 것이다.

조작적 조건화이론을 제일 먼저 주장한 스키너(B. F. Skinner)는 외적 요인에 의한 학습에 관심을 두고, 인간의 행동은 외적 요인의 조작화에 따라 행동의 결과가 달라진다고 했다. 예를 들면, 행동의 결과로 상을 받게 되면 결과적으로 즐거움을 가져오므로 행동은 강화되고 빈도도 늘어날 것이고, 반대로 벌을 받게 되면 행동은 중지되어 버린다. 이처럼 행동의 변화는 조작적 조건화에 좌우된다는 것이다.

2) 인지론적 학습이론

행위론적 학습이론이 기능의 획득을 목적으로 하는 것이라면, 인지론적 학습이론은 지식의 획득을 목적으로 한다. 인지론적 학습이론에서는 인간이 의식적 · 적극적으로 참여하는 존재라는 전제를 두고 있으며 다음과 같은 단계적 특징을 지닌다고 본다.

- 인지론적 학습이론의 관점에서는 인간이 과거의 학습내용과 경험에 의존하여 현재의 행동을 한다고 본다. 이때의 경험이란 인지를 말한다.
- 인간은 자신의 행동을 선택한다.
- 인간은 선택의 결과를 인정한다.
- 인간은 결과를 평가하고 이를 과거의 학습에 추가하며, 미래의 선택에 활용한다.

(1) 인지적 학습이론

학습과정에서 인지의 역할을 중요시하는 인지적 학습이론은 톨만(E. C. Tolman)에 의해 처음으로 제기되었다. 톨만은 조건화이론의 전제를 비판하면서, 학습은 환경의 인지적 단서와 기대의 관계에 의하여 이루어진다고 한다.

그는 흰 쥐를 이용한 실험에서, 쥐는 복잡한 미로 속에서도 목표(먹이)를 성취하려는 의도로 길을 정확히 찾아낸다는 것을 밝혀냈다. 즉 T자형의 갈림길을 포함한 미로로 구성된 실험공간에서 먹이를 찾기 위해서는 T자형 갈림길의 우측으로 돌도록 훈련시킨 뒤 미로의 반대편에서 흰 쥐를 출발시켜 보았더니 오히려 왼쪽으로 돌아가더라는 것이다.

조작적 조건화이론에 의하면 먹이를 찾기 위해 갈림길의 오른쪽으로 돌아가도록 훈련이 되어 있으므로 당연히 오른쪽을 선택했어야 했는데, 흰 쥐가 왼쪽을 택한 것은 먹이를 찾으려는 기대 때문에 실제로 먹이가 있는 쪽을 인지하여 행동했다는 결론이 된다. 즉 흰 쥐가 갈림길에 섰을 때 먹이와 관련된 어떤 인지적 단서에 의해 먹이를 찾을 수 있으리라는 기대를 학습하게 된 것이다.

인지론적 학습이론은 학습이론의 발전에 중요한 공헌을 하였다. 즉 행위론자의 단순한 자극-반응의 조건화개념에서 탈피하여 보다 복잡한 행동을 설명하고자 하였고, 특히 인지가 자극과 행동 사이의 중계자임을 강조하였다. 나아가서 톨만의 인지적 학습이론은 사회학습이론의 선구적 역할을 하였으며, 인간관계운동에도 커다란 영향을 미쳤다.

(2) 사회적 학습이론

사회적 학습이론은 관찰과 직접경험에 의해 학습이 이루어진다는 것이다. 이 이론은 행위론적 학습이론과 인지론적 학습이론의 한계점을 극복하기 위해 등장한 이론으로 기본적으로는 통합이론의 성격을 지닌다고 볼 수 있다. 즉 사회적 학습은 다른 사람의 행동과 그에 따른 결과(보상이나 처벌)를 관찰한 다음, 관찰된 타인의 행동을 실행하여, 그 결과가 자기에게도 호의적이고 만족을 주면 그 행동을 반복하고, 만약 불쾌하거나 불편을 주면 그 행동은 중단된다는 것이다.

따라서 언뜻 보기에 조작적 조건화이론과 비슷한 것 같지만, 실제로는 조작적 조건화의 확장된 이론적 특성을 갖고 있다. 즉 새로운 학습과정에서 행동은 결과에 의해 학습된다는 관점과 함께, 관찰과 그에 따른 지각이 수반되고 있다. 또한, 사회적 학습이론은 환경을 강조함으로써 행위적 · 인지적 · 환경적 결정요인의 상호작용적 본질을 강조하고 있다.

2 교육훈련

오늘날 환경은 매우 빠르게 변화하고 있다. 환경의 변화에 따라 기업에서의 직무의 내용 또한 급격히 변화하고 있다. 이 새로운 변화에 효과적으로 대처해 가기 위해서는 교육훈련이 그 무엇보다 중요하다.

기업에서의 개발은 기업에서의 직무요건을 충족하지 못할 경우에 필요하다. 플리포(Flippo)는 교육훈련의 필요성을 다음과 같이 표현하고 있다.

교육훈련의 필요성=직무요건-사람요건의 미충족

2.1 교육훈련의 인식변화

교육훈련에 대한 지출은 비용인가 아니면 투자인가?

제2차 세계대전 직후 전쟁 중에 이루어진 수많은 훈련업무를 생각하게 되었다. 이러한 경험으로부터 사람과 사람이 지닌 잠재능력에 대한 중요성이 인식되기 시작하였다. 그리고 그들에 대한 교육훈련이 중요시되었다. 처음으로 교육훈련이 인적자원에의 투자 또는 자본투자로서 인식되기 시작한 것이다.

다음 단계는 이러한 투자에 대한 수익률을 측정하는 것이었다. 그러나 이러한 측정문제는 과거에도 복잡하였고 지금도 여전히 복잡하다. 이러한 측정에 대한 시도는 인적자산회계라고 불린다. 인적자산회계는 실제 회사의 대차대조표상에서 조직의 인적자원에 대한 가치를 보여주고 있다. 그러나 교육은 순전히 경제적인 입장으로만 정당화되어서는 안 된다는 생각이 인적자원관리자들 간에 퍼져 가고 있다. 그것은 금전적인 수단으로 측정될 수 없는 이점이 교육받은 사람에게 많이 있기 때문이다.

[그림 5-1]과 같이 종업원들에 대한 교육은 토지, 빌딩, 설비 및 연구개발과 함께 재무비용이 아닌 자본투자로서 생각해야 한다. 그러나 공장유지, 임금, 원료 및 광고와 같은 재무비용은 단기적인 지출로 생각된다. 실제로 단기적 재무비용과 장기적 자본투자의 차이는 구별하기가 어렵게 느껴질 수도 있다. 그런데도 과거에 인력교육(훈련 및 개발)은 단기적인 재무비용으로 생각되었다. 그러나 현재는 인력교육이 적극적이고 긍정적인 장기적 자본투자

로서 인식되고 있다.

인간의 잠재능력은 무한한데도 잘 활용하지 못하고 있는 조직의 중요한 자원이다. 사람들은 그들이 하도록 요구받은 것보다 훨씬 많은 일을 할 수 있는 능력을 갖추고 있다. 그리고 사람들은 공식적으로 가능하다고 생각하는 것보다 훨씬 더 많은 것을 배울 수 있는 능력을 갖추고 있다. 종업원들은 제대로 관리만 하면 조직의 창의력을 이끌어 낼 수 있는 원천이다. 그들은 아직도 얼마든지 이용할 수 있는 지적 능력을 지니고 있다. 거의 모든 종업원은 이러한 인지능력을 개발하기를 원하고 있다. 실제로 기회가 있으면 그렇게 할 수 있는 능력을 갖추고 있다. 그래서 교육에 지출하는 돈은 비용이 아닌 자본으로 인식되고 있는 것이다.

그림 5-1 | 고령화율 추이 국제 비교

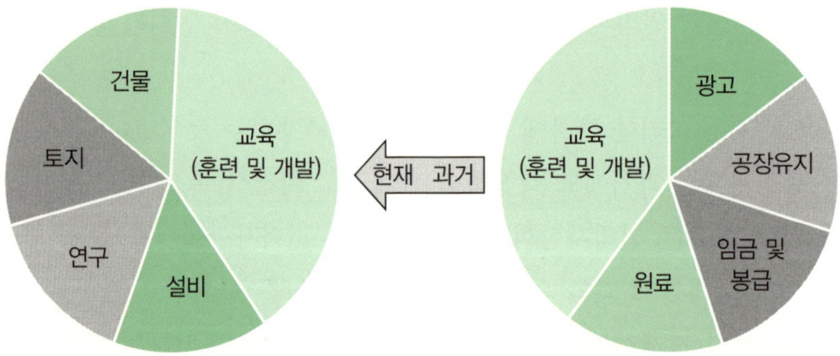

2.2 효율적인 관리자의 능력

조직의 구성원으로 살아가기 위해서는 다음의 3가지 능력을 갖추는 것이 중요하다. 3가지 능력이란 ① 기술적 능력(technical skill), ② 인간적 능력(human skill), ③ 개념적 능력(conceptual skill)을 말한다.

1) 기술적 능력

기술적 능력이란 비교적 정형화된 방법의 이해와 적용능력을 말한다. 그 예로는 회계사, 엔지니어, 타이피스트 및 전문기사가 갖는 능력을 들 수 있다. 이 능력은 현장업무를 수행할 때 직무성과를 높이는 핵심으로서 현장감독직에서 가장 중요하다. 그러나 승진이 되면서는 리더십자질이 더 요구된다.

2) 인간적 능력

인간적 능력은 다른 사람과 함께 효과적으로 일을 하고 팀워크를 이루는 능력이다. 조직의 리더는 인간적 자질을 반드시 갖추어야 한다. 이 자질은 리더십 행동의 중요한 부분으로서 상위직과의 빈번한 상호관계에서 도움이 된다.

3) 개념적 능력

개념적 능력은 창조적 능력이며 다양성을 종합하고 미래를 예견하고 실현화하는 능력을 말한다. 이 능력은 전략적으로 생각하는 능력이고 '큰 그림'을 지각하는 능력을 말한다. 동시에 주어진 상황에서 중요한 요소가 무엇인가를 발견하고 요소 간에 어떤 관계가 있는가를 이해하는 능력을 말한다. 이 자질은 상위관리직에서 더욱 중요시되고 있다.

기술적 능력은 일에 관심을 갖고, 인간적 능력은 사람에 관심을 갖는다. 이에 비해 개념적 능력은 아이디어를 다루는 데 관심을 갖는다. [그림 5-2]는 이와 같은 3가지 능력을 보여주고 있다.

그림 5-2 | 경영계층에 따른 능력요구

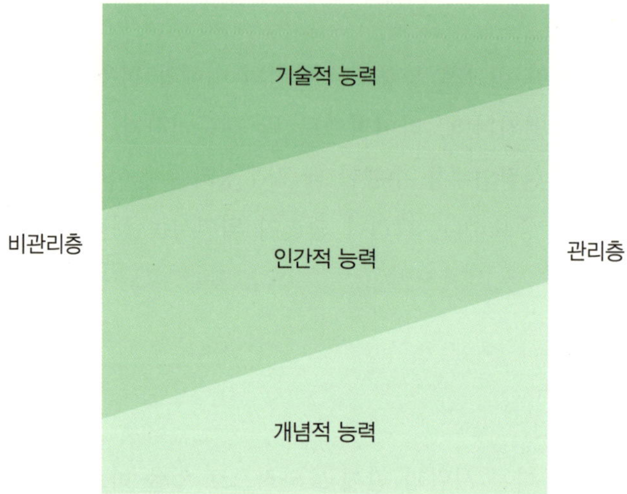

3 교육훈련의 필요성 분석

3.1 환경요인분석

어느 기업을 막론하고 기업 내 교육훈련 프로그램이 결코 동일할 수는 없다. 기업 내 교육훈련 프로그램은 그 기업의 내 · 외적 환경, 업종, 규모, 대상에 따라 그 특성에 적합하게 탄력적으로 설계되어야 한다. 시행에 앞서 그 기업의 내 · 외적 여건을 신중하게 분석할 필요가 있다.

과거에 유용성이 큰 교육훈련 프로그램이었다고 해서 앞으로도 똑같이 유용성이 클 것이라고 단정할 수는 없는 것이다. 그것은 그 기업을 둘러싸고 있는 내 · 외적 환경이 시간이 지남에 따라 바뀔 가능성이 많기 때문이다. 타 기업의 교육훈련 프로그램을 있는 그대로 모방하여 이용하려 한다면 그것은 비용–수익의 관점에서도 극히 불리할 수밖에 없는 것이다.

3.2 조직요인분석

교육훈련을 통해서 개인별 능력, 즉 종업원들의 능력이 크게 향상되고 경영자의 능력이 만족스러울 만큼 개발되었다고 해서 그들의 능력이 조직 내에서 최대로 발휘되리라고 기대해서는 안 된다. 그들의 능력이 균형 있게 발휘되기 위해서는 조직 전체적인 면에서 조정되고 구성원들의 능력을 수용할 수 있는 조직여건이 구비되어야 한다.

다수의 기업은 이 조직개발 측면을 소홀히 하여 지나치게 개인을 대상으로 하는 교육훈련 프로그램에 빠져서 원하는 결과를 얻지 못하는 경우가 많다. 지난날의 모방적이고 임시방편적인 교육훈련에서 벗어나 대상기업의 특성에 맞는 교육훈련 프로그램을 개발할 필요성이 있다.

3.3 기술요인분석

기술은 조직 내의 구조, 예를 들면 작업환경, 작업관계, 작업책임 등에 영향을 미치고 조직구성원의 행동과 태도에 영향을 미친다. 어떤 기업의 환경이 변화되면 그 구성원들에게 요구되는 기술 역시 변화되어야 하기 때문이다. 서로 다른 기술은 개인과 조직에 대하여 서로 다른 것을 요구한다. 기업의 교육훈련 프로그램은 그 기업의 기술을 최대한도로 활용하게 하고 그 기술을 조직관련자들이 재빠르게 습득할 수 있도록 설계되고 활용되어야 한다. 한 기업의 기술수준은 그 기업의 성장과 발전에 큰 영향을 미친다.

3.4 개인요인분석

기업 내 교육훈련 프로그램이 그 원하는 목적을 이루기 위해서는 기업 내

구성원의 개인 차이를 인정하고 그에 적합한 프로그램이 설계되고 활용되어야 한다. 동시에 그 프로그램은 종업원 개인의 특성을 최대한 활용하게끔 만들어져야 한다. 아무리 좋은 교육훈련 프로그램이라고 해도 종업원 개개인에게 느껴지는 정도는 다르다.

이러한 차이를 고려하여 이용할 수 있는 교육훈련방안으로는 OJT방식을 들 수 있다. 종업원의 능력개발의 핵심은 OJT로 하고 Off-JT는 어디까지나 OJT를 보완하고 강화하는 방안으로 사용하는 것이 바람직하다. 개인의 특성이 반영된 교육훈련 프로그램은 CDP(Career Development Program: 경력개발제도)와 병행하여 사용하는 것이 바람직하다.

4 교육훈련기법

4.1 작업장훈련

1) 직장내 교육훈련

직장내 교육훈련(On-the-Job Training: OJT)은 신입사원이 현재 부여받은 직무를 그대로 수행하면서 직장의 상사 내지 선배 동료로부터 제반 교과과정을 학습하는 방법을 말한다. OJT는 별도의 교육시설이나 비용의 부담 없이 작업현장에서 간편하게 실시할 수 있기 때문에 기업에서 가장 널리 사용되고 있다. 직장내 교육훈련은 직장외 교육훈련(Off-the-Job Training: Off-JT)과 구분된다. 직장내 교육훈련은 서비스업종(호텔, 식음료 등)에서는 필수적이다. 고객에게 제공하는 서비스의 내용이 강의식 교육만으로 불충분하며 직접 서비스가 제공되는 현장을 통해 학습되는 것이 보다 효과적이기 때문이다.

직장내 교육훈련의 장 · 단점은 다음과 같다.

① 장점

- 훈련이 추상적이지 않고 실무와 연결되어 매우 구체적이다.
- 교육훈련대상자와 상사/동료 간의 이해 및 협동정신을 제고시킨다.
- 교육훈련대상자의 개인별 능력에 따라 훈련의 진도를 조정하기가 용이하다.

② 단점

- 교육훈련실시자(상사/동료)의 교습능력이 부족한 경우 학습효과가 제한적이다. 즉, '아는 것'과 '가르치는 것' 간의 차이가 존재하는 경우이다.
- 한 번에 다수의 종업원을 교육훈련시킬 수 없다.
- 기술변화가 빠른 기업에서는 새로운 기술을 상사/선배 · 동료 자신들도 모르기 때문에 교육훈련의 범위에 한계가 있다.

2) 직장외 교육훈련

직장외 교육훈련(Off-the-Job Training: Off-JT)은 직무현장을 떠나서 외부의 전문훈련원이나 교육기관에서 실시하는 훈련방법으로서, 기업의 교육원이나 훈련소 같은 훈련시설을 이용하거나 외부 전문교육기관의 정기적 또는 특정의 전문기술교육 프로그램에 참여하여 훈련을 받는 경우도 있다. 직장외 교육훈련은 주로 스탭들의 훈련개발을 위해 기업 내부 또는 외부의 전문가들에 의하여 집단적 · 체계적으로 전문적 지식에 관한 교육훈련을 실시하고 있으며 훈련방법도 강의, 토론, 세미나, 비디오, 사례연구, 시뮬레이션 등 다양한 기법이 사용된다. 이 기법의 장 · 단점은 다음과 같다.

① 장점

- 많은 사람을 동시에 훈련시킬 수 있다.

• 교육대상자는 작업장에서 벗어나 훈련에만 몰두할 수 있어 학습효과가 높다.

② 단점

• 훈련내용과 실무와의 연결에 종종 문제가 생긴다.
• 학습효과가 예상보다 낮게 나타나게 될 경우 훈련실습자와 일선작업자의 상사 간 갈등이 야기된다.

3) 도제제도

도제제도는 직장내 훈련과 직장외 훈련을 혼용한 방법이다. 즉 교육대상자는 일정기간 동안 작업장 내에서 상사 내지 선배 동료로부터 기능을 배우고 이어서 직장 외의 일정한 장소에서 강의에도 참가한다. 이 제도는 특히 정교한 수작업이 요구되는 공예, 용접, 배관, 목수직 등에 주로 적용되며 교육기간은 대체로 3~4년이 소요된다.

이 제도는 중세기의 길드(guild)시스템에 그 바탕을 두고 있다. 이 제도의 장점은 직장내 훈련과 직장 외의 장점을 모두 흡수할 수 있다는 데 있으며, 단점은 동시에 많은 사람을 교육시킬 수 없다는 데 있다.

4.2 관리자개발훈련

1) 의사결정촉진기법

(1) 인바스켓기법

인바스켓기법은 관리자의 의사결정능력을 제고시키기 위해 개발된 것이다. 훈련실시자는 훈련참가자에게 가상의 기업에 대한 정보, 즉 생산제품,

조직구조, 종업원에 대한 정보 등을 제공한 후 이들에게 특정 경영상황에서 문제해결을 위한 의사결정을 하게 한다. 즉 모의경영상황을 '하나의 광주리에 담아' 훈련참가자로 하여금 이를 처리하게 하는 것이다. 이러한 인바스켓 상황에서 훈련참가자는 현재의 업무상황을 신속하게 판단하고 중요한 순서대로 의사결정을 내려 업무를 처리해야 하는 의무를 부여받는 것이다.

이 기법의 장점은 모의상황이 다양하고 실제와 같으므로 훈련참가자에게 흥미를 불러일으킨다는 점에 있다. 단점으로는 훈련의 효과를 측정하는 데 어려움이 있다는 점을 들 수 있다.

(2) 비즈니스게임

비즈니스게임은 피훈련자들을 몇 개의 팀으로 구성하여 어떤 가설적 경영문제에 대하여 의사결정하도록 함으로써 그들의 의사결정능력을 훈련개발하는 방법이다. 경영게임에서는 훈련팀구성원들에게 회사의 운영에 관한 문제를 해결하도록 요구함으로써 문제해결능력의 개발을 강조한다. 예를 들면 훈련 팀구성원들에게 제품가격, 자재구매, 생산일정계획, 자금차입, 마케팅, 연구개발비 지출 같은 문제에 관하여 의사결정하도록 하고 각 훈련팀구성원들이 팀의 의사결정에 관한 상호작용들을 모델에 따라 컴퓨터로 계산하도록 한다. 이 경우에 각 팀구성원들은 최종 의사결정이 이루어지기 전에 자신의 결정을 다른 팀구성원들의 결정과 조화시키려 할 것이다. 그러나 각 팀의 이익이나 시장점유율 같은 결과들을 다른 팀과 비교하여 최선의 성과를 이룩한 승리자를 결정하게 된다.

이 방법은 경영상의 의사결정이 갖고 있는 여러 가지의 실제 문제를 모형화·의제화시키는 비즈니스 시뮬레이션의 일종이다. 이러한 시뮬레이션의 방법으로는 이 이외에 사례연구나 인바스켓기법 등이 있다.

(3) 사례연구

사례연구는 실무적인 사례를 해결하는 데 피교육자가 직접 참가하여 판단력 내지 의사결정능력을 개발하려는 것이다. 기업에서 일어난 일련의 사건, 기업의 현황들을 교육참가자에게 제시하고 참가자들은 사례에서 중요한 문제점과 중요하지 않은 문제점을 구분하여 밝혀둔다. 그런 다음 문제점을 분석하여 그 원인을 추론해야 한다. 마지막으로 문제해결을 위한 대안을 제시한다.

이 기법의 장 · 단점은 다음과 같다.

① 장점

- 흥미가 있고 학습동기를 유발할 수 있다.
- 기업의 현실적인 문제에 대한 학습이 가능하다.

② 단점

- 적절한 사례를 확보하는 데 어려움이 많다.
- 학습의 진도를 측정하기가 어렵다.
- 이론에 대한 체계적인 습득이 어렵다.

2) 인간관계촉진기법

(1) 역할연기법

역할연기법(role playing)은 피교육자로 하여금 다른 사람의 역할을 맡아 수행하게 함으로써 교육을 시키는 것을 말한다. 예를 들면, 남자종업원이 여성감독자의 역할을 한다든가, 여성감독자가 남자종업원의 역할을 하는 것 등이다. 즉 양측에는 전형적인 상대방의 역할이 주어지고 그러한 역할을 실행하고 반응하도록 요청된다.

역할연기를 통해 참가자들은 자신들의 행동을 생각해보게 되므로 통찰력을 얻을 수 있고, 다른 사람의 관점에서 생각하게 되므로 조직 내의 여러 가지 상황을 이해하는 데 도움이 된다. 그리고 각자의 장 · 단점을 살펴볼 수 있고 배려하는 마음을 학습하게 된다. 역할연기에서 대체로 상대방에 대해 과장되게 표현하는 경향이 있으나 객관적인 시각에서 볼 수 있다는 장점이 있다. 이러한 기법은 태도의 변화를 가져오게 할 뿐만 아니라 대인관계기술을 증진시킬 수 있다.

(2) 감수성훈련

감수성훈련(sensitivity training)은 자신과 타인의 행동패턴을 이해하고 감수성을 개발하는 데 그 목적이 있다. 감수성훈련은 다른 사람이 생각하고 느끼는 것을 정확하게 감지하고 이에 대응하여 유연한 태도와 행동을 취할 수 있는 능력을 개발하기 위한 경영자의 능력개발방법이다. 감수성훈련은 수십 명의 훈련참가자들을 직무로부터 분리시켜 일정한 장소에서 2주일 정도 집단생활을 하도록 함으로써 그동안에 자기가 다른 사람에게 어떠한 영향을 미치고, 또 자신이 다른 사람으로부터 어떻게 인지되고 있는지를 감지하는 능력을 개발하는 데 중점을 둔다.

그 구체적인 목적으로는 다음을 들 수 있다.

- 타인과의 솔직함을 증대한다.
- 타인에 대한 관심을 높인다.
- 개인의 차이에 대한 이해를 높인다.
- 인종적인 편견을 줄인다.
- 집단과정을 이해한다.
- 다른 사람의 말을 듣는 기술을 기른다.
- 구성원 간의 신뢰와 지지를 넓힌다.

(3) 구조적 통찰력

구조적 통찰력(structured insight)은 인간관계방법과 민주적이고 참여적인 의식구조를 개선하는 데 중점을 둔다. 구조적 통찰력은 어떤 사람의 선호하는 행동과 비교하여 그 사람의 실제 행동에 대한 이해를 촉진시키는 체계적 방안이다.

따라서 개인이 사물을 관찰하는 데 있어서 체계적이고 세부적으로 분석하고 이해하는 능력을 기르게 한다. 특히 특정한 일을 하기 위한 심리적 태도 및 행동을 파악하게 한 후 이러한 개인적인 것을 기업목표에 일치시키도록 동기부여시킬 수 있는 능력을 기르게 한다.

구조적 통찰력의 목적은 생각하는 것과 행동하는 것은 어쩔 수 없는 차이가 있음을 보여주는 데 있다.

(4) 행동모델링

행동모델링(behavior modeling)은 훈련참가자가 일정한 장소에 모여서 일정한 주제에 관한 각자의 의견, 지식, 경험 등을 발표 · 교환하고 문제점 등에 관하여 토론하는 방식으로 이것은 근본적으로 자기계발방식이라고 볼 수 있다. 여기에는 자유식 회의법과 정형적 회의법의 두 가지 방식이 있다.

다시 말해서 자유토론방식은 주제를 중심으로 참가자가 자유롭게 토의하는 방식으로 사회자는 각별히 회의의 진행규제, 시간제한, 체계적 질문, 결론유도 등을 꾀할 필요가 있다. 그리고 정형토의방식은 주제를 중심으로 사회자에 의하여 질의응답과 토의가 진행됨으로써 일정한 시간 내에 어떤 결론에 도달하는 방법이다.

4.3 조직개발

1960년대 초 조직개발 프로그램을 통해 조직의 문화를 바꾸는 데 상당한 관심이 고조되었다. 실제로 개인이 훈련을 하였는데도 조직단위 차원에서 그 기술을 활용하지 못하면 교육훈련은 낭비에 불과하다. 따라서 중요한 훈련계획이 조직개발이라는 명칭으로 대두되고 있다. 조직개발이란 조직단위를 하나의 실체로 보고 개발하는 것을 말한다. 이 목적은 개인 간이나 집단

간의 협동을 촉진시키는 데 있다.

조직개발(organizational development: OD)은 조직 내 · 외의 행동과학자나 상담자(또는 변화담당자)의 도움을 받아 조직 내에서의 문제해결능력과 조직의 외적 환경변화에 대응할 능력을 향상시키려는 장기적 노력을 말한다. 즉 환경변화에 대한 적응능력을 말한다. 조직개발이 나타나기 시작한 시기는 1957년경이었다. 원래는 실험실훈련이 지닌 가치나 그 결과를 조직 전체에 적용하기 위한 시도에서 유래하였다.

이를 위한 방법으로는 팀빌딩, 분위기조사, 집단 간 모임, 감수성훈련(ST), MBO 프로그램 등을 들 수 있다. 여기서는 팀빌딩, 분위기조사 및 집단 간 모임을 알아보고자 한다.

1) 팀빌딩

조직은 공통의 목표를 달성하기 위하여 함께 있는 사람들로 구성되어 있다. 그들은 그룹으로 일하는 빈도가 많기 때문에 팀빌딩을 위한 OD가 중요하게 된다. 팀빌딩은 집단의 문제해결능력과 효율성을 향상시키기 위해 만들어진 과정으로, 그룹 내에서 또는 상호의존성의 높은 그룹 간 계층에서 응용될 수 있으나 주로 그룹내부계층에서 일반적으로 강조된다. 팀빌딩에 포함되는 활동에는 목표설정, 팀구성원들 간의 상호관계의 증진, 각 구성원의 역할과 책임을 명확히 하기 위한 역할분석, 팀과정분석 등이 있다. 팀빌딩은 근본적으로 신뢰와 개방성을 증대시키기 위하여 구성원 간의 상호작용관계에 중점을 둔다.

2) 분위기조사

조직구성원의 태도를 조사하고, 구성원들의 지각의 차이를 명백히 한 다음, 이런 차이를 해소하기 위한 방법으로서 분위기조사방법을 사용한다. 조직구성원들은 특정 질문에 답한다든지, 인터뷰에 응하기도 하나, 질문지방식이 종업원의 태도나 지각조사에 전형적으로 사용되고 있다. 이런 질문지 방식에서 얻은 자료가 정리되면, 기기에서 문제를 일으키는 원인을 찾을 수 있기 때문에 문제확인의 출발점이 된다.

3) 집단 간 모임

대부분의 조직에서는 조직 내 단위들 간에 원하지 않는 경쟁과 갈등이 있다. 예를 들면, 기술부와 생산부, 생산부와 판매부 간의 경쟁이나 갈등을 들 수 있다. 조직 내 모든 단위는 내부지향적인 경향이 강하다. 어떤 특정 부서들 간의 상호 접촉에서 노골적인 갈등이 발생할 경우에는 집단 간 모임이 때때로 열린다.

이때 서로 다른 부서의 집단이나 그 대표자들은 상대집단이 일을 하기 힘들게 하는 것들이 무엇인가를 준비하도록 한다. 그들은 '여기서 지금'을 생각하게 한다. 따라서 지난해의 무례함이나 감정이 상한 것을 불평하지 않도록 한다. 따라서 다른 부서가 어떤 문제에 대하여 어떻게 해야 한다고 말하게 하지 않도록 한다. 단지 보고만 하게 한다. 이렇게 함으로써 각 부서원들은 서로 얼굴을 맞대고 서로 쓴 것을 비교해봄으로써 그들이 쓴 것은 상당히 유사한데 지나치게 상대측에 대해 경직되어 있었음을 깨닫게 된다. 이를 위해서는 제3자가 유익한 역할을 하기도 한다.

5 교육훈련의 평가

5.1 목적

• 교육목적이 예측한 대로 달성되었는지에 대해 최고의사결정자에게 정

보를 보고한다.

- 피교육자들, 교육담당자들에게 교육훈련의 결과를 피드백한다.
- 교육과 관련된 전반사항에 대해 개선점을 지적한다.
- 교육의 경제적 효과, 회사에의 공헌도를 결산한다.

5.2 평가수준

교육훈련이 효과가 있는지 평가하려면 다음 5가지 수준에 대해 조사하는 것이 전통적이다.

1) 교육비용평가

교육에 투입된 비용을 화폐적으로 산출해보기는 쉽지 않지만 직접비와 간접비가 있을 수 있다. 전자는 교육관련 담당자들의 인건비, 교육재료비, 프로그램개발비, 진행비, 장소사용료 등일 것이고 후자는 스탭진 교육비, 지원비 등이다. 이들이 다른 투자와 비교하여 적절한 액수가 되어야 하며 지나치게 많거나 유사규모의 기업에 비해 너무 적어도 문제이다.

2) 교육내용평가

- 실무와 직결되는 것인가?
- 실무에 적용이 쉬운 것인가?
- 종업원의 능력 향상과 개발에 도움이 되는가?
- 교육훈련 필요성분석에서 요구되었던 내용인가?

3) 피교육자평가

- 피교육자들을 제대로 선별했는가?
- 참가자들의 반응이 양호한가? 교육내용, 교육자, 교육기법 등에 만족하는가?
- 참가자들의 실력이 실제로 향상되었는가?
- 참가자들의 향상된 실력을 경영실무에 적용하는가?

4) 교육방법평가

- 참가자를 동기부여하고 반복학습토록 유도할 수 있는가?
- 교육결과를 참가자에게 수시로 피드백시키는 기법인가?
- 교육기법, 도구사용 등의 비용과 시간은 경제적인가?
- 교육효과를 높이는 데 교육기법이 어느 정도 공헌했는가?

5) 교육실시자평가

- 피교육자에게 동기를 부여하고 상담 및 지도를 했는가?
- 학습효과를 높이도록 지원하고 분위기 조성을 했는가?
- 교육 전반과정(프로그램계획, 실천, 평가)에 참여했는가?
- 상황에 알맞은 교육기법을 선택했는가?
- 충분한 교육자격과 자질을 가진 자인가?

토·의·문·제

1. OJT와 OFF-JT는 무엇인가?

2. 인간관계 촉진기법 중 역할연기법과 감수성훈련은 무엇인가?

3. 조직개발 프로그램 중 팀빌딩은 무엇인가?

Chapter 06

인사고과

학 / 습 / 목 / 표

- 인사고과의 개념과 목적에 대한 이해
- 인사고과 시 고려사항에 대한 이해
- 인사고과의 방법에 대한 이해
- 인사고과의 오류에 대한 이해

엄마가 가정에서 용돈을 줄 때 자녀들에게 똑같이 용돈을 준다면 공정하다고 할 수 있을까? 예를 들면, 공휴일마다 언니는 엄마 일도 도와주지 않고 친구들과 놀다 왔는데, 온종일 엄마를 도와준 나에게 언니와 똑같이 용돈을 준다면 분명 불공평하다고 생각할 것이다. 기업에서도 마찬가지다. 일을 하는데 일을 열심히 한 사람과 일을 제대로 하지 않는 사람이 똑같이 임금을 받는다면 얼마나 불공평한 일인가? 사람에 대한 평가가 필요한 것은 바로 그 때문이다. 평가(고과)에 관한 내용을 구체적으로 살펴본다.

손자병법의 불태(不殆)전략

불확실한 경영환경 속에서 경영자들은 '지피지기(知彼知己) 백전백승(百戰百勝)'의 묘수를 기대할지 모른다. 하지만 매번 승리하는 전략이란 없다. 오죽하면 2500여 년 전 중국 군사전략가 손무(孫武)가 위태롭지 않은 전략, 즉 '불태(不殆)'를 말했을까. 그렇다면 불태한 전략은 과연 존재할까. 세 가지 요소를 담는다면 현대판 손자병법을 거머쥘 것이다.

첫째는, 'Backbone(척추)'이다.

이는 몸을 지탱하고 균형을 잡는 '척추'처럼 어려운 시장과 경쟁 속에서 중장기 가치를 창출하고, 경쟁력의 기반이 될 기간(基幹) 역량을 말한다. 필자가 기업의 핵심역량을 물으면 연구개발, 구매, 생산, 영업 · 마케팅 임원들은 각자의 부서가 경쟁력의 원천이라고 입을 모은다. 이는 불가능한 얘기다. 아무리 크고 복잡한 기업이라도 2~3개 이상의 '척추'를 가지긴 어렵다. 핵심역량이 무엇인지 파악되면, 글로벌 최고 수준이 어디고, 우리의 현재 위치는 어디쯤 와 있는지 파악해야 한다. 150여 년 전통에 매출이 630억 유로(약 80조 5,500억 원)에 달하는 글로벌 화학기업인 바스프(BASF)의 강력한 '척추'는 바로 '페어분트(Verbund)'다. 페어분트는 한 공장의 부산물을 다른 공장의 원료로 사용하고, 수많은 제품, 기능, 고객을 지역별로 묶어 조율하고 최적화하는 시스템이다. 전 세계 6개의 페어분트를 운영 중이며, 이를 통해 10억 유로(약 1조 2,800억 원)의 추가 영업이익을 창출한다. 이 시스템은 수십 년에 걸친 노력의 결과이자 바스프의 경영철학을 담고 있다.

둘째는, 'Dynamic innovation(역동적 혁신)'이다.

작게는 고객에서 출발한 지속적 혁신이고, 크게는 산업 전체에 와해적 변화를 줄 과감한 전략을 뜻한다. 때론 기존 업무의 경계를 뛰어넘는 생태계와 파트너십을 요구하기도 한다. 맥킨지가 혁신적인 글로벌 기업들을 조사한 결과 발견한 한 가지 흥미로운 사실은 혁신에 강한 기업들은 '척추' 역시 튼튼하다는 것이다. 영화 '아이언맨'의 슈트처럼 강하면서도 가볍고 유연한 기업들이다.

에어비앤비 같은 디지털 기업으로 지각변동을 겪고 있는 호텔 시장에서 전통 호텔 그룹인 아코르(Accor)의 혁신 전략이 대표적이다. 아코르는 호텔 자산들을 과감히 매각한 후 본질적인 경쟁력인 호텔 서비스와 '마케팅 기업' 역할에 집중하고 있다. 공격적인 디지털 플랫폼을 구축하고, 예약시스템, 고급 빌라 대여, 컨시어지 서비스 등 다양한 서비스에 투자하고 있으며 다수의 디지털 기업들을 인수해 실패 시 빠르게 청산하는 '기술(tech) 기업'으로 거듭나고 있다.

셋째는, 'Burning aspiration(불타는 열망)'이다.

이는 조직을 능동적이고 지속해서 움직이게 하는 동력이자 지향점을 말한다. 변화를 주도해 본 경영자는 'Burning platform(불타는 플랫폼)'에 익숙할 것이다. 불타는 바닥에서 펄쩍펄쩍 뛰듯 급박한 상황을 대처하는 데 효과적이지만 금방 지쳐 오래가진 못한다. 생존을 위한 배수진이나 달콤한 성과 인센티브 이상의 힘으로, 조직구성원의 심금을 울리는 내재적 동기의 원천이 있어야 한다는 얘기다.

성공 사례로 필립스(Philips)를 꼽을 수 있다. 필립스는 2011년 사업 위기로 40개 사업부 통폐합 및 매각 등 과감한 구조조정을 추진했지만 7만여 명 조직원의 호응을 얻지 못했다. 고민 끝에 창업주의 기업가정신을 담아 '기술혁신을 통해 2025년까지 전세계 30억명 인류의 삶의 질을 향상시킨다'라는 미션 스토리를 조직 내 전파했다. 단지 구호에 그치지 않고 업무 및 협업방식과 시스템도 과감히 혁신하는 데 성공했다.

자료: 매일경제, 2019. 3. 29.

인사고과는 조직내부의 인력을 대상으로 그들의 조직에의 기여도 및 기여가능성을 객관적인 평정기준에 의해서 평가하는 것이다. 성공적인 인적자원관리를 위해서는 조직구성원인 종업원에 대한 객관적이고 과학적인 평가가 매우 중요하다. 그것은 아무리 종업원에 대한 교육훈련이 잘 되었다 해도 그들에 대한 체계적인 평가가 이루어지지 못하면 그 효과는 제한적일 수밖에 없기 때문이다.

인사고과가 중요한 것은 인사고과는 조직의 가치와 전략적 목표를 달성하는 데 필요한 조직구성원의 능력, 기능, 태도, 행위를 명시하고 이를 강화하는 역할을 수행하기 때문이다. 아무리 개발이 잘 되었다고 해도 종업원들이 체계적으로 평가되지 못하고 그 직무수행의 결과가 피드백되지 못하면 그 효과에는 한계가 있기 마련이다.

1 인사고과의 개념 및 목적

1.1 인사고과의 개념

어떤 조직에서든 상사는 부하를 공식적이든 비공식적이든 평가하고 있다. 상사는 부하가 평소에 일을 잘하는지에 관심을 갖는다. 이것은 비공식적으로 부하를 평가하고 있음을 뜻한다. 거기에는 대인관계 또는 성실성 등 표면적인 모습이 대부분 평가대상이 된다. 그러나 공식적인 고과방식은 조직이 이미 설정한 방식에 따라 정기적 또는 체계적으로 종업원의 업적이나 성과를 평가한다.

인사고과는 '종업원이 주어진 직무를 얼마나 효율적으로 수행하고 있는지를 평가하기 위해 사용되는 인적자원관리의 활용'을 말한다.

인사고과에서 평가되는 내용은 크게 역량(competency)과 성과(performance)로 구분된다. 역량은 직무지식, 영업지식, 정보수집능력, 문제해결능력, 전략적 사고력, 업무추진력, 커뮤니케이션능력, 조정/통합력 등 지식 및 능력에 관한 것이 있으며, 또한 조직헌신자세, 전문가의식, 고객지향 등과 같은 행동과 관련되는 것 등 매우 다양하며 개별 기업마다 필요한 역량이 무엇이냐에 따라 고과내용이 달라지게 된다. 성과는 개인 및 팀이 조직의 목표달성에 공헌한 정도를 말하는데 매출액, 생산량, 불량률, 사고율, 고객만족도 등이 평가내용을 구성한다.

1.2 인사고과의 목적

인사고과의 목적은 크게 다음과 같은 다섯 가지로 나누어 볼 수 있다.

- 적정배치: 종업원의 적성 · 능력 등을 가능한 정확히 평가하여 적재적소의 배치를 실시함으로써 종업원의 적성과 능력을 효과적으로 활용할 수 있도록 한다.
- 능력개발: 종업원의 현재능력 및 잠재능력을 평가하여 기업과 종업원 모두의 성장기회로 삼는다.
- 인력계획 및 인사기능의 타당성 측정: 기업의 장 · 단기 인력개발계획의 수립에 요청되는 양적 · 질적 자료를 제공한다. 아울러 해당 종업원의 선발과 승진 등이 과연 타당하였는가를 측정하는 도구로도 활용된다.
- 성과측정 및 보상: 종업원의 성과를 측정하여 종업원의 관심사인 승급, 상여금, 임금결정 및 승진에 활용한다.
- 조직개발 및 근로의욕증진: 고과를 통하여 직무담당자의 직무수행상 결함을 발견하고 개선할 계기를 찾는다. 뿐만 아니라 종업원의 성취욕과 자극제로서도 활용된다.

2 인사고과에 대한 시각의 변화

전통적 인사고과는 과거지향적 입장에서 과거실적에 의한 차별적인 상벌 시행의 기초자료로서 사용되는 데 목적을 두었으나, 현대의 인사고과는 미래지향적인 입장에서 인재의 육성과 적재적소에의 배치 등 적극적인 능력개발의 활용에 목적을 두고 있다. 구체적인 내용을 살펴보면 다음과 같다.

첫째, 무엇보다도 가장 두드러진 특징으로는 근속연수를 기준으로 하는 연공에 중점을 두는 인사고과에서 능력에 기반을 두는 인사고과로의 변화이다. 조직의 성장 또는 발전에 공헌하는 능력이나 성과에서의 차이에 따라 승진, 보상, 전환배치, 교육훈련 등 인사결정에 있어 공헌도에 따라 차등적인 혜택을 제공하는 것으로, 이는 또한 조직구성원들에게 동기부여로 작용한다.

둘째, 인사고과가 주로 상사에 의해 한쪽 방향에서만 이루어지던 것이 여러 각도에서 평가하는 다면평가로 전환되고 있다. 즉 전통적으로 상사에 의해서만 이루어지던 평가가 점차 상사를 비롯하여 동료, 본인, 부하, 고객 또는 공급업체 등도 함께 평가하는 방향으로 전환되고 있다. 이에 따라 '360도 피드백'이라는 용어도 나타나게 되었다. [그림 6-1]에서는 전통적인 피드백과 360도 피드백 간의 차이를 나타내주고 있다.

셋째, 과거의 인사고과는 임금의 격차를 두기 위한 사정형의 성격을 띠고 있어 인재의 육성기능이 매우 미약하였다. 오늘날에는 통제를 위한 사정보다는 인력의 능력개발에 보다 많은 초점을 두고 있다. 즉 직무수행에 관한 능력상의 강점과 약점을 평가하고 분석해서 구체적인 능력개발계획이나 목표설정에 도움이 되는 육성형 인사고과로의 전환이 모색되고 있다.

넷째, 과거에는 하나의 인사고과양식으로 보상, 승진, 전환배치, 교육훈련 등 모든 인사결정에 사용하였다. 그러나 현대적인 인사고과에서는 구체적인 목적에 적합한 고과를 추구한다. 즉 인사고과의 활용목적에 따라 고과요소

그림 6-1 I 단일원천과 다수원천의 피드백시스템

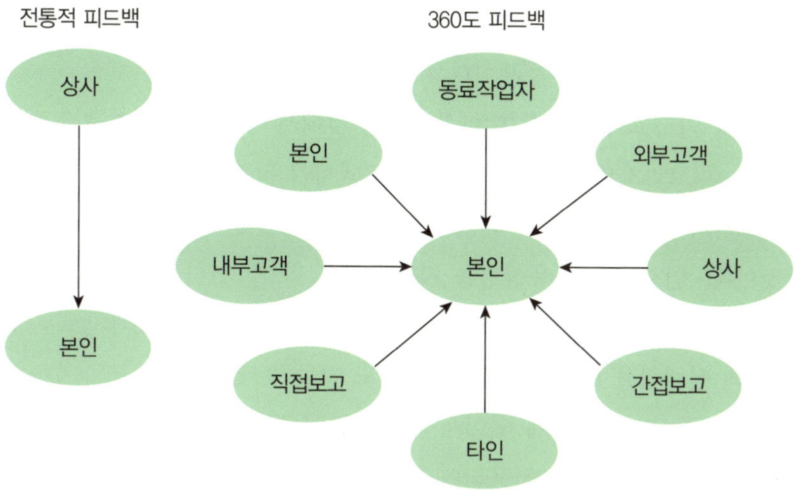

자료: M. R. Edwards & A. J. Ewen, 306° Feedback: The Powerful New Model for Employee Assessment & Performance Improvement, New York, N.Y.: AMACOM, 1996, p.8.

나 기준 및 절차를 달리한다는 것이다. 우리나라 기업에서는 인사고과의 내용이 업적평가, 태도평가, 능력평가 등으로 나누어 실시되는 경우가 많다. 업적평가는 조직구성원의 직무성과를 측정하는 것이고, 태도평가는 구성원이 업무와 직장 및 대인관계상에서 보이는 태도를 측정하며, 능력평가는 조직구성원이 현재 지니고 있는 능력뿐만 아니라 잠재적으로 지니고 있는 능력도 평가하기 위한 것이다.

다섯째, 계층 및 직능에 따라 인사고과가 달리 사용되는 추세로 변화되고 있다. 예를 들면, 기능이 중시되는 작업층에서는 기능중심의 작업능력항목을, 관리층에서는 판단 및 통솔력중심의 관리능력항목을 강조한다. 직종별로 살펴보면, 생산 및 판매 등의 직종에서는 양적인 항목을 중시하며, 연구나 기획스탭분야의 직종에서는 질적인 항목을 중시한다.

여섯째, 전통적 인사고과에서의 평가기준은 대체로 객관적으로 검증하기 어려운 추상적인 성격을 띠는 것이 많아 평가자의 주관이 의도적이든 비의

도적이든 간에 개입될 여지가 많았다. 이를 보다 객관적인 근거를 확보하기 용이한 구체적인 평가기준으로 대체함으로써 평가자의 주관에 의해 영향을 받는 정도를 감소시키는 추세이다.

일곱째, 인사고과의 결과를 비공개하던 것에서 공개하는 방향으로 전환되고 있다. 피고과자의 장점과 단점을 피드백시켜 장점을 보다 신장시키고 단점을 보완하기 위해 어떻게 하는 것이 좋은지를 본인 스스로 자각하게 한다는 것이다. 인사고과가 육성형을 지향한다고 할 때 인사고과결과의 공개는 더더욱 필요해진다. 또한 인사고과결과를 공개함으로써 피고과자로부터 인사고과의 신뢰성을 확보할 수 있는 효과도 거둘 수 있다.

여덟째, 인사고과활용에 있어서 과거에는 상여금의 결정, 승진이나 승격 등에 반영시키는 데에만 사용되어 왔다. 그러나 오늘날에는 이뿐만 아니라 본인의 경력분석과 직무만족도, 전환배치희망, 적성, 성격 등을 종합하여 배치전환, 연수 등의 경력개발에 대한 활용으로 활용폭이 확대되는 추세이다. 다시 말해, 인사고과를 처우중심으로만 활용하는 것에서 육성 면으로도 활용이 확대되고 있는 추세이다.

아홉째, 전통적인 인사고과는 기업의 전략과 기업의 문화 등과의 연관성이 미약했다. 이로 인해 구성원들의 경영참가의식이 높지 못했으며 목표의식도 낮아 도전정신을 고취시키지 못하였다. 그러나 최근에는 고과항목에 기업의 전략이나 문화 등을 반영하는 요소들이 포함되며, 한 방편으로 목표관리제도 등에 대한 도입이 적극적으로 검토되고 있다.

열째, 오늘날의 인사고과는 과감하게 도전하는 풍토를 조성하는 방향으로 나아가고 있다. 경영과 기술에서 혁신이 요구되는 경영환경의 변화에 발맞추어 사원들이 혁신적인 목표에 도전하는 등 업무에 대한 적극적인 자세와 성과를 보이는 경우 이를 높이 평가하도록 배려하고 있다.

이러한 추세의 변화를 요약하여 정리하면 [표 6-1]과 같다.

| 표 6-1 | 인사고과에 대한 시각의 변화

전통적 고과관	현대적 고과관
• 연공주의 • 상사평가 • 사정/통제중심 • 만능형 고과 • 포괄적/획일적 평가 • 추상적 평가기준 • 비공개주의 • 제한적 활용 • 전략과의 연계 없음* • 감점주의(과오지적형)* • 권위주의(상벌형)*	• 능력주의 • 다면평가 • 능력개발/육성중심 • 목적별 고과 • 계층별/직종별 평가 • 구체적 평가기준 • 공개주의 • 적극적 활용 • 전략과의 연계 • 가점주의(도전권장형) • 참여주의(동기부여)

* 한인수, "신인적자원평가시스템(신인사고과제도)의 도입방향," 인사관리연구, 제18집.

3 인사고과의 시행 시 고려사항 및 원칙

최근 구미 선진국에서는 평가와 관련된 대화가 상당히 중요한 이슈로 등장하고 있다. 평가상담제도를 도입한 기업에서 평가수용도가 높아짐은 물론, 개인의 잠재능력의 파악을 통한 동기유발이 현저히 증가되고 있음이 입증되고 있기 때문이다. 과거 우리나라에서는 평가시즌이 되면 개인의 희망사항을 적어 내는 제도가 도입되었으며, 현재도 이 제도는 많은 기업이 시행하고 있다.

개인의 희망사항, 즉 근무지변경희망, 이동희망보직, 가고 싶은 부서 등을 '자기신고서' 양식에 적어 제출하는 것인데, 다만 개인의 희망이 반영되는 경우가 드물어서 형식적인 제도에 머물러 있다. 평가상담제도는 평가 직전에 평가자와 피평가자가 공식적 만남을 갖고 개인의 업적, 목표달성 여부, 희망보직 등을 상담하는 제도로서 '자기신고서'의 제출로만 끝나던 과거의 제도와는 달리 실제로 만나 면담을 통해 이야기를 나눔으로써 평가와 그 결과 조치에 대한 정확한 정보가 수집되고 상호 책임성을 가질 수 있다는 점에서 긍정적인 측면이 있다. 평가상담 시 주로 논의되는 대화의 주제는 다음과 같다.

- 피평가자가 현재 수행하고 있는 업무의 범위는 무엇인가?
- 피평가자가 실제로 달성한 업적은 무엇이며, 좋은 결과와 나쁜 결과가 초래된 이유는 어디에 있는가?
- 인사고과를 통해 피평가자가 향후 개선해야 할 점은 무엇인가?
- 피평가자의 능력과 적성을 고려할 때 어떤 업무가 맡겨지는 것이 바람직하다고 생각되는가?
- 피평가자의 업무수행능력의 향상과 인간관계의 개선을 위해 향후 2~4년 내로 요구되는 인사조치(보직변경, 파견, 교육훈련 등)는 구체적으로 어떤 것이어야 하는가?

인사고과의 원칙은 다음과 같다.

3.1 직무기준의 원칙

인사고과는 조직이 성취해야 할 직무의 특성과 직무를 수행할 종업원의 자격요건을 기준으로 피고과자의 직무태도, 수행능력, 직무성과 등을 평가하게 되므로 인사고과는 종업원이 현재 맡고 있거나 앞으로 담당하게 될 직무를 기준으로 능력이나 자격 또는 성과를 비교하여 평가해야 하며, 직무와 관련 없는 인격적 특성이나 사회생활(언어, 수리) 등을 평가해서는 안 된다.

3.2 공정성의 원칙

인사고과는 피고과자의 직무수행능력이나 성과가 공정하게 평가되어야 한다는 원칙으로서, 인사고과는 인적자원관리의 핵심적 원칙이라 할 수 있다. 인사고과는 사람의 직무태도와 행동 등을 평가하는 것으로 매우 복잡하고 미묘하기 때문에 착오나 오류로 인하여 불공정하거나 부적절한 평가가 이루어지면 종업원들의 조직 및 직무에 대한 불평불만으로 이어질 수 있다. 따라서 인사고과는 평가목적에 따라 객관적 평가기준을 마련하고, 합리적 평가요소를 결정하며, 공정한 평가방법과 절차에 의하여 종업원들의 직무태도, 행동, 자질, 성과 등을 평가하여야 한다.

3.3 독립성의 원칙

인사고과는 평가과정에 어떠한 외부의 압력이나 간섭 없이 고과자의 객관적이고 독립적 판단 때문에 공정한 평가가 이루어져야 한다는 원칙이다. 이 원칙은 인사고과의 실시결과에 대한 객관성 · 공정성 · 신뢰성을 높이기 위해 필요한 원칙이다.

3.4 수용성의 원칙

인사고과는 평가요소, 평가과정, 평가방법에 대하여 피고과자가 이해하고 받아들일 수 있어야 한다는 원칙이다. 인사고과는 종업원 또는 노동조합이 평가의 과정이나 방법에 대하여 공감하고 평가결과에 대하여 수용할 수 있을 경우 직무만족이나 동기부여가 향상될 수 있다.

3.5 평가오류 배제의 원칙

인사고과 과정에서 일어나기 쉬운 평가오류나 착오를 극소화하거나 배제하여야 한다는 원칙이다. 인사고과자는 평가에서 범하기 쉬운 현혹효과, 관대화경향, 대비오류, 중심화경향 등의 오류 발생 원인을 미리 이해하고 오류 배제를 위해 평가방법에 대한 교육훈련을 통하여 인사고과의 공정성 · 정확성 · 신뢰성을 제고해 나아가야 한다.

4 인사고과의 방법

4.1 전통적인 방법

1) 서열법

서열법은 순위법이라고도 하는데, 이는 피고과자의 업적이나 가치에 대해서 서열을 매기는 방법이다. 서열법은 종합적으로 순위를 매기는 방법과 각 요소마다 매겨 이를 종합하는 방법이 있다. 쉽게 활용할 수 있으나 종업원의 수가 많을 경우에는 순위를 붙이기가 곤란하고, 반대로 종업원 수가 너무 적어도 순위가 가지는 의미는 없어진다. 이 방법은 동일직무에 대하여서만 적용될 수 있고, 이종직무나 부서 간의 비교에는 부적합하다.

2) 강제할당법

이 방법은 인사평가자의 편견을 줄이거나 없애는 데 기본목적이 있다. 강제할당법은 사전에 범위와 수를 결정해 놓고 피평가자를 일정한 비율에 맞추어 강제로 할당하는 평가방법이다. 이 방법은 관대화나 중심화경향을 사전에 예방할 수 있는 장점을 가지고 있다. 그러나 피평가자의 능력과 업적이 정규분포곡선이나 강제분포비율과 일치할 수 있느냐가 문제이며 평정단위간 피평가자의 수가 상이함에 따라 피평가자의 평가결과가 유리 또는 불리하게 나타나는 단점을 지니고 있다.

옥석을 구분하겠다고 실시하는 평가가 상대평가 때문에 오히려 옥석이 정확히 구분되지 않는 모순이 생긴다. 이러한 약점을 극복하기 위해 절대평가제도를 도입하고 있지만 이에도 문제는 있다. 그렇지만 능력주의 인사관리로의 전환이 요청되는 현재의 기업환경하에서 기업의 인사고과는 종래의 선별의 논리에 충실한 상대평가보다는 육성의 논리를 앞세운 절대평가로 변화될 것이 요구된다.

3) 평정척도법

평정척도법은 피평가자의 능력과 업적 등을 일련의 연속척도 또는 비연속척도에 의하여 평가하는 방법이다. 피평가자 한 사람을 놓고 각 평가요소들에 대해 단계별 차등을 두고 '성실성은 우수, 정확성은 보통, 창의성은 최우수'라는 식으로 평가하면 평가목적에 맞는 평가요소만 평가할 수 있고, 점수가 등급별로 매겨져서 서열법의 단점을 피할 수 있으나 평가자의 관대화, 가혹화, 중심화오류 등을 피하기 어렵다.

4) 체크리스트법

체크리스트법은 직무상의 행동을 구체적으로 표현하여 피평가자를 평가하는 방법으로서 평가요소를 대변하는 직무와 관련된 구체적인 사례들을 여러 개 제시하고, 그 중에서 피평가자의 행동이라고 여겨지는 것을 있는 대로 표기하여 체크된 개수와 그들의 가중치를 감안해서 점수화하는 방법이다.

5) 자유기술법

자유기술법은 주로 일정한 능력수준 이상의 고위직(예를 들면, 임원급)의 평가에 주로 사용되는 방법으로, 일정한 형식이 없이 에세이방식으로 피평가자의 활동에 대한 평가를 서술식으로 기록하는 평가방법이다. 고위직에 대한 질적인 평가에 효과적이라는 장점도 있으나 평가자의 주관적 편견이 개입될 소지가 있으며, 평가결과를 점수화하기 어렵고 따라서 타 피평가자와의 비교가 어렵다는 단점이 있다.

6) 중요사건평가법

중요사건평가법은 평가자가 일을 효과적 또는 비효과적으로 수행하는 차이 요인에 대해 핵심적이고 중요한 행동에 초점을 맞추어 평가하는 방법이다. 이때 평가자는 종업원이 효과적 또는 비효과적으로 일을 하고 있는지의 여부를 기록하게 된다.

행동기준평가는 타당성이 높다. 그 이유는 직무와 관련되어 있기 때문이며, 특성보다 성과위주 등으로 평가되고, 동시에 행동성과 중심으로 개선점을 찾게 되기 때문이다. 이 방법의 단점은 정기적으로 중요사건을 기술하므로 시간적 소모가 크며, 관리자에게는 번거로운 일이 된다. 그리고 종업원의 중요평가요소에 계량적 자료를 얻을 수 없어서 비교 · 서열화가 어렵다.

4.2 현대적 방법

1) 행위기준평가법

행위기준평가법은 BARS(Behaviorally Anchored Rating Scales)라고도 하는데, 피평가자의 직무와 관련되는 중요한 행동이나 사건들을 나열해주고 각각의 행동들에 대하여 '자주' 하는지 '전혀' 안 하는지의 척도를 매기게 하여 총점을 계산하는 방식이다. 즉, 직무상에 나타나는 행동을 평가의 기준으로 제시하여, 평가기준과 실제 피평가자의 행동을 평가하는 방법이다.

업무와 직결되는 구체적 행동이기 때문에 평가하기도 쉽지만, 이 방법의 장점은 피평가자가 좋은 점수를 받기 위해 구체적으로 어떤 행동을 해야 하는지를 제시해 줄 수 있다는 점이다. 좋은 점수를 받기 위해 계속 평가표에 제시된 행동을 하다 보면 점점 그런 쪽으로 변화될 수 있다. 요즘은 이와 유사한 것으로서 업무에 필요한 구체적인 행동을 낱낱이 모두 열거하고 이를 얼마나 잘하고 있는지, 또 얼마나 자주 하고 있는지를 평가하는 행위관찰척도법(Behavioral Observation Scales: BOS)으로 발전되었다.

2) 목표관리법

목표관리법은 MBO(Management By Objectives)라고도 하는데, 미리 상급자와 상의하여 달성할 목표를 정해 놓고 일정기간이 지나고 나면 이룩한 성과와 계획했던 목표를 비교하면서 초과달성했는지, 미완성으로 부족한지를 평가하는 제도이다. 그러므로 이 제도가 성공하려면 어떤 과정을 통해 어느 목표를 세우는지가 관건이다. 너무 일상적인 목표를 설정해도 안 되며 지나치게 어려운 목표를 세워도 안 된다.

목표관리법은 조직의 목표를 개인의 목표로 전환시키는 과정으로 목표설정, 실행계획, 자기통제, 주기적 검토의 4단계를 거치게 된다. 이 과정을 통해서 종업원은 성공적으로 직무를 수행하는 동안 특정 목표를 어느 정도 달성하였는지를 평가받게 된다.

첫째, 목표설정에서 조직차원의 목표는 부서나 개인의 목표설정 시 하나의 지침이 되며, 관리자와 부하직원이 합의한 목표는 성과평가의 기준이 된다. 둘째, 실행계획 단계에서는 목표달성을 위한 필요행동이 무엇인지를 규명하고, 이들 행동대안 간의 관계를 명확히 하며, 각 행동대안을 수행하는 데 필요한 시간과 자원을 결정한다. 셋째, 자기통제 단계에서는 성과를 체계적으로 측정하고 모니터한다. 넷째, 주기적으로 진행과정을 검토하는 과정에서는 목표설정 단계에서 정해진 표준이나 기준에 벗어나는 행동을 종업원이 할 때에 교정조치를 취해 건설적인 방향으로 수정 · 검토된다. 검토과정에서는 개인에게 불리한 점을 최소화시키고 미래성과에 도움이 되도록 수정한다. 이때에 질적 목표는 피하고, 측정가능한 양적인 목표로 바꾸어야 한다.

그리고 미리 각 개인과 부서의 목표를 회사 전체의 목표와 연결되는 계획성 있는 목표로 세운다면 모든 구성원의 1년간의 행동이 헛되지 않게 할 수 있다는 장점이 있다. 또한 평가자는 수시로 목표와 비교하면서 피평가자의 행동을 수정해줄 수도 있으며, 나쁜 결과가 나오기 이전에 미리 올바른 방향으로 유도할 수 있다는 장점이 있다. 다만 모든 직무성과를 계량화할 수 없다는 것이 한계점이다.

목표관리에서 유의해야 할 점은 목표관리 자체가 바로 성과평가가 아니라는 점이다. 따라서 목표관리와 성과평가는 성과의 정확한 평가는 물론, 개인의 능력개발과 피드백 등 서로 공통된 목적을 지니고 있으므로 두 시스템을 사용하는 경우에는 두 시스템의 장 · 단점을 상호보완 함으로써 공정한 평가와 능력개발 그리고 동기부여에 긍정적인 효과를 가져올 수 있다.

| 표 6-2 | 목표관리법의 장 · 단점

장점	단점
결과강조: 구성원이 목표에 대한 정확한 이해를 통해 성과향상에 기여	단기적인 목표에 초점을 둠
상급자와의 공동목표 설정으로 피고과자의 동기부여 강화	일방적인 의사결정 또는 신뢰가 구축이 안 되었을 경우 사용하기 힘듦
업무수행 과정 및 종료 후의 피드백을 통해 구성원들의 역량개발 기회 제공	목표수립에 많은 시간이 소요

자료: 이승계 · 임상혁 · 박재춘(2014), 창의경영시대의 인적자원관리, 탑북스.

3) 평가센터법

평가센터(assessment center)는 장소가 아니라 특정 평가팀이 승진대상, 선별대상을 평가하기 위해 마련한 평가방법들의 집합이다. 때로는 피평가자들을 특정 장소에 모아놓고 관찰하며 평가만 전문적으로 하기도 한다. 그곳에서는 과거에 실제로 기업에 있었던 곤란했던 문제를 제시해주고 어떻게 해결하는지 관찰도 하고, 서로 싸우도록 만들어 어떻게 갈등을 해결하는지를 보고, 고객이 불평을 할 때 어떻게 대처하는지도 알아본다. 이러한 여러 방법으로 피평가자의 능력을 전문가들이 관찰하여 토론하면서 적임자를 평가하여 선별하는 방식이다.

많은 인력, 시간, 비용이 드는 것은 사실이지만 평가가 비교적 정확하기 때문에 선진국의 대기업에서 많이 사용한다. 평가센터법으로 피평가자의 의사소통방식, 부하에게 업무를 배분하는 능력, 부하활용능력, 주도권과 판단능력, 적응력과 인내력, 스트레스 관리능력, 갈등해결방식 등을 주로 관찰한다. 이 방법은 피평가자가 소유하고 있는 능력과 특기 등을 찾아내는 데는 유용하다. 그러나 그동안의 업무실적을 알아내기는 어렵다. 그리고 시간과 경비가 많이 들지만 중요한 자리에 사람을 선발하여 임무를 맡기는 경우라면 시간과 경비는 문제가 안 될 것이다.

4) 360도 다면평가

360도 다면평가(일명 360도 평가)란 상급자가 하급자를 평가하는 하향식 평가의 단점을 보완하여 상급자에 의한 평가 이외에도 평가자 자신(자기평가), 부하직원, 동료, 고객, 외부전문가 등 다양한 시각을 가진 평가자들에 의해 평가하는 것을 말한다.

360도 다면평가가 유행처럼 급증하고 있음에도 불구하고 다면평가가 조직을 위해 과연 좋은 것인지 하는 것과 또 다면평가가 제대로 잘 시행되고 있는지에 관한 의문점은 여전히 남아 있다. 다면평가는 엄밀히 말해서 평가라기보다는 '피드백'이다. 즉 평가를 해서 사람을 특정 포지션에 배치하거나 임금을 결정하고 사람을 줄이는 의사결정에 사용하기보다는 본질적으로 피평가자에게 피드백을 줌으로써 사람을 개발시키는 데 목적이 있다.

4.3 인사고과의 오류

고과방법이 아무리 신뢰할 수 있고 타당성이 높은 것일지라도 고과자가 자기의 주관을 개입시키면 고과결과에 오류를 발생시킨다. 인사고과의 오류들로는 다음을 들 수 있다.

1) 현혹효과

현혹효과(halo effect)는 평가자가 피평가자의 하나의 특성에 근거해서 나머지 모든 특성을 평가해 버리는 오류이다. 이것은 평가자가 피평가자의 직무성과의 모든 면을 관찰할 수 없기 때문에 나타나기도 하고, 사람들을 전적으로 흑백논리로 보고자 하는 단순화욕구로 인해 발생하기도 한다.

이 현혹효과는 강제할당법으로는 개선될 수 없고 어떤 차원의 척도에서 평가하는가를 분명하게 정의함으로써 개선될 수 있다. 또한 한 차원에서 모든 피평가자를 평가한 다음 다른 한 차원에서 또 모든 피평가자를 평가하고 계속하여 차원이 끝날 때까지 이런 방식으로 평가함으로써 현혹효과를 줄일 수는 있다.

2) 중심화경향

중심화경향(central tendency)은 평가자가 정치적 고려를 할 때 극단적으로 좋게 평가하거나 나쁘게 평가하는 것을 피하고 모든 척도의 중심에 피평가자들의 등급이 오도록 하는 경향이 있다. 이의 원인으로는, 첫째 고과자가 평가방법을 이해하지 못하였거나 평가능력이 부족하여 적당히 중간척도에 평가한 경우, 둘째 평가방법에 대해 회의적이거나 피고과자를 잘 알지 못하기 때문에 적당히 중간척도에 평가한 경우, 셋째 낮게 평가할 경우 피고과자의 감정적 대립을 우려하여 중간으로 평가하거나 소홀한 평가를 한 경우 등을 들 수 있다.

3) 관대화경향

관대화경향(leniency tendency)은 피고과자의 능력이나 성과를 실제보다 더 높게 평가하는 것을 말한다. 이러한 평가는 대개 고과자의 의도성이 있는 주관적 평가라고 할 수 있다. 관대화경향이 나타나는 원인으로는, 첫째 부하를 나쁘게 평가할 필요가 없다는 것, 둘째 자기 부하를 타 부문의 종업원에 비하여 승진에 유리하게 하기 위한 것, 셋째 나쁜 평가가 곧 고과자 자신의 책임으로 간주될 수 있다는 점 등을 들 수 있다. 즉 부하의 고과가 나쁠 경우 조직이 이들을 육성하고 지도해야 할 상사 자신의 능력에 문제가 있는 것으로 간주할 수 있기 때문이다.

4) 가혹화경향

가혹화경향(harsh tendency)은 관대화경향과 반대되는 평가점수 분포도가 나타나는 경우를 말하는데 고과자가 피고과자의 능력 및 성과를 실제보다 의도적으로 낮게 평가하는 경우를 말한다. 이러한 경향은, 첫째 고과자의 가치관에 의해 성과에 대한 기대수준을 매우 높게 설정했을 때 나타나며, 둘째 부하들과의 갈등관계에서 일종의 처벌적 성격을 띠었을 때도 나타난다.

이러한 관대화 또는 가혹화 오류를 줄이기 위해서는 평가요소에 대한 정의와 등급구분을 명확히 하고 평가척도의 모호성을 제거하는 등 평가개선 노력을 기울여야 한다.

5) 상동적 태도

상동적 태도(streotyping)는 특정 집단의 모든 구성원들이 비슷한 특징과 행동을 공유한다는 믿음이다. 즉, 상동적 태도는 타인에 대한 평가가 그가 속한 특정 집단에 대한 지각을 기초로 해서 이루어지는 것을 말한다. 예를 들면, 고과자가 평소 특정 종교, 사회단체 등에 좋지 않은 감정을 갖고 있을 때 이러한 감정이 피고과자의 평가에 나타나는 것이다. 또는 고과자가 평소 노동조합을 기업에 발전적인 조직으로 보지 않고 투쟁적이고 해만 끼치는 조직으로 볼 때, 그의 피고과자가 노조에 매우 적극적인 사람일 경우에는 실제보다 그의 능력과 업적을 낮게 평가하는 오류를 말한다.

상동적 태도는 고과자들이 내리는 의사결정에 강력한 영향을 줄 수 있다. 이러한 상동적 태도는 다른 사람의 행동에 대한 예측을 용이하게 해주기도 하지만, 상동적 태도에 근거한 평가는 부정확성을 가져오기도 한다.

6) 대비오류

대비오류(contrast error)는 고과자가 피고과자 여러 명을 평가할 때 우수한 피고과자 다음에 평가되는 보통 수준의 피고과자를 실제보다 낮게, 그리고 낮은 수준의 피고과자 뒤에 평가되는 보통 수준의 피고과자를 높게 평가하는 경우를 말한다. 현혹효과는 한 명의 피고과자에 대해 특정 평가항목이 그 다음의 항목을 평가하는 데 영향을 미치는 오류인 반면, 대비효과는 특정 피고과자가 다음에 평가될 피고과자의 평가에 영향을 미치는 오류를 말한다.

7) 최근오류

최근오류(recent error)는 고과자가 피고과자를 평가함에 있어서 쉽게 기억할 수 있는 최근 업적이나 능력을 중심으로 평가하려는 데서 나타나는 오류이다. 시간적 오류 역시 고과자 스스로 오류를 범하고 있다는 것을 인지하지 못하는 경우가 많이 있다.

8) 유사성오류

유사성오류(similar-to-me error)는 고과자와 피고과자 간의 가치관, 행동패턴, 태도 면에서 유사한 정도에 따라 고과결과가 영향을 받는 경우를 말한다. 예를 들면, 갑이라는 고과자는 행동패턴이 상당히 자유분방하여 술도 잘 마시고, 실수도 자주 하고, 원가절감보다 매출증대에 더 가치를 둔다. 반면 부하 을과 병은 서로 행동패턴과 가치관이 달라 을은 고과자인 갑과 유사하고 병은 갑과 달라서 꼼꼼하고 원가절감형일 때 고과자 갑은 평가를 할 때 을을 더 잘 봐주어야겠다는 의도성이 없음에도 불구하고 자신도 모르게 오류에 빠지는 경우가 많이 나타나는 것이다.

토·의·문·제

1. 인사고과의 목적은 무엇인가?

2. 인사고과의 전통적 방법 중 강제할당법은 무엇인가?

3. 인사고과의 현대적 방법 중 목표관리법은 무엇인가?

4. 인사고과의 오류에는 무엇이 있는가?

Chapter 07

경력관리

학 / 습 / 목 / 표

- 경력개발의 유용성에 대한 이해
- 개인의 경력욕구에 대한 이해
- 조직의 경력욕구에 대한 이해

대학을 졸업하고 직장에 들어가게 되면 처음에는 일에 관심을 갖고 열심히 노력한다. 그러나 차차 시간이 흐르면서 앞으로의 대리, 계장, 과장, 부장 등에 관심을 갖게 된다. 회사에서 일을 해가면서 일에 익숙해지면서 일에 대한 경험을 쌓게 된다. 이러한 일에 대한 경험 정도를 경력이라고 부른다. 경력관리는 종업원 개인차원에서도 필요하고 조직차원에서도 필요하다. 모든 종업원은 일을 해가면서 경력에 관심을 갖기 때문이다. 이러한 경력에 관한 내용을 살펴본다.

디지털 시대에 아직도 '카우보이 경영'

경영자가 바라보는 국내 기업환경은 '설상가상'이다. 경제성장이 둔화되고 생산성 압박이 커진 상황에서, 엎친 데 덮친 격으로 노동시간 단축과 워라밸 반란이 경영 부담을 가중시키고 있다. 기업들은 '어떻게 더 적은 것으로 더 많은 것을 이룰 것인가?'라는 생산성 문제를 풀어야 한다.

생산성 향상을 위한 가장 기초적인 방법은 조직 내 낭비요소를 파악하고 이를 제거하는 것이다.

필자는 업종과 규모를 불문하고 대다수 기업들이 보고와 회의로 인해 엄청난 낭비를 발생시키는 것을 관찰해 왔다. 예를 들면 이런 상황이다. 김 상무는 내일 갑자기 잡힌 사장 보고에 걱정이 앞선다. 지난번 회의에서 예상치 못했던 질문에 무너져 질책을 받았기 때문이다. 이에 만전을 기할 것을 박 부장에게 지시하고, 이를 전달받은 정 대리는 영문도 모른 채 하던 일을 중단하고 참고자료를 만드느라 밤을 꼬박 새운다. 다음날 김 상무는 사전회의를 해보지만, 여전히 불안한 마음에 자세한 내용을 아는 박 부장을 배석시켜 사장 보고를 한다. 그런데 사장은 맘에 들지 않는다며 회의를 끝낸다. 김 상무와 박 부장은 사장 지시를 제대로 이해하지 못한 채 자리를 나와 다시 보고를 준비한다. 드라마 '미생'의 한 편 같지만 안타깝게도 많은 기업들에서 매일 발생하는 현실이다.

사장의 작은 언행은 조직에 엄청난 '채찍효과'를 가져온다. 카우보이의 작은 손목 스냅은 채찍을 가속화해 끝부분이 음속을 돌파하면서 '짝' 소리를 내게 한다. 마찬가지로 정확하지 않은 지시와 비효율적인 보고 및 회의는 조직 내에 큰 파장과 낭비를 불러온다. 이를 해소하기 위해 세 가지를 시도해 보길 권한다.

첫째, 지시를 명확히 하는 것이다. 사장이나 임원들은 '내가 그런 것까지 일일이 알려줘야 해?'라고 할 수 있겠지만, 정작 본인도 무엇을 원하는지 모르고 지시하는 경우가 많다. 많은 기업에 '윗분의 의중'을 파악하고 불명확한 지시를 해석하기 위한 '어록'이 존재한다는 것을 아는가. 가장 좋은 지시는 해석의 여지가 없는 지시다. 맥킨지에서는 어려운 프로젝트일수록 핵심 질문을 제대로 정의하라고 교육시킨다.

둘째, 회의 어젠다(agenda)를 명확히 하는 것이다. 회의 어젠다를 정보공유, 의사결정, 토론 등 세 가지 목적으로 분류해 진행할 것을 권한다. 정보공유는 비대면 방식이 효율적이며 꼭 필요한 경우에만 상정하는 게 좋다. 의사결정의 경우 결정을 내리기 위한 핵심정보가 무엇인지, 또 이견이 있을 부분을 발표자가 미리 준비하는 것이 효과적이다. 가장 어려운 게 토론이다. 한국 기업 정서상 회의석상에서 상사와 다른 의견을 내는 것은 도전으로, 충분히 정리되지 않은 생각을 공유하는 것은 방해요인으로 간주된다. 사장이 다른 참석자 의견을 먼저 듣고 마지막으로 본인 의견을 내는 형식의 회의가 대부분이지만, 결국엔 다들 사장의 생각과 크게 다르지 않을 의견을 내려고 애쓴다. 따라서 회의를 주관하는 사람의 조정(facilitation) 역량이 무엇보다 중요하다. 이는 다른 사람들의 생각을 끌어내고 종합 정리해 회의 과정을 통해 공동의 결과물을 만드는 역량을 말한다.

셋째, 회의방식의 개선이다. 필자가 1990년대 초 미국 허니웰(Honeywell)사에서 근무할 당시, GE 출신의 래리 보시디(Larry Bossidy) 회장이 취임 직후 가장 먼저 도입한 것이 바로 새로운 회의방식이었다. 모든 회의를 리더, 필기자, 회의록 관리자, 시간 관리자, 회의규칙 준수 관리자의 다섯 가지 역할을 정해 진행했다. 목적이 명확하지 않은 미팅은 리더의 책임이고, 특정 참석자에 치우친 진행은 회의규칙 준수 관리자의 책임이었다. 항상 늘어지던 회의는 몇 개월 후 효율성이 크게 향상됐다. 근로시간 단축은 5일 근무 중 하루가 줄어드는 효과와 맞먹는다. 하지만 낭비에 가득 찬 회의와 보고를 생각한다면 대응 불가능한 수준은 아닐 수 있다. 조직에 카우보이 채찍질을 하지 않는다면 말이다.

자료: 매일경제, 2018. 4. 5.

1 경력이슈와 개념

1.1 경력이슈

현대사회에서 기업이 변화하는 환경에 적응하여 인적자원을 개발하기 위해서는 조직구성원 개개인의 경력을 중요시하지 않을 수 없다.

경력은 시간이 지남에 따라서 일과 관련하여 얻게 되는 경험의 축적이라고 정의할 수 있다. 여기서 일과 관련한 경험의 축적이란 눈에 보이는 것뿐만 아니라 눈에 보이지 않는 태도까지도 포함된다. 따라서 이 정의는 한 개인이 조직에 몸담게 되면서 겪는 모든 경험의 과정을 뜻한다. 어떤 종업원이라도 조직에 몸담게 되면 차차 경력이라는 이슈에 관심을 갖게 된다. 그것은 경력이 종업원의 욕구와도 밀접한 관련성을 가지고 있기 때문이다.

경력은 종업원 개인의 입장에서 보면 개인의 잠재능력의 향상, 개인의 발전, 욕구충족을 위한 기회를 준다. 조직의 입장에서 보면 종업원들 간의 경쟁유발을 통한 창의력 촉진과 생산성을 향상시킬 수 있는 좋은 계기를 마련해준다.

이러한 경력은 문화를 달리하면서 서로 다르게 받아들여지기도 한다. 예를 들면, 미국에서는 직장을 바꾸어도 동일한 전문성이 유지되는 경력으로 인식되는 경향이 있다. 그러나 일본에서는 어느 특정 기업 내에서 쌓은 경력은 다른 기업으로 옮겼을 때 그 전문성이 인정되지 않는 것이 일반적이다.

경력이라는 개념은 의사나 엔지니어와 같은 공식적인 직무는 물론이고 임시직이나 비숙련업무에도 적용된다. 예를 들면, 학업생활, 가사노동, 프론티어활동 등도 경력개념에 포함되는 것이다.

경력의 정의에는 직무와 같은 객관적인 측면과 사람의 태도, 가치관, 기대와 같은 일에 대한 주관적 측면이 모두 포함된다. 따라서 개개인의 직무관련 행동과 그런 행동에 대한 반응이라는 두 가지 측면이 경력의 부분을 이루고 있다. 경력의 정의는 개인과 조직과 개인의 직무에 관련된 환경의 영향과 그 중요성을 강조한다. 따라서 경력이란 안정적이고 장기적이며 예측가능한 것이라는 고정관념에서 탈피해야 할 것이다.

1.2 경력에 대한 최근의 인식변화

오늘날 사람들의 경력에 대한 인식은 과거에 비해 상당히 많이 변화되고 있다. 그 변화를 보면 다음과 같다.

첫째, 과거에는 경력이란 높은 계층으로 이동 또는 빠른 승진을 의미하는 것으로 인식되었으나 오늘날에는 직종과 조직의 계층과는 관계없이 직장생활하는 동안에 개인이 담당하는 직무의 연속으로 이해되고 있다. 따라서 경영자들뿐만 아니라 일반적인 사람들도 경력을 갖는 것으로 인식되었다.

둘째, 여전히 많은 사람들이 조직의 상위계층으로 승진하려고 노력하고 있지만, 현재 자신이 즐기는 업무를 유지하기 위해 수평적으로 이동하거나 때로는 하향적인 이동을 하는 사람들의 수도 증가하고 있다.

셋째, 오늘날에는 2~3개의 다른 조직에서 2~3개의 다른 분야를 포함하는 경력경로를 경험하는 사람들이 증가하고 있다. 한 직장에서 평생을 보내는 사람은 과거보다 훨씬 적어졌다. 특히 하이테크산업에 종사하는 사람들은 직장을 자주 옮기는 경우가 많다.

넷째, 교육기관과 미디어의 영향으로 인해 사람들은 자신들의 경력을 능동적으로 계획하고 관리함으로써 얻을 수 있는 혜택에 민감하게 반응하는 방향으로 변화하고 있다. 즉 과거에는 조직이 개인의 경력에 대하여 일방적인 영향력을 행사할 수 있었으며 개인은 조직에서 결정한 결과를 받아들여야 하는 상황이었으나, 현재는 개인도 자신의 경력에 대해 능동적으로 대처하게 되었다.

다섯째, 오늘날의 조직구성원들에게는 암묵적으로 평생직장의 안정성이 제공되고 있지 않다. 능력이나 지식, 기술이 부족한 경우에 덜 중요한 업무를 할당받기보다는 직장을 떠나야 하는 추세이다. 이러한 추세로 인해 구성원들이 조직보다는 자신을 우선시하는 경향이 나타났다.

여섯째, 점차로 보다 많은 여성들이 직장에 입사하고 있으며 점차 상위직급으로 올라가고 있다.

일곱째, 오늘날의 경력성공은 개인적인 측면에서 정의되고 있다. 즉 경력성공 또는 실패를 판단할 수 있는 절대적인 기준은 없으며 개인적으로 의미있고 만족하는 것에 근거하여 판단하는 방향으로 변화되었다. 경력성공이 이제는 꼭 높은 연봉 또는 상위직급으로의 이동을 의미하는 것으로 여겨지지 않고 있다.

여덟째, 사람들은 경력에 대한 열망이 오랫동안 유사하게 유지될 것으로 여기지 않는다. 사람들은 나이가 듦에 따라, 결혼함에 따라, 그리고 자녀가 생김에 따라 개인적인 욕구가 변한다는 것이다.

아홉째, 경력은 직무와 관련된 경험을 포함하는데, 이는 보상을 대가로 수행된 작업보다 더 많은 것을 포함한다. 자원봉사, 가정생활, 학업, 정치적 활동 등도 중요한 경력의 일부로 인정되고 있다.

1.3 경력개발의 개념

경력개발은 독립된 개인으로서 또는 직장생활 속에서, 자기의 경력목표를 달성하기 위한 자기개발노력이라고 정의할 수 있다.

경력개발이란 경력단계라는 장기적인 관점에서 경력성공을 위한 일련의 노력이라고 할 수 있다. 이러한 경력개발은 개인적 관점과 조직적 관점에 따라 그 내용이 달라진다. 즉 경력개발은 목표를 추구하는 종업원 자신의 선택과 조직의 목표를 향상시킬 기회를 제공하는 조직의 선택 간의 상호작용을 통하여 개발된다.

개인적 관점은 각 개인이 객관적으로 수행한 자기진단을 바탕으로 경력정보를 탐색하고, 이 과정에서 자신이 선호하는 방향으로 현실적 생애계획을 수립하여 직업을 선택하고 근무할 조직을 선택하는 문제를 주요한 관심분야로 삼는다. 여기서 중요한 점은 이러한 개인적 관심이 경력계획을 근간으로 삼는다는 점이다. 개인은 조직의 구조적 경력여건을 자신이 직접 통제할 수 없기 때문이다. 따라서 개인적 관점은 경력을 관리하는 측면이기보다는 계획하는 데 초점을 두게 된다. 즉 개인적 차원의 경력개발은 개개인이 경력목표를 명확히 하고, 그 다음 해당 목표를 달성하기 위한 자기중심의 개발노력이 그 중심이 된다.

이에 반하여 조직적 관점에서의 경력개발은 종업원의 경력경로 또는 경력사다리의 개발, 특정 집단의 발전에 대한 관찰, 유능한 전문직 · 관리직, 기능공들이 조직목표에 유용한가의 확인, 그리고 장기적으로 조직의 목표에 도움이 되는 종업원개발을 목표로 한다.

정리하면 개인적 경력개발은 각 개개인의 경력단계에 따른 직무경력 향상이 그 중심과제인 데 반하여, 조직적 경력개발은 조직의 필요성에 따라 개발된 개인의 능력이나 욕구를 합치시키려는 노력을 말한다.

경력개발활동은 종업원중심 경력계획에서부터 조직중심 경력관리가 모두 포함되는 활동이다. 따라서 잘 설계된 경력개발 프로그램은 종업원 개인에게 있어서나 조직에 있어서도 매우 유용한 활동이 된다.

먼저 종업원 개인에게 있어서 잘 설계된 경력개발 프로그램은 경력성공을 보장하여 준다. 경력성공은 종업원의 소득이나 조직상의 직위로서만 측정될 수 없다. 경력성공은 자신의 직업에서 기능과 능력을 발휘한다거나, 보다 큰 책임을 갖게 된다거나 또는 보다 많은 자율성을 갖게 되는 것을 의미한다.

경력에는 외적 경력과 내적 경력이 있다. 외적 경력은 직업이나 조직의 특성 및 질을 포함한다. 예를 들면, 일생 동안 어떤 직무나 직위를 갖는 것이나, 학위를 취득하는 것, 사장이 되는 것을 들 수 있다. 경력성공은 이러한 외적 경력으로만 평가하지 않고 내적인 만족이나 흥미라는 내적 경력으로 경력성공을 평가하기도 한다.

조직의 측면에서 보면 잘 설계된 경력개발 프로그램은 다음과 같은 유용성을 지니고 있다.

- 종업원의 재능을 증진하고 그 재능을 활용하게 한다.
- 유능한 종업원을 계속 머물게 한다.
- 종업원의 실망을 줄이게 한다.
- 조직에 대한 호의감을 갖게 한다.

경력개발을 통한 기대효과는 개인의 차원과 조직의 차원으로 나누어 살펴볼 수 있다.

개인의 차원에서 보면 다음과 같다.

- 경력관리를 통한 미래비전을 갖게 한다.
- 일을 통한 성장과 성취욕구를 충족한다.
- 자신의 전문능력 향상을 통해 경쟁력을 확보하게 한다.
- 고용의 불안정 속에서도 안정감을 갖게 한다.
- 삶의 질을 향상시킨다.

조직의 차원에서 보면 다음과 같다.

- 개인들의 조직에 대한 소속감을 증대시킨다.
- 조직목표에 대한 이해를 늘린다.
- 인력배치의 유연성을 갖게 한다.
- 조직구성원의 진부화를 방지케 한다.
- 장기적인 인력활용을 위한 제도를 구축하게 한다.

2 경력욕구

2.1 개인의 경력욕구

1) 개인의 경력욕구 형성과정

[그림 7-1]은 조직 내 개인이 추구하고자 하는 경력욕구가 형성되는 과정을 나타내고 있다. 경력욕구형성의 근원은 바로 경력역할과 경력상황에 의해 결정된다. 여기서 경력역할이란 개인이 경력욕구와 관련하여 조직으로부터 기대되는 행동을 의미하며, 경력상황이란 조직이 제공하는 경력기회(경력경로), 즉 자기가 원하는 직무가 조직에 존재하는지 그리고 자기가 걸어가고 싶은 경력경로를 얼마나 많은 다른 종업원들이 동시에 추구하는지 그 경

그림 7-1 | 개인의 경력욕구 형성과정

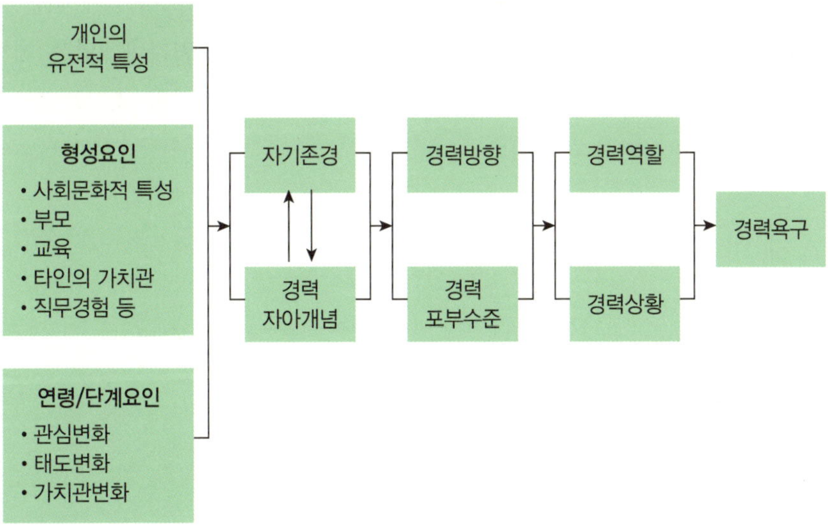

자료: Leach, "The Notion and Nature of Careers," *The Personnel Administrator*, Vol. 22, 1977, p.53.

쟁상태 등을 말한다. 따라서 경력역할수행이 매우 어렵고 원하는 경력경로에 대한 경쟁이 조직 내에서 치열할 경우 개인은 자기가 원했던 경력경로에 대해 다시 한 번 생각하지 않을 수 없게 된다.

경력역할과 경력상황은 개인 자신이 어떤 경력경로를 택하려고 하느냐에 따라 다를 수 있다. 따라서 어떤 경력경로를 생각하느냐는 개인 자신이 추구하려고 하는 경력방향에 따라 다르게 된다. 즉 경력역할과 경력상황에 대한 인식은 개인의 경력방향과 경력포부수준에 따라 달라지는 것이다.

개인의 경력방향과 경력포부수준은 개인의 자아존경욕구와 경력자아개념에 따라 달라진다. 즉 개인의 자기존경욕구가 강하면 강할수록 경력포부수준은 더 높아질 것이고 이에 따른 경력추구방향도 달라질 것이다. 뿐만 아니라 현재 개인이 보유하고 있는 기술, 재능, 능력 그리고 강점과 약점, 인생목표 등을 말하는 경력자아개념의 정도에 따라서도 달라질 것이다.

이러한 자기존경욕구와 경력자아개념은 개인의 유전적 특성과 태어난 후 성장하면서 영향을 받는 요인인 개인이 속한 사회문화적 특성, 부모의 가정교육, 학교기관 등으로부터의 교육 그리고 성장과정에서 개인이 경험하는 다른 사람들이 가지고 있는 가치관, 또한 직무를 수행함으로써 얻게 되는 경험 등에 의해 형성된다. 뿐만 아니라 자기존경욕구와 경력자아개념은 개인의 연령에 따라 관심 · 태도 · 가치관이 변화된 것이며 이러한 요인들로부터 영향을 받아 형성된다는 것이다.

2) 개인의 경력욕구 유형

개인의 경력욕구 유형은 여러 가지를 들 수 있다. 여기서는 그 몇 가지를 소개하고자 한다.

(1) 관리지향

관리지향 유형에 속하는 사람들은 자신이 진정으로 일반관리자가 되기를 원한다. 이들은 비록 여러 기본분야에 대한 지식의 중요성과 필요성을 알면서도 전문화는 함정이라고 보며, 경영전문가가 되어야 일반관리자로서의 기능을 제대로 수행할 수 있다고 생각한다. 이 유형은 책임수준, 리더십발휘의 기회, 전체 조직에 대한 공헌기회의 증대, 높은 수입 등을 의미하는 승진을 주요 가치와 동기로 생각한다. 이들은 담당업무에 대한 매력과 흥미를 자신이 담당한 업무가 얼마나 조직의 성공에 중요한가의 정도로 판단하며, 조직과 자신을 동일시하여 조직업무에 몰입할 수 있게 된다.

이들에게는 몇 가지의 능력이 요구된다.

첫째, 불완전한 정보와 불확실성하에서 문제를 인지하고 분석하고 해결하는 분석능력이 매우 중요하게 요구된다.

둘째, 조직목표의 달성을 위해 전 조직의 수준에서 타인에게 영향을 주고, 감독하고, 지휘하고, 운영 · 통제하는 대인적 능력이 중시된다.

셋째, 감정적이고 대인관계적인 문제나 위기에 봉착했을 때 고도의 책임감을 가지고 좌절하지 않고 분발하는 능력과 죄의식이나 수치심을 가지지 않고 권한을 행사하며 어려운 결정을 내리는 능력이 필요하다.

이들은 높은 수준의 책임과 도전적이고 다양한 리더십이 발휘될 수 있는 통합적인 작업 및 조직에 대한 공헌도가 큰 업무를 선호한다. 다음에 언급할 기술지향형과는 달리 관리지향형은 기업외부적 공정성보다는 내부적인 공정성에 더 관심이 많다. 따라서 자신이 외부의 비슷한 수준의 집단보다 보수가 낮더라도 내부적으로 공정성이 유지된다고 인식하면 만족하게 된다.

승진은 결과나 성과의 측정에 따라 이루어지기를 원하며 이들은 자기에 대한 인정으로서 승진을 최고의 가치로 인식한다. 이들은 기술-기능지향형이 자신의 업무를 잘 아는 사람에게서 인정받기를 원하는 것과는 달리 자신이 승진에 영향을 미치는 상사에 의해 인정받기를 원한다.

(2) 기술-기능지향

기술-기능지향 유형에 속하는 사람들은 특정 종류의 작업에 강한 재능과 동기요인을 가지고 있으며 직무의 내용에 관심이 많다. 이 유형에 속하는 집단은 도전할 만한 업무를 원하며 과업이 개인의 능력을 시험하는 것이 아니면 쉽게 지루함을 느끼고 다른 과업을 탐색한다. 조직구성원으로서 이들은 조직과 목표설정에 있어서 함께하기를 원하며 일단 목표가 합의되면 최대한의 자율성을 원한다.

또한 자신의 업무수행을 위해 무한정의 설비, 예산, 자원 등이 투입되어 자신의 직무가 제대로 수행되기를 원한다. 그리고 이들은 전문화된 영역에 몰입하고 행정가나 관리자와 연관이 있는 제너럴리스트를 덜 갖고 있다고 생각하며 일반관리직무 담당으로 승진하는 것을 별로 좋아하지 않는다.

이들은 행정적인 업무나 관리업무가 자신의 직무수행을 위해 요구될 경우에는 인내하지만 그러한 종류의 업무는 고통스럽고 내적인 만족에 도움이 되지 않는다고 이해한다. 전통적인 일반관리자의 승진체계와 동격인 분야의 전문가로서의 승진체계를 선호하며, 승진체계가 발전을 가져다준다면 관리자로 승진하는 것과 차이가 없다고 생각한다.

또한 이들은 전문분야를 잘 모르는 관리자의 칭찬보다 같은 분야의 전문가들인 동료나 상사에게서 인정받는 것에 더 큰 가치를 두며 교육의 참여, 전문가모임의 참석, 도서나 설비구입을 위한 예산의 제공 등 전문기술 증진 기회가 제공되는 것도 자신의 가치가 인정을 받는 것으로 인식한다.

(3) 안전지향

안전지향 유형에 속하는 사람들은 자신의 직업안정, 고용의 안정 등에 관한 강한 욕구를 지니고 있는데 크게 두 가지로 나눌 수 있다.

첫째, 조직을 자신과 강하게 동일시하여 직장안전을 전제로 직무순환, 근무지역 등 거의 모든 사항을 조직에 위임하는 사람들이다.

둘째, 자신과 특정 지역을 연계하여 특정 지역에 근무하는 대신 타 회사로의 이직이나 생활수준의 상대적인 저하를 감수하는 사람들이다.

이들은 안정적이고 예측이 가능한 직무를 선호하며 보수의 인상, 작업조건의 향상이나 복리후생 등의 외재적 요인에 대한 관심이 직무확충이나 직무개발, 내재적인 동기부여보다 많으며 연공적인 급여체계를 선호한다. 그리고 이들은 자신의 꾸준한 성과나 조직에 대한 충성심으로 인정받기를 원하며 이로 인해 직장안정이 강화되기를 원한다.

3) 경력단계

개인이 추구하는 경력욕구는 그의 연령에 따라 변화된다. 이와 관련하여 홀(Hall)은 다음과 같은 경력단계와 단계별로 개인이 갖게 되는 경력욕구의 형태를 제시하였다.

[그림 7-2]에서 보는 바와 같이 개인의 경력단계는 탐색단계, 확립단계, 유지단계 그리고 쇠퇴단계로 구분된다.

제1단계인 탐색단계는 16세에서 25세까지에서 나타나며 개인의 자아개념을 정립하고 경력방향을 결정하는 단계이다. 이때 직업탐색이 일어나며 경

그림 7-2 I 연령별 경력단계(예)

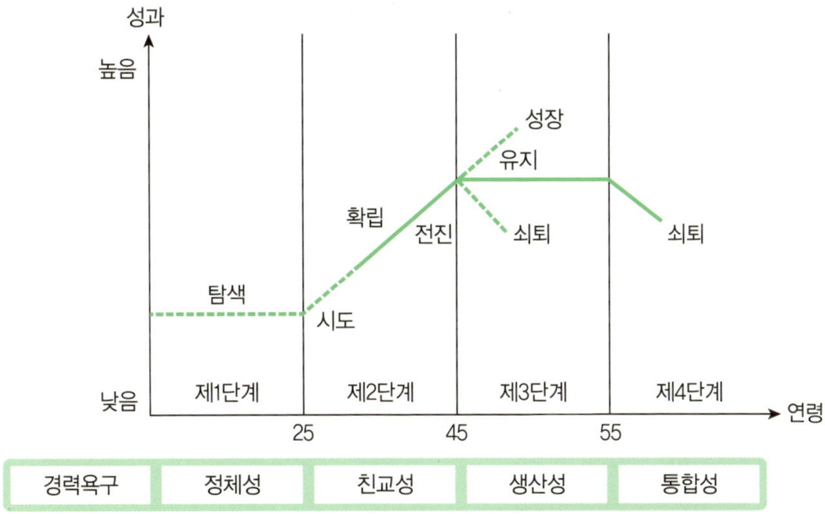

자료: Hall, Adapted from D. T. Hall, *Careers in Organizations*, 1976, p.53.

력 또는 일에 대한 정체성이 형성된다. 이 시기의 마지막 부분은 시도기(trial period)로서 기업조직에 들어온 지 1~2년 되는 시기이며 자신에게 적합한 분야를 탐색하고 이에 따른 직무를 찾아내어 수행하며 전 생애에 걸쳐 걸어갈 경력경로를 설계하는 시기이다.

제2단계인 확립단계는 20세에서 45세에 걸쳐 나타나며 이 시기에 개인은 특정한 직무영역에 정착하게 된다. 일단 개인이 특정 직무에 정착하게 되면 성과가 향상되며 조직에 대해서는 친밀감 및 귀속감을 갖게 된다. 뿐만 아니라 다른 동료들 또는 라이벌 간에 상당한 경쟁심이 작용하게 된다.

제3단계인 유지단계는 45세에서부터 65세에 나타난다. 이 시기에 개인의 관심은 오르지 일에 매달리는 것이며 하는 일에 있어서 새로운 것은 적으나 일관성이 존재한다. 이 시기에는 무엇인가 의미있는 것을 만들어 내려고 노력하는 시기로서 생산의 시기라고도 한다. 또한 이 시기에 중년의 위기(mid-life crisis)가 나타나며 개인이 이를 얼마나 잘 극복하느냐에 따라서 다시 성장할 수도 있고 또는 쇠퇴해 버릴 수도 있다. 이 시기에 나타나는 또 다른 특성은 개인이 자신을 조직과 동일시하게 되는 경향이 강해지며 자신의 직무를 조직목표와 관련시켜 바라보게 된다는 점이다. 또한 가족, 지인들과의 관계를 재정립하고 미래의 인생설계를 다시 한 번 정립하려고 한다.

마지막 제4단계인 쇠퇴단계는 65세 이상에서 나타난다. 이 시기에 개인은 조직에서의 은퇴를 준비한다. 육체적으로나 정신적으로 능력이 쇠퇴되는 시기이며 경력개발에 대한 동기부여가 줄어드는 시기이다. 이 시기를 통합단계라고도 하는데 그 이유는 자신의 인생에 대한 의미를 총정리한다는 뜻이 내포되어 있기 때문이다.

이상에서 홀(Hall)이 제시한 경력단계모형에서 단계를 구분하는 연령은 개인마다, 문화권마다 다소 차이가 날 수 있겠지만 전체적인 흐름은 본질적으로 유사할 것이다. 이와 같이 개인의 경력욕구는 고정된 것이 아니라 변화를 그 전제로 하고 있다.

2.2 조직의 경력욕구

조직의 경력개발에 대한 목적은 미래에 요구되는 인력을 효율적으로 확보하고 종업원의 능력신장을 통해 체계적으로 기술축적을 하여 경쟁력을 제고하는 데 있다. 뿐만 아니라 종업원을 동기부여시켜 성과를 늘리려는 것도 중요한 목적이다.

경력개발의 필요성은, 첫째 기업의 경영전략에서 파생된다. [그림 7-3]에서 전략과 관련되는 조직의 경력욕구 축적과정이 제시되고 있다.

그림 7-3 I 조직의 경력욕구 수립과정

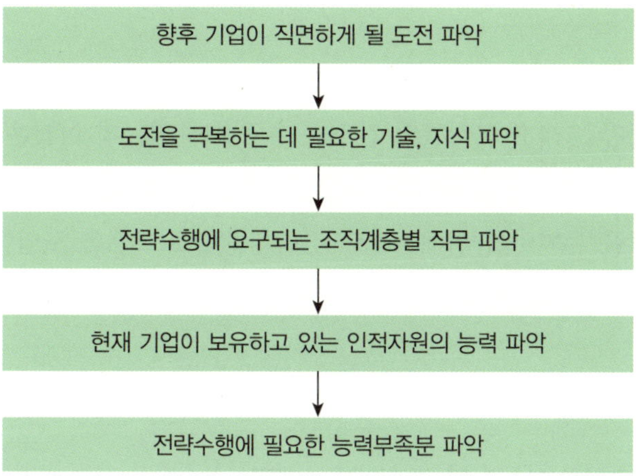

자료: 이진규(2001), 전략적 · 윤리적 인적자원관리 수정 · 보완

이 그림에서 보는 바와 같이 조직의 경력욕구는 기업의 경영전략에 입각한 미래의 인력수요예측에서 나온다. 여기서 제시되는 인력수요는 조직계층별 직무수라는 양적 측면뿐만 아니라 전략수행에 필요한 능력부족분의 충족이라는 질적 측면의 모두가 포함되어야 한다.

이와 같이 조직의 경력욕구는 기본적으로 미래의 특정 시점에 필요한 인력을 기업내부에서 확보하려는 데 그 목적이 있다. 기업이 조직의 경력욕구에 대한 신중한 검토 없이 종업원을 대상으로 경력개발 프로그램을 통해 막연하게 그 능력을 신장시켰으나 미래에 자기의 능력을 최대한 발휘할 수 있는 직무에 배치할 수 없게 된다면 기업의 입장에서는 과잉투자요, 종업원의 입장에서는 과잉자격(overqualified)을 갖추게 되어 직무불만족이 나타난다. 이러한 종업원은 조직을 떠날 가능성이 높으며 결국 조직의 경력개발 프로그램이 이직을 유도하게 되는 어처구니없는 결과가 발생할 수도 있다.

둘째, 경력개발에 대한 조직의 경력욕구는 현직 종업원의 능력을 신장시켜 성과의 향상을 추구하는 것이다. 이러한 경력욕구는 현직 종업원의 능력에 대한 정확한 평가가 사전에 이루어져야 하며 현재 수행하고 있는 직무와의 적합성 정도가 측정되어져야 한다. 즉 직무가 요구하는 자격요건과 현직 종업원이 보유하고 있는 자격수준 간의 갭이 바로 경력개발의 필요성이 된다.

셋째, 조직의 경력욕구는 종업원에게 미래에 대한 비전을 제시해줌으로써 심리적 안정감 그리고 이직률의 감소를 추구하게 되는데 이것은 기본적으로 조직의 사회적 효율성을 극대화시키는 효과를 가져다준다. 따라서 기업은 현재의 인력을 유지하기 위해서라도 경력개발 프로그램을 도입할 필요가 있다.

3 경력개발 프로그램의 설계

3.1 경력욕구의 평가

경력개발 프로그램의 설계는 먼저 종업원의 내적 경력욕구를 평가하는 일이 그 출발점이다.

경력욕구의 평가는 적성검사나 흥미검사 등과 같은 심리적 검사가 이용된다. 어떤 경력에 흥미를 갖고 있는지, 어떤 경력이 적성에 맞는지를 결정함으로써 경력목표를 결정할 수 있다. 때로는 기업이 운영하는 평가센터를 이용하는 방법도 있다. 이때는 평가센터에서 심리테스트, 시뮬레이션 연습 및 심층면접 등을 통해 내적 경력욕구를 평가한다.

어떤 사람이 교육과정을 마치고 취업을 결정할 때 그동안의 학습 및 경험과 지도자의 조언 등을 통하여 마련된 자기경력욕구를 바탕으로 진로를 결정한다.

3.2 경력기회

경력욕구가 확인되면 다음으로 그 경력욕구에 맞는 경력기회가 명확하게 제시되어야 한다.

조직은 경력기회를 제공하는 수단으로서 경력경로 또는 승진경로를 명백히 하고, 관련된 정보를 제공하여야 한다. 직무분석은 조직 내의 승진경로를 도식화하는 데 필요한 기초정보를 제공한다. 거기서 얻은 직무관련 정보는 경력기회의 결정과 경력개발활동에 큰 도움이 된다.

사람들은 저마다 다른 본성을 지니고 있다. 따라서 경력욕구 또한 서로 다르게 나타난다. 승진에 가치를 두는 사람이 있는가 하면, 어떤 사람은 전문성에 가치를 두기도 하고 현상유지에 가치를 두는 사람도 있다. 이러한 내적 경력욕구의 차이는 경력기회의 선택을 다르게 하도록 한다. 경력기회는 여건의 변화에 따라서 새롭게 개발되기도 한다. 경력기회가 새롭게 개발되면 조직은 종업원의 경력욕구의 변화에 대응할 수 있어야 한다.

3.3 경력욕구와 경력기회의 연결

경력욕구와 경력기회의 연결이란 종업원이 자신의 경력욕구를 평가하고, 조직의 경력기회를 알았을 때 이 양자를 어떻게 연결할 것인가를 의미한다.

경력욕구와 경력기회를 연결하기 위해서는 많은 개발기법들이 사용된다. 직무순환, MBO, 전직, 전보, 승진 등과 같은 연결수단을 사용할 수도 있다.

경력욕구와 경력기회를 연결하기 위해서는 다시 개인적 경력개발방법과 조직적 경력개발방법이 사용될 수 있다. 개인적 차원에서는 종업원 스스로 노력하는 개발기법이 있고 조직이 중심이 될 때에는 조직목표라는 차원에서 종업원 개인의 경력욕구와 경력기회를 연결하기 위한 지원활동 및 방법들이 있다.

4 경력개발의 방법

4.1 개인 차원의 경력개발기법

1) 최고경영자 프로그램

최고경영자 프로그램을 사용하는 기업에서는 매년 일정 수의 유망한 중간관리자들을 후보로 선발하여 8주 정도의 사내프로그램에 참여시키고, 그 후 2주 동안 경영자 연구소에서 리더십, 문제해결기법, 동기부여기법 등의 관리기법을 익히게 된다.

모든 과정이 끝나면, 중요 상위관리직에 적합한 높은 잠재력의 후보자들로 선정한다. 곤란한 문제는 참여자들 모두가 곧 승진이 되는 것이 아니며, 그 시기는 지연될 수 있음을 모두에게 주지시키는 일이다.

2) 경력개발위원회

몇몇 기업들은 관리층 종업원들의 경력개발을 감독하는 위원회를 설치하고 있다. 이 위원회는 각 부서의 장(長), 부사장, 사장으로 구성된다. 주요 목적은 관리자계층의 이동을 감독하면서 매년 각 종업원들의 강점과 약점을 검토하는 것이다. 각각의 종업원들과 협의하여 5년간의 경력개발계획이 세워지고 위원회는 이 계획에 따라 종업원들의 개발을 감독한다. 이처럼 계획이 개별 관리자와 위원회의 합작으로 이루어지기 때문에 개인과 조직목표와의 일치가 이루어질 기회가 많아진다.

3) 계획적 경력경로화

어떤 기업들은 경력 초년생들을 위한 계획적 경력경로화를 제시한다. 종업원들은 처음 몇 년 동안 9개월에서 12개월마다 다른 부서로 이동한다. 여러 가지 부서 경험을 쌓은 후 한 단계 높은 직무를 맡게 되면 새로운 경력경로가 제시되는 것이다.

4) 중간경력의 쇄신

기술진부화는 중간경력 관리자들의 고민거리이다. 이 문제를 해결하기 위하여 어떤 대규모 제조회사는 조직적으로 중간경력 관리자들이 최신기술을 습득하도록 프로그램을 마련하고 있다. 직무, 마케팅, 컴퓨터실습, 인간행동에 관한 특별세미나가 제공되며, 참가자격은 중간경력에 이른 관리자로 제한한다.

5) 전직상담 및 퇴직 전 상담

전직상담은 새로운 조직으로 옮기거나 계약이 만료된 종업원들을 지원하는 데 초점을 두고 있으며, 직업탐색기술, 스트레스관리, 경력계획수립 등이 포함된다. 전직상담은 1980년대에 미국을 중심으로 확산된 다운사이징, 인수 및 합병 물결에 많이 활용되었다.

퇴직 전 상담은 퇴직 1년 전의 종업원들을 퇴직 준비 세미나에 참석시키는 활동이다. 세미나의 주제로는 연금, 보험 등의 재정계획, 사회보장제도, 건강 및 여가활동, 가족 이슈, 심리적 적응, 재배치, 제2의 경력 등이 있다.

4.2 조직 차원의 경력개발기법

1) 직무충실화: 승진 없는 경력개발

수많은 기업이 치열한 글로벌 경쟁과 급변하는 경영환경에 대응하고자 노동력을 줄이고 관리직을 축소하는 대신 고용안정과 상향이동(승진) 없는 경력개발 프로그램의 개발을 확대하고 있다. 즉, 현재의 직무와 전문성의 충실화에 초점을 두고 있다. 구체적으로는 자격증 프로그램과 숙련경로(mastery paths) 설정, 재훈련프로그램, 직무이동과 직무순환 등이 있다. 이러한 충실화 전략에 의한 경력개발은 종업원들의 기능과 전문성 제고, 자신의 경력에 대한 자존심과 자기결정권을 높여주는 효과가 있다.

2) 평가센터

평가센터제도는 인사고과나 심리테스트의 결점을 보완하고 인간의 잠재능력 및 적성을 종합적 · 객관적으로 발견하여 육성하기 위한 제도로서 일정기간 합숙하는 동안 여러 가지 연습, 테스트, 면접, 토의 등을 하면서 훈련받은 평가자에 의하여 종업원의 승진잠재력을 발견하고 육성하여 적재적소에 배치시켜 활용하고자 하는 것이다.

3) 직무게시

직무게시는 경력개발 활동의 가장 통상적인 형태 중의 하나로서 현직 종업원들에게 공석인 직위를 제시하여 응모하게 하는 제도이다. 조직은 직무기술서, 직무요건, 급여, 응모절차를 공표하고 응모제출양식을 제공한다. 직무게시는 식당이나 게시판을 주로 활용하는데, 최근에는 웹사이트나 인트라넷 같은 온라인 방식으로 많이 이루어지고 있다.

4) 이중경력진로

이중경력진로(dual career path) 혹은 이중트랙시스템(dual track system)은 경영자로 성장해 가는 진로와 순수 전문가로 계속 갈 수 있도록 구분하여 이원적 경로를 설정함으로써 경영자가 될 역량이 부족하거나 욕구가 없는 종업원들에게 미래의 경력경로에 대한 정보를 제공하는 것이다.

토·의·문·제

1. 경력개발은 무엇인가?

2. 홀(Hall)이 제시한 경력단계는 무엇인가?

3. 조직차원의 경력개발기법에는 어떤 것이 있는가?

Chapter 08

임금관리

학 / 습 / 목 / 표

- 임금관리의 영향에 대한 이해
- 임금관리의 기준에 대한 이해
- 임금수준관리에 대한 이해
- 임금체계관리에 대한 이해
- 임금형태관리에 대한 이해

많은 젊은이들이 대학을 졸업하고 일자리를 찾아나선다. 왜 일자리를 찾아나서는가? 그것은 일을 통해서 생활을 하는 데 필요한 대가를 얻을 수 있기 때문이다. 이때 받는 대가의 하나가 바로 임금이다. 그러면 임금은 어떻게 결정하는 것이 합리적인가? 어떤 방법으로 결정하고 지불할 때 종업원들은 만족감을 가지고 일을 더 열심히 하고자 하는 마음이 들 수 있을까? 연봉제는 왜 생겨났는가? 이들 내용에 대하여 구체적으로 살펴본다.

슈퍼스타 기업과 '마태효과'

경영자들은 인문학을 통해 틀을 벗어나는 통찰력과 영감을 얻는다. 맥킨지가 최근 글로벌 대기업들의 성과를 분석했는데, 그 결과는 성경의 마태복음 25장 29절을 향했다. '무릇 있는 자는 받아 풍족하게 되고 없는 자는 그 있는 것까지 빼앗기리라'라는 구절, 즉 빈익빈 부익부의 '마태효과(Matthew Effect)'다.

맥킨지가 최근 전 세계 연간 매출 10억 달러 이상 대기업 5,750개의 성과를 분석한 결과, 기업성과에 엄청난 차이가 있음을 발견했다.

우선 최상위 10%, 이른바 '슈퍼스타' 기업(575개)들이 전체 경제적 부가가치(EVA · 투하 총자본에 대해 자본비용 이상 창출한 이익)의 80%를 창출하고 있었고, 최상위 1%는 전체의 36%를 창출할 만큼 파워풀했다. 한국 기업 12개를 포함해 172개 아시아 기업이 슈퍼스타 반열에 올랐다. 반면 중간 60%에 속한 기업들은 가치를 창출하지 못했고, 최하위 10% 기업은 오히려 가치를 파괴했다. 지난 20년간 슈퍼스타 기업들과 다른 기업들 간 간극은 더 커졌다. 슈퍼스타 기업들은 20년 전 대비 1.6배 더 많은 경제적 가치를 창출한 반면 최하위 기업, 이른바 '좀비 기업'들은 1.5배 더 많은 경제적 가치를 파괴했다. 잘나가는 기업들이 더 많이 벌고, 더 많이 투자해 더욱 강력한 경쟁력으로 연결되는 빈익빈 부익부 현상이 가속화하고 있는 것이다.

슈퍼스타 기업도 안심할 수는 없다. 10년 후에도 지위를 유지할 가능성은 절반밖에 되지 않기 때문이다. 특히 신흥시장 기업이 슈퍼스타 반열에서 미끄러질 가능성이 60%로 선진시장(40%)보다 높다.

또 한 가지 주목할 점은 자본집약도(capital intensity) 역시 높아졌다는 것이다. 한마디로 투자는 늘었지만 돈 벌기는 더 어려워졌다는 뜻이다. 10년 전 글로벌 대기업들(매출기준 상위 5,000개 기업)은 100원의 매출을 올리기 위해 80원을 투자했다. 지금은 110원을 투자한다.

이는 글로벌 현상이긴 하지만 아시아의 경우 더욱 심하다. 지난 10년간 전 세계 신규 투자금액의 절반이 아시아 기업에 투자됐고, 무려 3분의 1이 중국에 투자됐다. 이 투자금을 기반으로 아시아 기업들은 엄청나게 규모를 키웠고, 그 결과 글로벌 대기업 중 아시아 비중이 같은 기간 37%에서 43%로 증가했다. 하지만 경제적 가치는 오히려 파괴된 것으로 나타났다. 글로벌 대기업들은 10년 전 7,250억달러의 경제적 가치를 창출했지만 지금은 340억 달러의 가치를 파괴하고 있는데, 그 하락폭의 절반이 아시아 기업의 저조한 성과 때문인 것으로 분석됐다.

중국 대기업들의 경우 지난 10년간 약 10조 달러의 자본투자가 발생했으나 이 중 80%가 유틸리티, 운송, 부동산 · 건설, 에너지, 자본재 등 분야로 유입돼 가치창출을 하지 못하고 있다.

특히 최하위 성과 200개 아시아 기업에 주목할 필요가 있다. 이들 기업은 전 세계 기업가치 파괴의 3분의 1을 주도했다. 여기에는 다수 중국 기업들이 포함돼 있지만 한국 기업 15곳도 들어 있다. 지난 10년간 이들 '문제적 기업' 중 54%만이 최하위권을 벗어날 수 있었다.

아시아가 미래의 중심이라는 트렌드는 거역할 수 없는 힘이다.

지금까지 아시아 기업들은 공격적인 투자와 확장을 통해 빠른 외형 · 양적 성장을 이뤘다. 하지만 경제적 가치라는 질적 성장의 기준으로 볼 때는 오히려 퇴보했다. 한국 및 아시아 슈퍼스타 기업들의 빛나는 성과 뒤에는 엄청난 가치파괴의 굴레를 벗어나지 못하고 있는 대기업들 역시 존재한다. 불확실한 경영환경 속에서 기업 경영진은 우리 기업이 가치를 지속적으로 창출하고 있는지, 파괴하고 있는지 EVA 지표를 통해 냉철히 판단해볼 필요가 있다.

자료: 매일경제, 2020. 2. 7.

보상관리는 과거에는 임금관리라고 불렸다. 보상관리는 경제적 보상과 비경제적 보상을 모두 포함하는 내용이다. 여기서는 독자들의 이해를 돕기 위하여 경제적 보상의 핵심인 임금에 한정하여 살펴보고자 한다.

임금의 기초는 직무(job)이다. 인사관리의 가장 어려운 일 중의 하나는 금전적 보상을 결정하는 일이다. 임금은 사회적 신분을 결정하는 가장 영향력 있는 요소 가운데 하나이다. 임금관리는 복잡하고 조직과 종업원들에게 가장 중요한 것 중의 하나이다. 조직 차원에서 보면 임금은 기업의 가장 높은 비용을 구성하고 있다. 반면 종업원 차원에서 보면 임금은 경제적 생존을 위한 유일한 수단을 구성하고 있다.

1 임금관리에 영향을 미치는 요인

1.1 노동의 수요와 공급

임금은 노동시장에서 노동력의 수요와 공급이 어떠한가에 따라 결정된다는 것이다. 우리나라 노동시장에서는 노동의 수요와 공급이 불균형을 이루고 있다. 1차 노동시장에서는 노동의 공급이 수요를 초과하고 반면 2차 노동시장에서는 노동의 수요가 공급을 초과하는 2중적 성격을 지니고 있다.

1.2 노동조합

임금은 노동조합의 세력에 의하여 결정된다는 것이다. 노동조합이 임금을 결정하는 데 어느 정도의 영향을 미치고 있는 것은 부정할 수 없는 현실이 되고 있다.

1.3 지불능력

임금은 기업이 임금을 지불할 수 있는 능력이 있는가의 여부에 따라 결정된다는 것이다. 아무리 임금을 잘 주고 싶어도 기업이 임금을 지불할 능력이 부족하면 그 지불에 한계가 있다는 것이다.

1.4 생산성

임금은 기업의 생산성, 즉 성과에 의해 결정된다는 것이다. 기업으로서는 임금의 지불근거를 생산성에 두고자 한다. 생산성은 높아지지 않는데 임금만 높이면 경쟁력은 떨어지고 그 기업의 존립까지도 위협하게 된다.

1.5 생계비

임금은 근로자의 생계비에 의해 결정된다는 것이다. 근로자에게는 임금이 소득의 원천이 되기 때문에 임금은 근로자의 생계비에 의하여 결정되어야 한다는 것이다.

1.6 정부의 정책

임금은 정부의 정책에 의하여 결정된다는 것이다. 국가에 따라서는 최저임금제라는 것이 시행되고 있는데 이는 임금의 최저선이 국가에 의하여 결정되는 것이다.

2 임금관리의 기준

2.1 안정성 유지

1) 생활보장의 원칙

종업원들에게 가계생활의 안정을 보장하기 위해 총임금에서 차치하는 기본급의 비율, 최저임금제 등을 마련하여 항상 일정한 금액은 확보해주도록 한다. 또 그래야만 기업은 일정량의 노동력을 계속해서 제공받을 수 있는 것이다. 그뿐만 아니라 사원들의 생활비는 대개 비슷하게 소요되기 때문에 생활비 기준으로 임금정책을 편다면 능력의 차이가 있더라도 종업원 간의 임금격차를 최소로 하든지, 동일한 연령대에 동일한 임금을 주는 연공급을 택해야 할 것이다.

2) 노동대가의 원칙

임금은 기업의 운영비율 중 매우 큰 비중을 차지하고 있기 때문에 재무적 불안이 발생하지 않도록 조직성과와 영업이익에 어느 정도 융통성 있게 연계하여 결정되도록 여러 장치를 마련해 놓아야 한다. 그러기 위해서는 노동력을 더 제공하든지 노동생산성을 올리든지 하여 노동력의 부가가치가 높아지면 임금을 더 주고, 내려가면 임금을 낮추는 제도적 장치가 필요하다. 예를 들면, 보너스, 인센티브 등은 순전히 공헌에 비례하여 책정되는 임금이다. 그 결과 종업원 간에는 능력에 따라 임금격차가 커질 것이며, 한 개인의 임금도 매월 업적에 따라 변동적인 것이 된다.

3) 고정임금과 변동임금의 균형

고정임금의 성격을 갖는 대표적 항목으로서 기본급이 있으며, 그 외에도 임금의 산정기준을 사원의 근속연수나 학력, 경력, 연령 등만 참고하여 정한다면 고정임금이 되는 셈이다. 즉 이렇게 하면 임금관리의 안정성이 높아진다. 그러나 종업원의 직무성과나 업적, 기업의 이익 등에 기준을 두고 정한다면 변동임금이 된다. 이후 두 가지 측면의 균형을 유지하기 위해서 많은 기업이 종업원들에게 제공하는 임금총액 중 일정부분은 고정시켜 그들의 생활을 보장해주고, 일정부분은 성과에 따라 계산하여 변동적으로 지급한다.

우리나라의 경우 과거의 연공기준에서 능력급, 업적급, 연봉제가 확산되고 있는 추세이므로 고정임금비율의 크기가 줄어들고 있다.

2.2 공정성 유지

1) 배분공정성

개인의 입장에서 자신이 기업에 공헌한 만큼에 해당하는 적정한 임금을 받았다면 배분공정성이 있는 것이다. 배분공정성 여부는 자신과 비슷한 입장에 있는 사람의 공헌(input)과 임금(output)의 비율과 자신의 것을 비교해 보고 판단하는 것이다. 보통 사람들이 배분공정성을 판단할 때는 다음과 같은 패턴이 있다고 한다.

첫째, 임금뿐만 아니라 비경제적 · 심리적 보상까지 고려한다.

둘째, 자신이 공헌한 만큼의 임금을 기대한다.

셋째, 기업 내 혹은 외부에서 비교집단을 동원하여 그들의 것과 비교한다.

2) 절차공정성

임금이 결정되기까지의 모든 절차가 공정했다면 절차공정성은 높은 것이다. 예를 들면, 성과를 기준으로 임금을 정하는 기업에서 성과를 잘못 측정한다든지, 부하와 상의해서 결정하기로 하고 상급자 혼자 결정한다든지, 사적인 인맥에 의해 임금수준을 결정하는 것들은 모두 절차상의 하자가 있는 것이다. 이처럼 절차상 하자가 있을 경우 종업원 입장에서 그 임금을 그대로 받아들이기 어렵다.

즉 절차공정성의 크기에 따라 당사자가 그 임금을 수용하기도 하고, 거부하기도 한다. 실제로 기업에서 주는 임금을 종업원이 거부하기는 어렵지만 마음속에서 수용의 자세가 되어 있지 않다면 다음에 자신의 노력을 감소시키든지 다른 곳으로 일자리를 찾아 떠날 것이다. 그러므로 수용성을 높이기 위해서, 즉 절차공정성을 높이기 위해서 임금관리자는 다음 몇 가지 사항에 최선을 다해야 한다.

첫째, 임금결정에 기준이 되는 요소들에 대한 정확한 정보를 많이 수집하여 사용한다.

둘째, 임금이 결정되더라도 문제가 있으면 항의할 수도 있고, 제안도 하여 수정할 수 있도록 제도화하여야 한다.

셋째, 임금결정과정에 당사자들을 참여시켜야 한다.

넷째, 임금결정방식이 사원들의 가치관이나 사회적 상식수준에서 크게 벗어나지 않아야 한다.

3 임금관리의 영역

기업의 임금관리분야는 다음 세 가지로 나누어 생각할 수 있다. 이를 그림

그림 8-1 | 임금관리의 3분야

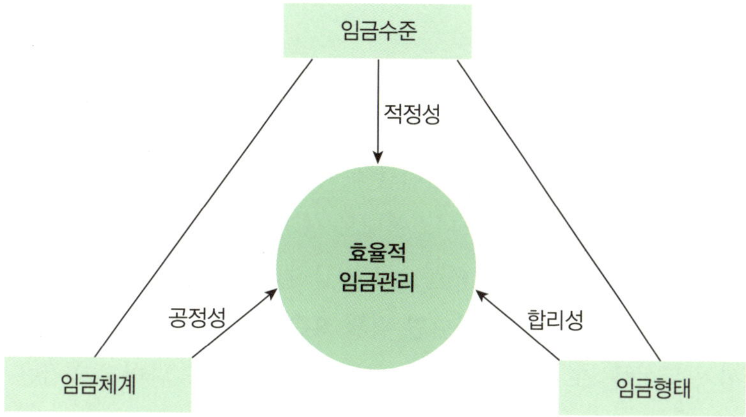

으로 나타내면 [그림 8-1]과 같다.

① 임금수준관리

임금수준관리는 말 그대로 종업원들에게 지급되는 평균임금의 수준이 다른 동종업계의 타사에 비하여 어떠한지의 문제이다. 너무 높아도 낮아도 안 되며 적정수준을 유지하는 것이 관건이다. 임금수준을 정하기 위해 고려해야 할 요인들이 매우 많은데 국가 · 사회적 상황과 업계의 현황, 해당 기업의 전략과 노동조합의 활동 등 수많은 요인을 고려하여 그 기업에 가장 적합한 수준을 유지하는 것이 관건이다.

② 임금체계관리

임금체계관리는 다른 말로 임금제도를 선정하는 문제인데, 정해진 임금총액을 사원들에게 어떤 기준으로 배분하는지의 문제이다. 같은 기업이지만 분명히 누구는 덜 받아야 한다. 무엇을 기준으로 하여 배분할 것인가? 그 결과 받는 임금수준은 개인 간에 차이가 발생할 것이며, 따라서 각 집단별로도 차이가 날 것이다. 임금관리자는 차이를 너무 크게 두어서도 안 되고, 너무 작게 하여서도 안 되며, 적정한 차이가 나도록 적정의 기준에 근거하여 배분해야 한다.

③ 임금형태관리

임금형태관리는 한 사람에게 정해진 임금총액을 언제 어떤 형태로 지급하는지의 문제이다. 예를 들면, 작업시간에 따라서 시간급을 계산하여 줄 수도 있고, 성과가 많은 사람에게 보너스형태로 성과급을 주기도 한다. 혹은 지급시기와 관련하여 1년에 한 번 연봉으로 지급하고 말 것인지, 매월 똑같은 액수로 나누어 지급할 것인지, 아니면 격월 혹은 분기별로 지급금액을 차등화할 것인지 등이다. 또 어떤 경우에는 기본급을 지급하고 나머지 임금은 자격에 대한 반대급부로 지급하기도 한다. 또는 기본급을 작게 지급하고 후생비나 훈련비로 더 지급할 수도 있다. 임금형태가 어떠한지에 따라서 개인의 만족도나 생활계획, 또는 사원들이 내는 소득세가 달라질 수 있어서 임금형태의 관리도 중요한 임금관리영역이 된다.

3.1 임금수준관리

우리나라 기업에서 발생하는 많은 노사분쟁들의 주된 이슈가 바로 임금수준과 직결된 임금인상 이슈이다. 임금수준은 기업의 종업원 1인당 지불된 평균임금액을 말한다. 즉, 종업원의 생계유지를 위한 기업의 임금지급수준으로서 일정기간 동안에 기업 내의 모든 종업원에게 지급되는 임금 또는 노무비의 수준을 말한다. 임금수준의 파악은 각 기업의 평균임금을 산출하거나, 산업별 임금의 평균으로서 파악할 수 있으며, 임금수준은 기업의 대외적 경쟁력을 비교하는 데 유용하다.

1) 임금수준의 결정요인

(1) 생계비수준

임금은 종업원의 소득원천이다. 그러므로 임금은 그들의 생계를 보장해줄 수 있어야 한다. 생계비는 임금의 최저하한선을 정하기 위한 것인 만큼 그 측정이 정확해야 한다.

그렇지만 실제로 생계비를 측정하는 것은 어려운 문제이다. 그 이유는 문화생활은 한 달에 몇 번 해야 하며 음식은 어떻게 먹는 것이 생계를 최소한 유지하는 것인지에 대한 기준이 모호하기 때문이다. 또한, 물가수준 변동량을 객관적으로 산출하기도 어렵다. 또 생계비산정 시에는 종업원의 라이프사이클도 고려해야 하는데, 대학을 갓 나온 독신자 신입사원과 유치원생을 둔 기혼사원, 결혼적령기의 자녀를 둔 나이 든 종업원의 생계비는 달라야 한다.

(2) 기업의 지불능력

기업이 이익을 많이 낸다면 임금수준을 올려도 된다. 즉 지불능력이 많고 적음을 고려하지 않고 임금수준을 결정한다면, 적게 줄 경우에는 종업원들의 반발을 사기 쉽고 많이 줄 경우에는 기업이 손해를 본다. 그러므로 기업의 지불능력이 어느 정도 되는지를 먼저 파악해보고 난 후 임금수준을 결정해야 하는데 그것도 쉽지는 않다.

즉 지불능력을 파악하는 데도 수익성과 생산성이라는 두 측면에서 분석해봐야 한다. 만일 총비용에 대한 총수익이 많아서 충분한 수익성이 있다면 자본가에게 가는 수당도 많아야 하지만, 투입을 산출로 변환시킨 종업원들에게 지급되는 임금도 많아야 한다. 수익성만 볼 것인지, 생산성을 더 볼 것인지는 기업의 형편에 따라 정할 수밖에 없을 것이다.

(3) 사회일반의 임금수준

임금은 인력의 확보 및 종업원의 사기향상과 직결되어 있는 까닭에 보상이 다른 제반요건을 충분히 감안하여 합리적으로 결정되었다고 하더라도 같은 지역, 같은 업종의 임금수준, 즉 시장임금수준과 균형을 취하지 못하고 낮은 수준을 유지하고 있다면 필요한 종업원들을 채용하기는 어려울 것이고 생산성의 향상은 더욱 기대하기 어려울 것이다. 그래서 임금은 그 수준의 결정에 있어서 반드시 사회일반의 임금수준을 고려해야 한다. 특히 동종업체간의 임금수준균형은 더욱 큰 의미를 갖는 것이다.

그 외에도 기업의 임금수준을 결정하는 데 영향을 미치는 요인은 다음과 같다.

- 법, 규제, 정부
- 기업규모
- 경영이념
- 노동조합

2) 임금수준의 결정구조

임금수준을 어떻게 결정할 것인가 하는 문제는 임금수준을 결정해주는 여러 요인들을 합리적으로 고려함으로써 해결할 수 있다.

그림 8-2 | 임금수준결정의 모형

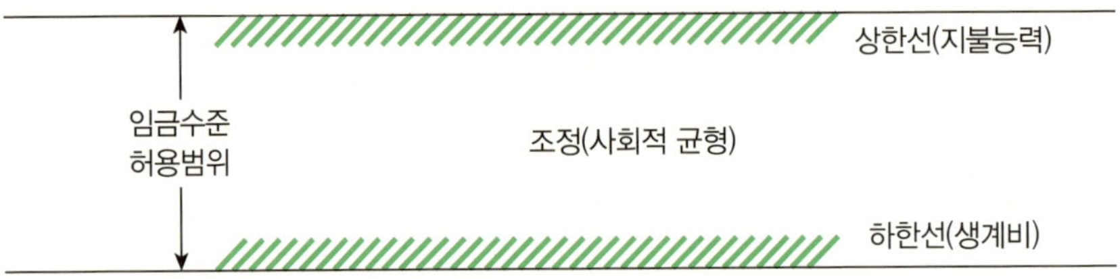

[그림 8-2]는 임금수준결정의 구조를 단순화시켜서 도식화한 것이다. 상한선을 기업의 지불능력으로 하되 종업원의 생계비수준이 하한선이 되고, 타사수준 등의 사적 균형의 문제가 양자의 조정요인으로서 그 중간에 위치하게 하는 것이 가장 바람직한 임금수준결정의 구조라고 할 수 있다. 한편 기업 등은 상한선을 생산성으로 하고 있으나 이는 지불능력과 크게 다르지 않는 것이며, 조정요인으로 노동력의 수요관계, 노사 간의 교섭력 등을 들고 있으나 이것 역시 사회적 균형과 마찬가지 의미라고 볼 수 있다.

3.2 임금체계관리

1) 임금체계의 의의

임금체계(wage system)는 여러 가지 뜻으로 이해될 수 있으나 일반적인 정의는 임금의 구성내용을 말하는 것으로 이해된다. 이는 임금이 가지는 다양한 기능을 수행하기 위하여 실제로 지급되는 임금이 상이한 결정원리에 의하여 결정되었을 때 적합한 정의라 하겠다.

그러나 임금체계의 기본개념과 범위를 명확히 제한적으로 정의하기는 쉽지 않으며, 다음과 같은 광의와 협의의 관점에서 검토할 수 있다.

첫째, 임금체계를 광의로 보면 이는 한 개인이 받는 임금을 포괄적으로 해석하여 전체의 구성내용이 어떻게 되어 있는가를 이해하는 것이다. 이는 [그림 8-3]에서 볼 수 있는 것처럼 임금을 표준적인 작업조건 내의 노동에 대하여 지급하는 기준 내 임금과 표준적인 작업이 아닌 상황하의 노동에 대하여 지급하는 기준외임금, 그리고 성과자극의 성격으로 지급되는 상여금으로 구분하는 경우이다.

둘째, 임금체계를 협의로 정의할 경우에는 이는 주로 표준적인 근무에 대한 임금으로서 임금의 기본적 부분을 구성하는 기준내임금, 즉 기본급 부분이 어떠한 관리로 지급되는가에 초점을 맞춘 것이다. 이는 주로 연공급, 직무급, 능력급이 그 내용이 된다.

임금을 광의로 이해해야 하는가 아니면 협의로 이해해야 하는가에 대해서 일치된 견해는 없다. 여기서 임금체계는 임금결정의 원리를 의미하며, 개별적인 종업원의 임금격차가 형성되는 이유로 이해하고자 한다면 협의로 해석하는 것이 바람직할 것이다.

그림 8-3 | 임금체계의 단순한 예

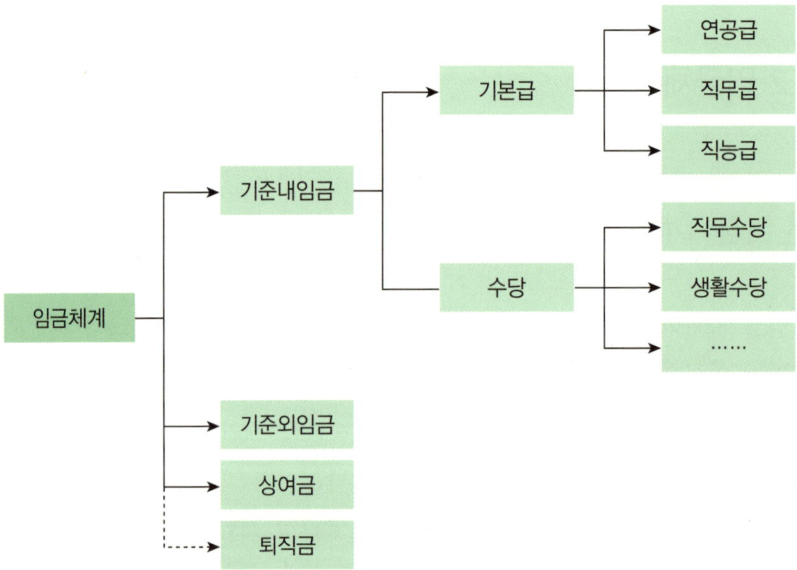

앞으로 바람직한 임금체계는 지급의 목적이 명확하고 이해하기 쉽도록 단순한 형태로 변화되어야 할 것이라는 관점에서도 좁은 의미의 임금체계가 더욱 중시되어야 할 필요가 있다. 다만 현실적인 상황에서 복잡한 임금체계를 이해하는 데는 넓은 의미의 임금체계의 개념도 무시할 수 없다.

흔히 임금은 종업원의 능력에 대응하여 제공하는 것이 좋다고 말한다. 이는 종업원의 능력개발을 자극하는 의미에서 능력을 임금에 대한 공정성의 한 기준요인으로 고려하는 것이 좋다는 의미이다. 그런데 이때의 능력이란 직무상으로 당장 발휘하지 못하는 것이라 할지라도 장래의 직무이동 등과 관련된 잠재적 능력을 포함하는 개념으로 보아야 한다고 보기도 한다. 어떤 직책에서의 업적은 직책수행능력과 밀접한 관련이 있다. 또한 임금을 성과와 연관시켜야 한다는 논리도 당연한 것으로 이해해야 할 것이다.

2) 임금체계의 결정요인

임금체계란 일반적으로 임금의 구성내용을 말한다. 즉 개별 임금을 결정하는 기준을 말하며 좀 구체적으로 말하자면 사내의 개별 임금 간의 격차를 결정하는 기준에 관한 것을 말한다. 그 결정요인은 다음과 같다.

(1) 필요기준

이는 수령자의 필요를 중시하여 임금이 결정되는 기준이다. 개별적인 임금을 결정함에 있어서 종업원의 실제 생활비를 반영하는 것이 대표적인 경우이다. 임금에 의한 최저생계유지가 안 되거나 근무자에 따라 생계비의 격차가 현저한 경우에는 이를 고려한 추가적 임금을 지급하는 경우가 있다. 가족수당이나 학자금보조수당, 그리고 인플레이션 시의 물가수당과 같은 것이 그 예가 되며, 이러한 항목들이 개별 임금에서 차지하는 비중이 높을수록 생활급적 임금이라 할 수가 있다. 필요기준에 의해서 고려해볼 수 있는 외형적인 요소는 연령, 근속, 연공 등이다.

연령은 그 증가에 따라서 기초적인 생계비는 물론 부대비용의 증가를 수반하므로 임금의 결정에 필요기준으로 연령을 고려하는 일은 의미 있는 일이다. 근속이나 연공은 종래와 같이 장기간의 근속과 연공이 직무수행과 관련한 숙련의 증가를 의미했던 시기에는 업적이나 성과에 직결되는 까닭에 성과기준의 고려대상이 되었다.

그러나 기계화의 진전으로 숙련의 의미가 감소한 오늘날에는 근속이나 연공은 업적이나 성과와는 별로 관계가 없이 생계비 상승요인이 된다고 인식하여 필요기준으로 감안하는 것이 바람직하다 할 것이다.

(2) 직무기준

필요기준과 능력기준에 의하여 결정되는 임금체계는 근본적으로 속인적 성격의 임금체계라고 할 수가 있다. 이는 임금이 필요나 자질에 의하여 결정되기 때문이다. 능력기준이 조직과의 관계 위에서 필요한 능력이라 하더라도 이는 그 사람이 어떤 일을 맡고 있는가 하는 것과는 일률적인 관계가 없기 때문이다.

이에 비하여 담당직무기준의 임금체계는 원리상으로는 그 사람이 어떤 능력을 가지고 있든 간에 그가 받는 임금은 그가 담당하는 직무내용에 따라 결정되는 것이다. 물론 모든 직무가 제대로 수행되어 조직이 목표로 하는 성과가 가능하기 위해서는 직무를 담당하는 사람이 직무가 요구하는 구체적인 능력을 보유하고 있는가를 확인하여 적임자를 배치하는 것은 당연한 논리이다.

실제로 이 기준을 적용하는 직무급체계에서는 직무별 대응능력의 소지 여부를 엄격히 심사하며 적격자를 배치하는 것을 가장 중요한 원칙으로 적용하고 있다.

(3) 능력기준

능력은 기업조직이 구체적으로 필요로 하는 능력이며, 이는 현재 담당하고 있는 직무 및 앞으로 담당해야 할 직무와 관련되는 능력으로 정의된다.

능력의 결정요인은 다양하다. 연공도 능력의 원천이 될 수 있다. 어떤 종류의 일은 상당한 기간의 연공(담당경험기간)이 요구되며 연공과 능력이 거의 같은 경우도 있다. 그러나 대체로 모든 직무는 일정한 기간의 연공에 이르면 그 이상의 능력은 없는 경우가 보통이다.

상이한 계층수준에 있는 직무는 그 이전의 상이한 계층의 직무에서 근무경험을 필요로 하는 경우가 있다. 학력도 능력과 밀접한 연관이 있다고 할 수 있다.

그러나 학력과 능력이 상관관계가 인정된다 하더라도 학교를 졸업한 이후 오랜 기간이 경과한 후에 이르기까지 학력이 능력을 좌우하는 기본이라는 주장을 일률적으로 받아들일 수는 없는 것이다. 예를 들면, 학력은 기업조직의 어떤 계통의 직책의 수행에 필요한 기초능력이나 학습능력을 나타내는 것으로 이해해야 할 것이다.

(4) 성과기준

성과는 곧 업적이라고 할 수 있으며 이는 종업원의 조직에 대한 기여도이다. 그런데 보통 조직에서 단위성과에 대해서 지급하는 임금수준, 즉 기본임률의 결정은 역시 직무나 능력, 연공의 기준 중에서 선택하게 마련이다. 실제로 많은 작업직에서는 이들 기준 가운데 하나 또는 둘 이상의 기준을 적용하여 임률의 격차를 정하고 이를 성과와 연결시키는 방법을 취하고 있다.

이러한 입장에서 본다면 성과기준은 그 자체로서 임금체계의 구성내용이 된다고 하기보다는 연공급이나 직능급, 직무급 등을 산출할 때에 이들 중 어느 하나 아니면 둘 이상에 적용해야 될 기본사고로서 고려되어야 할 기준이라고 하겠다.

그런데 승급이나 승진에 있어서 직무의 변동이나 능력수준의 변동과 관계없이 지난 기간의 업적을 반영하는 경우가 있다. 예를 들면, 과거 얼마 동안의 근무평정성적이 좋았기 때문에 승급이나 승진이 되는 경우에, 만약 근무평정표의 내용 중 많은 부분이 지난 기간에 맡고 있던 직무와 관련된 업무의 성과를 기준으로 되어 있다면 이는 엄격한 의미에서 업적을 기준으로 한 임금체계라고 할 수 있다.

3) 임금체계의 종류

(1) 연공급체계

연공급이란 임금이 근속을 중심으로 변화하는 것으로 기본적으로는 생활급적 사고원리에 따른 임금체계라 할 수 있다. 장기간의 훈련이 필요한 직종에서는 연공에 따라 임금이 승급되고, 따라서 임금격차가 연공에 의하여 정해지는 과정을 거치는 것이 연공=능력=업적의 논리와 어느 기간까지는 일치되는 면이 있다.

역사적으로도 근대화 초기 또는 후진국의 초기 산업화단계에서 숙련공의 사내훈련을 위해서 무경험자를 고용하고 연공과 함께 최저필요임금을 증액함으로써 임금의 절약과 노동이동의 방지를 꾀하여 채용되는 경우가 많았다. 또 이런 제도적 전통이 연공체계를 정착시킨 원인의 일부라고도 한다.

연공급의 장점과 단점은 다음과 같다.

① 장점

- 장기근속을 유도하고 이직과 노동이동이 줄어든다.
- 생계보장과 사회보장의 성격이 있어 근로자들의 생활이 안정된다.
- 임금계산이 객관적이고 쉽다.
- 필요에 따른 기업 내의 직무순환과 부서이동이 쉽다.
- 직무가치나 업적의 측정이 어려울 때는 근속연수라는 객관적 기준이 정확하다.
- 수직주의 문화와 폐쇄적 노동시장이 존재하는 우리나라 실정에 적합하다.

② 단점

- 직무수행의 능력, 성과, 직무난이도 등이 무시된 임금체계이다.
- 직무가 아닌 사람을 기준으로 한 것이므로 비합리적이다.

- 노력과 능력을 고려하지 않아서 종업원을 무사안일로 유도할 수 있다.
- 전문직 인재나 특출한 업적을 낼 수 있는 고급인력의 확보와 유지가 곤란하다.

(2) 직능급체계

직능급체계는 직무수행능력에 따라 임금의 사내격차를 만드는 체계이며 능력급체계의 대표적인 것이다. 가장 전형적인 것은 직무분석을 시행하여 직무평가에 따라 직무수행능력을 계층별로 정의한 후 사원 개개인을 결정된 각 직무등급에 배분하는 방법이다.

직능급은 일본에서 1970년대 중반 오일쇼크 이후, 고성장에서 저성장으로 전환되면서 조직의 확대가 둔화되어 기업 내 승진 정체현상이 발생하면서 고안되었다. 특히 일본기업들의 특징인 장기고용관행으로 노동력이 고령화되었고, 정년이 연장됨에 따라 인력관리의 어려움에 봉착, 경영환경의 변화에 따른 기업경쟁력 제고를 위해 체계적인 인재육성을 위한 방안으로 직능자격제도를 개발하게 되었다.

직무급은 직무의 상대적 가치를 직무평가에 의해서 평가하고, 그 결과에 따라 서열을 정한 후, 그 서열에 따라 개별임금을 결정하는 것인 데 비해, 직능급은 종업원 자신의 능력을 직능고과에 의해서 평가하고, 그 결과에 따른 서열에 의해서 개별의 임금을 정하는 임금체계이다.

직능급의 장점과 단점은 다음과 같다.

① 장점

- 개인의 능력을 기준하였으므로 개인의 능력개발을 유도하고 잠재능력도 인정해줌으로써 미래지향적 임금관리가 된다.
- 개인의 자기개발로 기업에 직접적인 성과를 가져온다.
- 개인의 능력을 인정해주는 제도이므로 전문인재의 확보와 유지가 쉽다.

② 단점

- 유능력자와 무능력자의 임금격차로 사내분위기가 저해될 수 있다.
- 능력과 자격은 나이에 따라 계속 증가하는 것이므로 일정수준 이후 능력성장이 멈추면 오히려 임금이 동결될 수 있다.
- 능력의 평가 자체가 어렵고도 복잡하다.

(3) 직무급체계

직무급체계는 직무의 중요성과 곤란도 등에 따라서 각 직무의 상대적 가치를 평가하고 그 결과에 의거하여 임금액을 결정하는 체계이다. 직무급은 기업 내의 각자가 담당하는 직무의 상대적 가치를 기초로 하여 지급되는 임금이므로 먼저 직무의 가치서열이 확립되어야 하고, 이 가치서열의 확립을 위하여 직무평가가 이루어져야 한다. 이는 동일한 직무에 대하여는 동일한 임금을 지급한다는 원칙(equal pay for equal work)에 입각한 것으로서 적정한 임금수준의 책정과 더불어 각 직무 간에 공정한 임금격차를 유지할 수 있는 기반이 된다.

직무급의 장점과 단점은 다음과 같다.

① 장점

- 개인별 차이에 대한 불만이 제거된다.
- 노동에 의한 부가가치의 상승도 없이 호봉이 올라 임금이 오르는 불합리한 임금상승은 없어진다.
- 서로 고부가치업무를 맡으려고 자기능력을 신장시키고 자아개발에 노력한다.
- 특수업무를 처리할 특정 인재확보가 쉽다.

② 단점

- 직무가치의 평가와 산정절차가 복잡하다.

- 종업원 간 임금격차가 커지면 노조나 개인이 반대한다.
- 노동이동이 제한된 우리나라에서는 높은 가치와 임금을 받는 좋은 직무가 있더라고 쉽게 이동해 갈 수 없다.
- 직무가치가 낮은 직무를 맡은 사람들은 기술연마 후 사내에 새 일자리가 한정되어 있으므로 다른 기업으로 고부가가치업무를 찾아 나서기 때문에 이직률이 높아질 가능성이 있다.

(4) 임금피크제

임금피크제는 근속연수에 따라 호봉과 임금이 올라가지만 한없이 증가하는 것이 아니라, 일정연령(50~55세)이 되면 더 이상 오르지 않고 오히려 감소하도록 한 것인데, 이 이유는 인간의 숙련도나 정신능력과 육체능력 모두 일정연령 후에는 감소하기 때문이기도 하지만, 이러한 제도를 도입한 이유는 따로 있다. 즉 능력이 감퇴한 고령의 종업원들을 해고시키기는 불가능하고 낮은 임금에 고용을 보장해주려고 한 것이다.

그러나 이것은 그런 대로 의미가 있다. 종업원들의 연령이 아주 높아지면 자녀들도 모두 대학을 졸업하여 취직해서 출가하기 때문에 생활비가 더 이상 많이 필요하지 않다. 임금피크제로 기업의 임금부담이 줄어들고, 그 결과 젊은 신규 노동력을 많이 고용하게 되어 실업률을 줄인다. 또한 계층 간 임금격차도 줄어들어 사회적으로 소득재분배효과가 있다.

임금피크제는 고용보장 또는 연장을 전제로 임금을 삭감하는 제도로 크게 정년보장형과 정년연장형, 고용연장형, 그리고 근로시간 단축형이 있다.

첫째, 정년보장형은 단체협약이나 취업규칙에 정한 정년연령을 기업이 보장하는 것을 전제로 정년 전 일정연령부터 임금을 조정하는 모델이다. 이 유형은 신용보증기금을 시작으로 한국컨테이너부두공단, 대한전선 등 일반 기업에서 많이 활용하고 있는 모델이다.

둘째, 정년연장형은 정년을 연장하는 대신 정년연장 기간만큼 정년 전 또는 정년시점부터 임금을 조정하는 방식이다. 즉, 정년을 일정시점까지 연장하는 대신 기존 정년의 몇 년 전부터 또는 정년시점부터 임금을 삭감하는 방식이다.

셋째, 고용연장형은 정년이 된 종업원을 계약직 또는 촉탁직 등으로 고용형태를 변경하여 고용을 연장하는 대신 임금을 조정하는 방식이다. 이 제도는 우리나라에서는 생소하지만 일본에서는 일반화되어 있는 방식이다. 일본은 고령사회에 따른 생산인력 확보 차원에서 실시하고 있으며, 재고용제, 근무연장제, 그리고 정년제폐지 등의 방안을 활용하고 있다.

넷째, 근로시간 단축형은 기존의 정년을 연장하거나 정년은 그대로 두고 정년퇴직자를 재고용하는 조건으로 정년 전 또는 정년퇴직 후부터 근로시간을 단축하는 방식이다.

4) 임금체계의 합리화방안

임금체계는 그 원리 면에서 보면 임금지급자나 임금수령자가 모두 임금의 결정원리를 명쾌하게 이해할 수 있도록 단일원리를 적용하는 것이 바람직하다. 특히 그 중에서도 기업에의 기여도에 따라 임금격차가 나는 것이 가장 바람직하며, 이를 위해서는 직무나 업적이 그 기준이 되어야 할 것이다.

우리나라 임금체계는 해방 후 고도의 인플레이션과 빈곤수준에서 생활급체계를 바탕으로 발전하여 왔다. 그러나 차츰 경제의 발전, 기업의 기술 · 규모의 변화 그리고 임금의 절대수준의 상승에 따라 임금체계의 변화가 요청되고 있으나, 기존 임금체계를 일시에 무너뜨리고 새로운 기준으로 바꿀 조건은 되어 있지 못하다. 따라서 우리는 현실적으로 다양한 임금의 결정원리를 복합적으로 적용하는 임금체계를 가지게 된 것이다.

이러한 복합적인 결정원리에 의하여 형성된 임금체계가 바로 종합결정급체계이다. 이는 생활급적 요소와 능력급적 요소, 그리고 직무급적 요소가 복합되어 개개인의 임금이 결정되고 그 격차가 형성되는 것이다. 이런 임금체계에서 임금의 각 구성부분이 어떤 원리에 의하여 결정되는가 하는 것도 명확하지 않으나 대체로 우리가 이제까지 보아온 원리를 모두 포함하고 있으며 비중상으로는 연공급적 체계, 즉 필요의 원리에 충실한 체계라 할 수 있겠다.

그러므로 앞서 말한 각 임금체계는 독자적으로 임금체계 전체를 구성하는 것이 아니고, 전체적인 종합결정급체계의 일부분을 구성하는 것이며, 상호 보완적 기능을 수행하는 것으로 이해하는 것이 현실적이라 하겠다.

우리나라 기업에 있어서 임금체계를 합리화하기 위해서는 각종 수당을 명칭에 구애 없이 기본급에 포함시켜서 기본급 부분의 가중치를 늘리고 이로써 임금체계의 단순화를 꾀하는 동시에, 기본급 자체를 최소한 최저생계비를 충당하는 수준에서 결정하여 임금관리가 조직의 성과지향적 목적달성에 공헌할 수 있도록 해야 할 것이다. 이때 임금정책상 중요한 임금체계로서 능력급체계가 바람직하다고 본다. 이상적인 직무급체계는 직무에 정확히 대응하는 능력평가와 배치가 이루어지지 않는 한 불공정하고 비능률적인 것이며, 또한 임금수준은 최저직급에서 생계비보장이 되어야 하므로 우리나라의 현실에서 지금 당장 직무급체계를 도입하기는 어려울 것으로 판단되기 때문이다.

3.3 임금형태관리

1) 임금형태의 의미

기업의 임금정책에 있어서 임금형태(method of wage payment)는 임금수준의 결정, 임금체계의 구성과 더불어 매우 중요한 대상이 된다. 특히 종업원의 작업의욕의 향상과 직접적으로 관련되는 것이다. 임금형태는 임금의 계산 및 지불방법에 관한 것이므로 임금체계와는 별개의 것이다. 다시 말하면 임금체계가 임금의 구성내용을 의미하는 데 비하여 임금형태는 임금을 종업원에게 지급하는 방식을 말한다. 임금형태에 대한 고찰과 그 발전은 19세기 말에 미국에서부터 시작되었다.

임금형태 중에서 가장 중심이 되는 것은 시간급제와 성과급제이다.

2) 시간급제

(1) 시간급제의 특징

시간급(time payment)은 수행한 작업의 양과 질에는 관계없이 단순히 근로시간을 기준으로 하여 임금을 산정 · 지불하는 방식으로, 예를 들면 일급, 주급, 월급, 연봉 등이 그것이다. 시간급제는 종업원의 입장에서 보면 일정액의 임금이 확정적으로 보장되어 있다는 것이 장점이다. 또 기업의 입장에서 보면 근로일수나 근로시간수가 산출되면 임금계산에 관한 업무는 간단히 처리될 수 있으므로 임금산정의 간편성과 공정성을 기할 수 있고, 제품의 생산에 시간적 제약을 받지 않으므로 품질의 저하를 방지할 수 있는 장점이 있다. 반면에 작업수행의 양과 질에 관계없이 임금이 지불되므로 근로자를 자극할 수 없어 작업능률이 오르지 않는다는 것과 단위시간당의 임금계산이 용이하지 않다는 등의 단점이 있다.

이러한 시간급제는 실제로 다음과 같은 경우에 성과급제를 대신하여 사용되고 있다.

- 생산단위가 명확하지 않거나 측정될 수 없는 경우
- 작업자가 생산량을 통제할 수 없을 경우, 즉 작업자의 노력과 생산량과의 관계가 없으며 기계에 의해 작업속도가 결정될 경우
- 작업중단이 빈번하고 작업자가 그것을 통제할 수 없는 경우
- 작업의 질이 특히 중요할 경우
- 감독이 철저하고 감독자가 공정한 과업의 양을 잘 알고 있는 경우
- 생산단위당 원가 중 노무비의 통제가 필요하지 않은 경우

(2) 시간급제의 형태

① 단순시간급제

단순시간급제는 시간당의 임률(단위시간임률)을 정해두고 여기에 실제의 근로시간을 곱하여 임금을 산정하는 방법으로서 여러 가지 시간급제 중에서 가장 간단하고 기본이 되며 계산의 정확성을 기할 수 있다.

단순시간급제를 채택하는 경우에 지급되는 임금은 조업도와 관계없이 발생하므로 제품단위당 인건비는 능률증진에 따라서 감소하게 되며, 반대의 경우에 단위당 인건비는 증가하게 되므로 이 방식에 있어서는 능률의 고저에 의하여 발생되는 이익, 즉 낭비임금이 모두 기업측에 귀속된다.

② 복률시간급제

시간급에 있어서도 작업능률에 따라서 다단계의 시간임률을 설정하면 인센티브효과를 얻을 수 있다. 이러한 제도를 복률시간급제라고 한다. 따라서 복률시간급제는 능률시간급제라고도 한다. 임금산출방식에는 표준과업량을 달성하지 못한 경우와 이를 초과한 두 가지 경우의 임금산출방식이 있다.

복률시간급제는 단순시간급제의 장점을 살리고 동시에 종업원의 작업능률을 자극할 수 있도록 하기 위한 방식이다.

③ 계측일급제

계측일급제는 종업원의 수입안정이라는 시간급제의 장점을 살리고 동시에 작업능률자극을 고려하여 종업원의 직무활동에 대한 의욕을 자극시킬 수 있도록 하기 위하여 마련된 것이다. 따라서 그 목적은 복률시간급제와 같으나 실제의 방식은 달라진다. 이 방식에 의하여 임률을 설정함에 있어서는 먼저 작업을 반영하는 기본급(base rate)과 작업자를 반영하는 장려급(incentive rate)의 양자를 조합하여 시간임률을 설정한다.

3) 성과급제

(1) 성과급제의 특징

성과급제는 노동성과를 측정하여 측정된 성과에 따라 임금을 산정 · 지급하는 제도이다. 따라서 이 제도에서 임금은 성과와 비례한다. 이 제도에서는 임금수령액을 각자의 성과에 따라 증감한다. 이와 같은 성과급을 일명 청부급제라고도 한다.

성과급제의 장 · 단점은 다음과 같다.

① 장점

- 종업원에게 합리성과 공정감을 준다.
- 작업능률을 크게 자극할 수 있고, 따라서 생산성 제고, 원가절감, 종업원의 소득증대에 효과가 있다.
- 직접노무비가 일정하므로 시간급보다 원가계산이 용이하다.

② 단점

- 표준단가의 결정과 정확한 작업량의 측정이 어렵다.
- 종업원은 임금액을 올리고자 무리하게 노동한 결과 심신의 과로를 가져오기 쉽고 최악의 경우에는 고한제도(sweating system) 또는 조직적 태업(systematic soldiering)을 유발할 위험성이 있다.
- 임금액이 확정적이 아니므로 근로자의 수입이 불안정하며, 특히 미숙련 및 부녀근로자에게는 불리하다.
- 작업량에만 치중하므로 제품품질이 저하된다.
- 기계설비의 소모가 심하다.

성과급제의 도입에 필요한 조건은 다음과 같다.

- 생산단위의 측정이 가능한 경우

- 작업자의 노력과 생산량의 관계가 명확할 경우
- 직무가 표준화되어 있고 작업의 흐름이 정규적일 경우
- 생산의 질이 생산량보다 덜 중요하거나 또는 질이 일정할 경우
- 각 작업자에 대한 감독을 철저히 할 수 있는 경우
- 사전에 단위생산비 중 노무비가 결정되어 있을 경우

(2) 성과급제의 형태

① 단순성과급제

이것은 제품 1개당 또는 작업의 1단위에 대한 임금단가를 정하고 여기에 실제의 작업성과를 곱하여 임금액을 책정하는 방법이다. 따라서 생산량에 정비례하여 종업원의 소득은 증대되어 간다. 또한 작업(또는 제품)의 1단위를 완성하기 위한 표준작업시간을 정해두고 근로자가 실제로 수행한 작업성과를 이 표준작업시간수로 환산하여 여기에 시간당임률을 곱하여 임금을 산정할 수도 있다. 이러한 단순성과급제와 시간성과급제는 양자가 상이한 내용을 가진 것은 아니다. 그리고 단순성과급제의 경우에는 작업성과와 임금액이 비례관계에 있다.

② 복률성과급제

원래 성과급제도는 종업원의 작업능률을 자극하기 위하여 고안된 것이므로 이러한 목적을 더욱 더 달성하려면 단순성과급제의 경우와 같이 고정된 단일임률을 적용하는 것이 아니라 작업성과에 따라서 적용임률을 달리 선정할 필요가 있게 된다. 그와 같은 방식이 복률성과급제이며 이는 과학적인 시간연구에 의거하여 정확한 표준작업을 설정하고 이에 따르는 합리적인 임률을 적용시킨다.

그 구체적인 형태로는 다음과 같다.

- 테일러식 차별성과급제
- 메리크식 복률성과급제

3.4 추가급제

1) 추가급제의 특징

추가급제는 시간급제와 성과급제를 절충하여 보다 합리적인 임금형태를 마련하는 것이다. 말하자면, 종업원에게 최저한의 임금을 보장하면서 작업에 있어서 표준 이상의 성과를 달성했을 경우에는 일정률의 추가급을 지급함으로써 근로자의 수입안정과 능률증진이라는 두 가지 목적을 동시에 달성하고자 하는 방식이다. 다시 말하면, 임금의 기본수준을 유지 · 보장하면서 소정의 표준 이상으로 작업성과를 달성하였을 때에는 할증(premium) 또는 상여(bonus)의 형식으로 일정한 추가급을 지불할 수 있게 한 것이다.

2) 추가급제의 형태

(1) 할증급제

할증급은 시간급과 성과급을 절충한 형태로서 일정한 표준을 넘는 노동능률이나 성과를 달성한 경우 종업원에게 추가급이 할증의 형태로 되는 것을 할증급제라고 한다. 이것은 원칙적으로 종업원의 능률에서 얻어지는 상대적인 절약임금을 노사 간에 일정한 비율로 분배하게 되므로 절약임금분배제도 혹은 분익임금제도(gain sharing plan)이다.

할증급제의 전신을 이루는 것은 미국에 있어서 초기 합리화 운동의 선구자인 타운(H. R. Towne)의 분익적 성과급제이다.

할증급제의 형태는 다음과 같다.

- 할시식 할증급제
- 로완식 할증급제

(2) 상여급제

상여의 본질에 대하여는 다음과 같이 여러 학설이 있다.

- 은혜적인 것
- 이윤분배적인 것
- 개인의 업적에 대하여 급여적인 것
- 기본급의 후불적인 것

이러한 학설에도 불구하고 상여급제는 기본급 이외에 특별히 추가로 지급되는 급여를 말한다. 할증급에 있어서 할증금은 절약임금의 분배분으로서 간주되는 데 대하여 상여급제에 있어서 상여는 절약임금과는 관계없이 기본급에 대한 일정률로 산정된다는 점이 서로의 본질적인 차이인 것이다.

상여급제는 여러 가지 형태가 있지만 그 중에서도 가장 대표적인 것은 다음과 같다.

- 칸트식 과업상여급제
- 에머슨의 능률상여급제

3.5 특수임금제도

1) 집단인센티브제

집단인센티브제는 종업원 개개인을 중심으로 임금을 책정 · 지급하는 개인임금제도에 대립되는 것으로 일정한 종업원집단별로 임금을 산정하여 지급하는 제도이다.

집단인센티브제의 장 · 단점은 다음과 같다.

① 장점

- 집단의 구성원은 기술적으로 매우 곤란한 작업에 배치되는 경우라도 개

인임금제에서와 같이 전적으로 손해를 보지 않는다.

- 작업배치에 있어 작업난이도에 따른 불만을 감소시킨다.
- 집단의 구성원은 각자의 소득이 그가 소속되어 있는 집단의 성과에 달려 있으므로 신입구성원의 훈련에 적극적이며 작업의 요령을 집단 내의 타 구성원에게 감추려 하지 않는다.
- 집단 내의 팀워크와 협동이 육성된다.

② 단점

- 개개인의 노력과 성과가 직접적인 관계에 놓여 있지 않다.
- 기준의 설정이 정확한 시간연구에 의하지 않고 과거의 실적에 의거했을 경우 향상된 성과가 관리방식의 개선에 의한 것인지 또는 작업자의 향상된 기술이나 노력에 의한 것인지의 구별이 어렵다.
- 무임승차자(free-rider)문제를 야기시킬 수 있다.

2) 순응임률제

순응임률제는 특정한 대상기준을 정해 놓고 그 기준이 변할 때에는 거기에 순응하여 임금률도 자동적으로 변동 · 조정되도록 하는 제도이다. 기업에 있어서 임률을 항상 일정수준에 고정시키게 되면 임금과 관계가 깊은 물가변동과 같은 경제적 제 조건이나 기업성쇠가 있을 때에는 현실에 부합되지 않는 결과가 된다. 그와 같은 필요성으로 인하여 고안된 것이 이른바 순응임률제이다. 간단히 말하자면 고정임률제도와 다른 변동임률제도라고 할 수 있다. 우리나라와 같이 장기간에 걸쳐 물가등귀추세가 계속되어 온 경우에는 실제로 순응임률제의 적용이 요청된다고 할 것이다.

3) 이익분배제도

이익분배제도(profit-sharing plan)는 기본적 보상 이외에 각 영업기마다 결산이익의 일부를 종업원에게 부가적으로 지급하는 제도를 말한다. 이 제도는 프랑스의 도장공 클레르(Le Claire)가 1842년에 채택한 것으로 유명하다. 그 목적은 노동관계의 개선, 작업능률의 증진, 근로자의 생활안정 등에 있었다.

그런데 이익분배제는 종업원의 능률을 자극하는 효과적인 제도라고 할 수 있지만, 임금형태에 있어서의 성과급제와는 구별되어야 한다. 말하자면 성과급제는 개인의 작업능률과 직결된 임금계산방법인 데 반하여 이익분배제도는 기업이익과 관련되어 사전적으로 그 실시가 공표된 종업원의 이익배당제도인 것이다.

4) 성과분배제도

기업의 가장 중요한 과제 중의 하나는 생산성의 향상에 있다. 그러나 생산성의 향상은 이에 대한 대가로서 종업원에 대한 적절한 성과배분의 방법을 결정하는 문제와도 직결된다. 그런데 이는 종업원과 경영자의 협동과 팀워크를 기초로 해서 가능해진다. 이러한 이유로 기업의 성과 향상을 기업 전체적인 차원에서 추진하고 이에 대한 분배도 기업 전체의 노동자들에게 분배하고자 하는 많은 노력이 계속되었는데, 이때 자체에서 정한 성과표준을 초과하는 부분에 대해서 상여배분을 실시하는 대표적인 두 가지 방법이 있는데 이것이 바로 스캔론플랜과 럭커플랜이다.

(1) 스캔론플랜

스캔론플랜은 스캔론(J. N. Scanlon)에 의해 고안된 성과배분제도로서 조직의 생산성 향상을 노사협조의 결과로 보고 총매출액에 대한 노무비 절약분으로 나타나는 이윤을 종업원들에게 상여금으로 배분하는 방식을 말한다. 이 제도는 제안제도(suggestion system)를 통해 종업원들의 참여의식을 고취하고 종업원의 지식과 상상력을 활용하고 있으며, 조직체의 성과를 종업원과 함께 합의한 기준에 따라 공정하게 배분하는 상여금제도를 양대 지주로 하여 운영된다.

(2) 럭커플랜

이는 럭커(A. W. Rucker)에 의해 고안된 것으로서, 총인건비에서 차지하는 부가가치의 비율을 기준으로 보너스를 지급하는 제도를 말한다. 이 제도는 생산부가가치의 증대를 목표로 하여 노사협력체제를 만들고 생산성 향상과 성과를 락커표준(임금상수)이라는 일정한 분배율로서 노사 간에 적합하게 분배하는 자극임금제도이다.

3.6 연봉제

연봉제는 임금액을 연간단위로 결정하여 지급하는 제도이다. 일반적으로 개인별 임금액은 연공, 직무, 능력, 업적의 각각 하나의 또는 결합에 의하여 일급, 주급, 월급단위로 결정되는데 연봉제는 임금액이 1년 단위로 결정되는 제도이다. 연봉제는 임금을 구성하고 있는 제 항목들을 통합한 연봉액을 계약에 의하여 결정하므로 현재 우리나라의 임금체계에 일반화되어 있는 기본급, 제 수당, 상여금의 구분이 없는 것이 특징이다.

1) 연봉제의 도입배경과 특징

우리나라 기업에서 연봉제는 1997년 12월 IMF체제 이후 기업의 생존을 위한 구조조정과 함께 능력주의적 보상체계의 도입 필요성이 대두되면서 기업경영혁신의 가장 큰 이유가 되어 왔다. 우리나라에서의 연봉제의 도입배경은 다음과 같다.

첫째, 치열한 경쟁환경하에서 세계화가 급격히 진전되면서 기존의 연공급

임금체계로서는 종업원의 동기부여와 능력 향상, 유능한 인재의 확보, 조직의 활성화, 인건비의 효율적인 통제 등을 통한 조직의 생산성 향상과 경쟁력 강화를 기대하기가 어렵게 됨에 따라 이러한 기대를 충족시켜 줄 수 있는 능력 · 업적에 상응하는 임금제도인 연봉제 도입이 강력하게 요청되었다.

둘째, 업무의 다양화와 함께 종업원들의 고학력화와 가치관의 변화로서, 종업원들은 전체 종업원들의 평균임금의 일률적인 인상보다는 개인의 능력이나 업적에 상응하는 보상을 더 선호하고 있다는 점이다.

셋째, 현재 복잡한 임금구성항목을 크게 단순화시켜 임금관리의 간소화를 도모하기 위함이다.

따라서 연봉제의 특징은 다음과 같다.

첫째, 연봉제는 능력 · 업적중심의 전략적인 임금제도로서 변동급의 특징을 가진다는 점에서 연공급과 차이가 있다.

둘째, 연봉제는 능력과 업적에 대한 인사고과를 통해서 개별 근로자의 업무성과에 따라 임금이 차별화되는 개별 성과급제도이며, 연봉액은 임금협약이 아닌 개별 근로자와 기업 간의 개별 계약에 의해 결정된다.

셋째, 연봉제는 임금체계에 있어서 기본급이나 각종 수당, 상여금 등 복잡한 임금항목들을 연봉이라는 항목으로 통합해서 연봉액을 결정하므로 임금체계 및 임금관리를 단순화시킨다.

2) 연봉제의 성공적인 운영의 과제

첫째, 연봉제는 동기부여중심의 능력 · 성과주의 임금제도로서, 연봉제 도입의 목적으로 인건비 통제를 단기적 · 부차적 목적이 아닌 주된 목적으로 한다면 종업원의 동기부여와 능력 향상을 통한 기업의 성과증대는 어렵게 되어 장기적으로는 실패할 가능성이 높다.

둘째, 연봉제의 성패는 근본적으로 개인의 능력과 업적에 대한 객관적이고 공정한 평가에 달려 있다. 이는 평가의 결과가 연봉의 인상액에 직접적인 영향을 주기 때문이다. 따라서 고과기준의 개선 및 고과기법의 다양화 등 평가시스템의 개선과 고과자훈련의 강화, 고과결과의 피드백, 특히 평가시스템의 설계에 종업원을 참여시켜 연봉제도와 평가결과의 수용도를 높이는 것이 성공적인 연봉제 운영의 관건이 된다.

셋째, 연봉제는 업무의 성격을 무시한 채 모든 종업원들에게 일률적으로 적용해서는 성공하기가 어렵다. 이를테면 업무가 개별 종업원의 독자적인 판단과 권한 · 책임하에서 이루어지지 않거나, 개인별 성과파악이 곤란한 경우, 협력이 중요한 경우에는 연봉제의 실시가 어렵다. 따라서 연봉제가 성공적으로 운영되기 위해서는 일반사무직이나 생산기능직보다는 관리직, 전문 · 기술직, 영업직을 대상으로 적용하는 것이 바람직하다.

넷째, 처음부터 개인 간의 연봉격차를 크게 해서 실적주의를 조기에 정착시키겠다는 생각은 금물이다. 이는 구성원들에게 불안감을 주어 예상 외의 큰 저항을 불러일으킬 수 있기 때문이다. 이를테면, 부분연봉제의 경우 도입초기에는 기본연봉과 업적연봉의 구성비율을 대략 70 : 30 정도로 안정적으로 책정하고, 이후 점차 상향조정해 나가는 것이 바람직하다.

한편, 우리나라의 경우 노동부(2005. 12)의 연봉제 · 성과배분제 실태조사 결과에 의하면 근로자 100인 이상 사업장 2,974개소 중 연봉제는 1,440개소(48.4%)가 도입 · 실시하고 있는 것으로 나타났다.

4 퇴직금제도

퇴직금제도는 종업원이 일정기간 동안 해당 기업에 근무한 후 퇴직할 때 기업이 종업원에게 일정액을 지급하는 제도를 말한다. 이 제도는 세계 다른 나라에서는 볼 수 없는 것으로서 우리나라에서는 1963년 근로기준법 개정 시 마련되었다. 근로자퇴직급여보장법 제8조 제1항에서는 "계속근무 1년에 대하여 30일분 이상의 평균임금을 퇴직하는 근로자에게 지급"하도록 규정하고 있다.

퇴직금제도는 정년퇴직, 퇴직자관리, 퇴직금으로 분류하여 소개한다.

4.1 정년퇴직

정년퇴직은 생애고용인 경우를 제외하고는 모든 기업에서 종업원들이 일정연령까지만 근무하도록 제한해 놓고, 그 나이가 되면 무조건 기업을 떠나야 하는 것을 말한다. 우리나라에서는 정년이라 하여 종업원의 기능과 자질이 정지된 것을 의미한다. 이러한 정년제도가 있기 때문에 기업에서는 인력수급계획을 세울 수 있고 새로운 젊은 인력을 받을 수 있다.

문제는 이러한 정년을 60세, 65세, 70세로 늦출 경우와 55세, 50세로 앞당길 경우 어느 것이 회사에 유리할 것인지를 잘 판단하여 정년을 정하는 일이다.

정년을 늦출 경우 회사로서는 다음과 같은 부담을 가진다.

- 인사적체, 승진적체
- 퇴직금 부담(장기근속사원과 높은 직급의 급여가 높기 때문)
- 고령자, 높은 직급에 대한 통솔의 문제
- 신체능력감소로 생산성 저하와 사고유발

그러나 정년을 늦추어서 고령자들을 기업 내에서 유지시키면 장점도 많다. 우선 종업원연령과 조직충성도의 관계, 그리고 나아가 연령과 조직성과의 관계는 정(+)의 상관관계라는 연구결과가 많이 있다. 그 이유는 고령자가 더욱 현실적이고 과거의 노하우도 많고 결근율도 떨어지며 성심껏 직무에 임하기 때문이다. 따라서 무조건 젊은 피를 선호하면서 고령자를 무조건 해고 · 퇴직시키는 것은 합리적인 인사정책이 아니라고 본다. 오히려 고령자들이 기업에 계속 머무르면서 공헌하도록 기회를 주는 정책을 마련하여 추진하는 것이 긍정적 효과를 얻을 수 있다. 따라서 선진국의 경우 정년을 연장하든지 40세 이상의 사원들에 대해서 나이 차별을 두지 않고 동등하게 대하도록 법제화되기도 하였다.

정년이 연장되면 또한 무엇이 좋을까? 우선 종업원 입장에서 이른 나이에 실업자가 되는 부담이 없어 만족하고 안정된 직장생활이 가능하다. 그리고 그동안 수십년 갈고 닦은 실력을 다 쓰지 못하고 직장을 떠난다면 개인과 기업과 국가적으로도 낭비이다.

하지만 오늘날처럼 변화가 극심한 때는 과거의 노하우는 진부화되어 쓸모없게 되고 새로운 기술습득이 급선무인데 새로운 기술과 지식의 취득은 고령층보다는 젊은층이 더 빠르고 패기와 진취력도 뛰어나다. 따라서 요즘의 추세는 정년을 앞당겨서 고령인력을 가능한 한 빨리 방출하고 신규인력을 새롭게 영입하려는 것이 일반적이다.

엄연한 정년이 있는데도 종업원들의 정년퇴직에 대해 기업이 아무런 관리를 하지 않는다면 퇴직예정자들뿐만 아니라 다른 종업원들의 사기에도 문제가 된다. 그러므로 종업원들의 퇴직 전에 기업에서 다음과 같은 몇 가지 조치를 취하여 그 부작용을 최대한 줄이는 것이 필요하다.

- 업무시간, 업무량을 경감하여 퇴직 후의 한가한 생활에 적응토록 한다.
- 퇴직 전에 특별휴가를 주어 퇴직 후의 준비를 하도록 시간 여유를 준다.
- 후임자를 미리 정해서 업무와 노하우의 인수인계가 원활히 이루어지도록 한다.
- 퇴직 후에 부업을 가지도록 재취업훈련 등을 주선한다.

4.2 퇴직자관리

우리나라의 경우에는 60세 이상을 정년으로 삼고 있는 기업은 10%에도 채 미치지 못할 정도로 정년이 짧다. 더욱이 정년이 55세 이하인 경우도 전체 기업의 65.8%에 이르고 있어 노인의 경제적 요구가 전혀 고려되지 않고 있다. 우리나라의 노인복지법상 노인은 만 65세 이상으로 규정되어 있는 데 반해, 국민연금 수급연령은 65세이고, 정년연령은 55세 전후로 이루어져 있다.

평균수명이 연장되고 노인인구가 증가됨에 따라 사회의 고령화가 이루어지고 있는데, 이와 같이 선진국에 비하여 10년 정도 낮은 정년연령을 그대로 고수한다면 다음과 같은 문제점이 발생할 수 있다.

첫째, 일할 수 있는 연령층을 몰아내면 경제활동참가율이 떨어지고, 결국에는 생산성 저하와 경제성장률의 둔화 내지는 하락으로 이어질 것이다.

둘째, 노령인구에 대한 노후생활 보장문제와 할 일 없이 소일하는 노인들의 정신적 조로현상, 심리적 소외감 · 허탈감 및 노인성 질환에서 파생되는 사회문제는 점차 심각해질 것이다.

셋째, 점점 심해지는 인력난으로 외국인근로자의 불법유입이 증가될 수 있다.

그러므로 기업은 우수인력이 방치되지 않도록 연령을 기준으로 한 강제퇴직을 폐지하고, 채용 시 연령차별폐지 등을 대안으로 고려해야 한다. 퇴직 후에도 그들이 필요로 하는 재취업이나 창업정보를 제공해주고, 회사의 퇴직자 지원대책을 최대한 활용할 수 있도록 홍보하고 소식지를 전달해주는 것도 하나의 대책이다.

4.3 퇴직금

정년이 되어서 퇴직하는 종업원이든지 기업의 감원정책(downsizing)에 의한 정리해고의 경우이든지 기업을 떠나는 종업원에게 일정액을 일시불로, 혹은 순차적 연금식으로 지급하는 보상이 퇴직금이다. 퇴직금을 주는 의미에 대해 다음과 같은 여러 가지 견해가 있다.

1) 임금후불설

떠나는 종업원이 지금까지 재직하는 동안 기업에 공헌해준 대가로 매번 임금으로 모두 지급되었어야 했는데, 그 일부가 지급되지 않고 있다 떠날 때 일시적으로 청산하는 것이다.

2) 공로보상설

고용주가 종업원에게 그동안의 공로에 대한 감사의 표시로 지급하는 것으로서 온정과 은혜의 차원에서 보아야 한다는 견해이다.

3) 생활보장설

종업원이 퇴직을 하고 나면 수입원이 없어지므로 일상생활에 타격을 받을까 봐 그와 그 가정의 경제생활을 보장해주기 위한 보조금형식으로 보는 견해이다.

퇴직금 지불은 일시불과 연금의 두 가지 종류가 있는데, 우리나라와 일본의 경우만 일시불형식이 많아서 회사도 부담이 되거니와 개인도 퇴직금 사용에 오류를 범하면 노후가 보장이 안 되는 불행을 맛볼 위험이 항상 존재한다. 그러나 오늘날에는 사회가 안정되고 산업화도 진전된 만큼 우리나라도 선진국처럼 퇴직금을 반드시 연금으로 수여하는 비율이 증대되어야 할 것이다.

토·의·문·제

1. 임금수준의 결정요인은 무엇인가?

2. 직능급과 직무급의 차이는 무엇인가?

3. 임금피크제의 목적과 형태는 무엇이 있는가?

4. 연봉제의 성공적인 운영과제는 무엇인가?

Chapter 09

복리후생관리

학 / 습 / 목 / 표

- 복리후생제도의 기능에 대한 이해
- 복리후생제도의 유형에 대한 이해

기업에서는 4대보험을 제공한다. 어느 기업에서는 임금을 주는 것 외에도 종업원 자녀들의 학비를 지원해주기도 하고 여성종업원들이 마음 놓고 일할 수 있도록 어린 자녀들이 어린이집에 다닐수 있도록 지원해주기도 한다. 기업의 종업원들은 경제적인 보상에도 관심이 있지만 비경제적인 보상에도 관심을 갖는다. 경제적인 보상이 임금이라고 하면 비경제적인 보상을 복리후생이라고 한다. 그 구체적인 내용을 살펴본다.

아시아 미래 이끌 '핫플레이스'

서울의 '핫플레이스'가 어디냐는 질문에 명동이라고 답하면 당신은 '꼰대' 소릴 들을 것이고, 성수동을 말한다면 상대가 좀 안다고 생각할 것이며, 익선동이라고 한다면 상대에게 젊다는 말을 들을 것이다. 경영인인 당신은 아시아의 핫플레이스들을 알고 있는가? 상하이와 뭄바이를 말한다면 '꼰대' 소릴 들을 것이고, 베카시(인도네시아)와 하이퐁(베트남)을 말한다면 앞서가는 기업인으로 인정받을 수 있을 것이다.

미래 아시아의 성장을 이끌 핫플레이스들은 어디일까. 국가 단위가 아니라 도시 단위에서 찾아야 한다. 디지털 시대, 글로벌 경쟁 시대는 기업의 초현지화(hyperlocal), 멀티로컬(multi-local)화를 요구하기 때문이다.

먼저 맥킨지가 '아시아의 미래' 보고서에서 선정한 아시아의 '제조 허브 4대 핫플레이스' 도시를 소개한다. 우선 인도의 잠나가르가 있다. 잠나가르의 산업화지수(제조업 및 인프라스트럭처 외국인직접투자(FDI), 투자 및 순수출 포함)는 2007~2017년 연간 42% 성장했다. 인도 최대 민간기업 릴라이언스는 잠나가르에 세계 최대 정유시설을 세우고 정제량을 늘려 갈 계획이다. 둘째는 캄보디아의 프놈펜이다. 높은 생산가능인구 증가세(2025년 150만명 전망)에 힘입어 산업화지수는 연간 24%, 인프라 부문 FDI는 49%나 성장 중이다. 셋째는 베트남 하이퐁이다. 2017년에 1994년 이후 가장 높은 14% 경제성장률을 달성했고, 2025년에는 베트남 경제의 6.4%를 담당할 것으로 전망된다. 도시 내에 13개 산업단지가 있고 향후 5~6개를 추가 건설할 계획이다. 마지막으로 '인도네시아의 디트로이트'로 불리는 베카시를 꼽을 수 있다. 수도 자카르타와 가깝고 탄중프리옥 항과의 접근성도 좋아 산업화지수와 제조 FDI가 각각 매년 15%, 29% 증가세다.

아시아의 '혁신 4대 핫플레이스' 도시로는 우한(중국), 자카르타(인도네시아), 양곤(미얀마), 하이데라바드(인도)가 꼽힌다. 우한의 혁신지수(특허출원수, 유니콘수 등 포함)는 매년 13%씩 성장하고 있다. 우한에는 현재 3개의 국가개발지역과 4개 과학단지, 350개 이상의 연구기관, 광전자기술 · 생물공학 등 분야의 1,656개 신기술 기업이 있다. 포천 글로벌 500 중 230개 기업이 우한에 인큐베이터와 투자를 지원하고 있다. 자카르타는 혁신지수가 매년 12% 성장하는 곳으로, 인도네시아 핀테크 기업(235개)의 90%와 부칼라팍, 고젝, 토코피디아, 트래블로카와 같은 유니콘이 모여 있다. 미얀마와 혁신을 연결하기 어렵다면 양곤을 보라. 10년 전 전무했던 지식산업 그린필드(사업장 건설 등) FDI는 26억 달러(2017년)로 성장했고, 5년 전 판디야르 테크 허브 구축을 출발로 스타트업 생태계가 빠르게 성장하고 있다. 인도의 실리콘밸리는 벵갈루루로 알려져 있지만, 요즘 뜨는 혁신도시는 단연 하이데라바드다. 2017년 하이데라바드는 1,400개 특허를 출원했고 17억 달러의 지식산업 FDI를 유치했다. 페이스북도 여기에 첫 인도 혁신

허브를 설립했다.

마지막으로 아시아의 '문화 네트워크 4대 핫플레이스' 도시로는 마닐라(필리핀), 방콕(태국), 하노이(베트남), 오클랜드(뉴질랜드)를 꼽을 수 있다. '동양의 진주' 마닐라는 지난해 역대 최다인 168만명의 관광객을 유치했다. 방콕은 두바이, 마카, 런던, 싱가포르에 이어 관광객 소비 5위인 도시로, 2017년 해외 관광객이 163억 달러를 소비했다. 하노이는 현재 20~30개의 신규 관광지를 개발 중이며, 내년에 포뮬러원(F1) 경기도 열린다. 오클랜드는 주민(160만명)보다 해외관광객(260만명) 수가 더 많은 도시다.

2025년까지 숙박관광객과 유학생이 각각 39%, 26% 증가할 것으로 전망된다.

아시아에 미래를 걸 기업들은 앞으로 뜰 핫플레이스를 찾아 승부를 던져볼 수 있다. 국가가 아닌 도시 차원에서 미래의 성장과 가치창출 기회를 찾아볼 때다. 골목골목을 누비면서 새로운 맛집을 찾아내는 신세대처럼, 혁신제품들을 발굴해 누구보다 먼저 경험하는 얼리어답터들처럼 말이다.

자료: 매일경제, 2019. 10. 4.

1 복리후생의 의의

복리후생은 종업원의 노동과 직접적으로 연결되지 않는 간접적 보상으로 기업이 종업원 생활의 안정과 질을 향상시키기 위해 종업원과 그 가족에게 제공하는 직접적 보상인 임금 이외의 모든 보상과 서비스를 말한다.

복리후생은 원래 사용자가 온정적 · 은혜적 차원에서 종업원에게 베푸는 임의적 제도로 시작되었으나, 최근에 산업사회의 발전과정에서 복리후생은 노사관계의 주요 단체교섭의 대상이 되고 있으며 정부의 사회정책 입법에 의한 법률적 제도로 정착하게 되었다. 따라서 복리후생에 관한 개념도 산업사회의 발전에 따라 다양한 측면에서 정의되고 있다.

오늘날 복리후생은 산업사회의 발전과 생활수준의 향상, 종업원의 욕구수준증대와 다양화, 노동력구성의 변화 등으로 임금 · 근로시간 등의 기본적 근로조건을 보완해서 종업원과 그 가족의 생활의 안정과 삶의 질 향상을 위한 파생적 근로조건으로도 인식되고 있다.

2 복리후생의 기능

2.1 우수인력의 확보

복리후생비는 종업원에게는 비과세소득이므로 동일금액의 임금보다도 종업원에게 유리한 보상이 될 수 있다. 따라서 다양하고 수준 높은 복리후생 프로그램을 실시하고 있는 기업은 그렇지 않은 동종산업 내 경쟁기업과 만약 임금수준이 비슷하거나 다소 떨어진다 하더라도 노동시장에서 우수한 종업원을 유인할 수 있어 우수인력확보에 경쟁력을 갖게 되어 유리한 입장에서게 된다. 특히 노동시장이 다소 경직적인, 이를테면 하이테크산업에서는 더욱 그러하다.

2.2 이직 및 결근의 감소

복리후생은 직무의 범위를 넘어서 종업원의 생활을 대상으로 하고 있으므로 종업원의 가족도 그 혜택을 받게 되어 종업원과 그 가족의 기업에 대한 일체감과 귀속의식을 고양시켜 노동력의 유지, 즉 이직을 감소시키는 효과가 있다.

예를 들면, 주택지원을 비롯하여 생활편의시설, 의료혜택의 제공 등은 종업원의 생활을 안정시키는 기능을 수행함으로써 귀속의식과 공동체의식의 고양을 통해 이직방지에 기여하게 된다. 또한 의료혜택은 종업원의 건강을 유지시켜 결근을 감소시킨다.

2.3 동기부여 및 생산성 향상

복리후생이 제품이나 서비스의 산출, 즉 개인의 성과와는 직접 연계되어 있지 않아 복리후생의 동기부여 및 생산성 향상효과에 대해 의구심을 갖는 전문가들이 많다. 그러나 복리후생은 간접적이고 부가적인 보상이므로 사용자들은 이로 인하여 복리후생이 동기부여 및 생산성을 향상시킬 것이라고 기대한다.

2.4 원만한 인간관계와 협력적 노사관계 구축

개별 종업원의 능력이나 성과에 따라 차등적으로 지급되는 임금과는 달리

복리후생은 모든 종업원을 대상으로 균등하게 혜택을 제공하기 때문에 조직 내 인간관계가 원만해지고 협력적 노사관계를 구축하는 데 이바지한다.

특히 문화 · 체육 · 스포츠 및 오락시설, 기업 내 각종 취미활동의 지원 등은 종업원들 간의 상호 신뢰와 협조적 분위기를 조성하고 사회적 욕구를 충족시켜 조직 내에서 자연스럽게 인간관계를 개선하도록 해준다. 또한 이러한 집단적인 생활복리의 혜택은 기업에 대한 충성심의 증대와 고용관계의 안정화를 도모하고 경영에서의 '단결의 원리'를 실현시켜 기업을 하나의 협동공동체로 만들어 협력적 노사관계 구축에 기여하게 된다.

2.5 기업의 사회적 이미지 개선

기업이 종업원과 그 가족이 시민으로서 최저생활을 할 수 있도록 보장해주고 각종 사회복지서비스를 최대한 제공해줌으로써 그 기업이 사회적 · 윤리적 책임을 다하는 기업으로의 이미지와 공중관계를 개선시킬 수 있다.

3 복리후생의 특징

종업원에게 지급되는 임금은 그들이 제공한 노동의 양, 질, 공헌도에 따라 지급되는 직접적 보상의 성격을 띠고 있으나, 복리후생은 종업원들이 제공한 노동의 양이나 질에 관계없이 그들의 사회생활이나 복지생활의 질적 개선을 위해서 포괄적으로 제공하는 간접적 보상으로서 다음과 같은 특징을 갖는다.

첫째, 복리후생비의 급부는 노동의 가치와 관계없이 종업원의 신분기준에 따라 운영된다. 즉, 종업원의 연령, 지위, 성별, 근속연수 등에 따라 급부조건이나 내용의 차이가 있을 수 있다.

둘째, 복리후생비는 기본적으로 집단적 보상의 성격을 갖는다. 즉, 복리후생시설이나 제도는 불특정다수의 종업원을 위하여 제공되고 있으므로 특정 개인을 위한 보상제도가 아니다.

셋째, 복리후생비는 필요성의 원칙에 따라 운영된다. 즉, 복리후생비는 구체적으로 설정된 급부상황이나 조건이 발생한 종업원에게 필요한 금액을 지급하는 제도이다.

넷째, 복리후생은 여러 가지 형태로 제공된다. 즉, 임금은 현금으로 지급되는 데 반하여 복리후생은 현금 이외에 현물, 서비스, 시설이용 등을 통해서 제공된다. 이처럼 복리후생은 종업원들의 미래에 발생할 금전적 또는 비금전적 필요성에 대하여 기업이 포괄적으로 제공하는 제도로서 종업원들의 근로생활의 안정과 복지생활의 개선에 크게 기여하고 있다.

4 복리후생의 설계

기업은 복리후생의 설계에 있어 ① 복리후생 혜택대상의 범위, ② 복리후생프로그램의 선택, ③ 복리후생에 필요한 재원조달 능력을 고려하여 결정하게 된다. 복리후생제도의 설계에 대한 의사결정에 영향을 미치는 요인은 기업측의 요인과 종업원측의 요인으로 구분할 수 있다.

4.1 기업측의 요인

첫째, 복리후생비가 기업의 전체 인건비에서 차지하는 비율을 고려한다. 경영자는 특정 복리후생프로그램을 설계함으로써 전체 인건비가 얼마나 증가하는가를 고려하게 된다. 즉, 경영자는 동일한 복리후생비의 지출로써 더 좋은 결과를 성취할 수 있는 보상대안이나 다른 복리후생프로그램의 선택을 고려할 수 있다.

둘째, 복리후생에 투입된 비용과 복리후생제도(시설)로 인하여 얻게 되는 편익(benefits)의 관계를 고려한다. 경영자는 복리후생제도를 실시함으로써 노동시장에서 우수인재를 유치하고, 종업원들의 동기부여를 향상시키며, 결근율 · 이직률을 감소시킴으로써 조직성과의 개선을 기대하고 있다.

셋째, 경쟁기업의 복리후생 수준을 고려하여 복리후생을 설계한다. 경영자는 외부 경쟁전략의 일환으로서 지역사회의 유사기업 또는 동종기업의 복리후생 수준에서 자기 기업의 복리후생제도를 설계하려는 경향이 있다.

넷째, 종업원의 유치 · 유지 · 동기부여를 고려하여 복리후생제도를 설계한다. 경영자는 우수인재를 유치하고 장기근속을 유도하기 위해서 종업원 저축제도, 이익분배제도, 주식옵션제도, 퇴직금제도 등을 설계 · 운영하고 있다.

다섯째, 법률적 요건을 충족시키기 위해서 복리후생을 제공한다. 경영자는 여러 가지 종업원 복지관련 법률의 규정에 따라 건강보험, 산재보험, 연금보험 등의 복리후생비를 지출하고 있다.

4.2 종업원측의 요인

첫째, 종업원들은 공정하다고 지각하는 복리후생 수준을 설계하려 한다. 종업원들이 지각하는 공정성의 기준으로는 ① 자기 기업에서 과거에 실시했던 복리후생 수준, ② 현재 다른 기업에서 실시하고 있는 복리후생 수준, ③ 현재 자기 기업의 복리후생 혜택이 분배되는 공정성 수준 등이 포함된다. 특히 종업원들은 복리후생 설계에 있어 우수한 복지시설이나 후생제도의 도입을 요구하는 경향이 있다.

둘째, 종업원들의 복리후생에 대한 욕구는 인구통계학적 특성에 따라 차이가 있다. 즉, 종업원들은 연령, 성별, 결혼여부, 부양가족수에 따라 선호하는 복리후생프로그램이 다르다. 예를 들면 나이가 많은 종업원은 연금이나 퇴직금, 또는 자녀학비 지원 등의 복리후생을 선호하는 데 비하여 나이가 젊은 종업원들은 유급휴가, 이익분배제, 교육훈련의 기회를 선호하며, 또한 부양가족이 많은 종업원은 가족의 의료비지원, 학비지원 프로그램을 더 선호하는 경향이 있다.

5 복리후생의 유형

5.1 법정복리후생

1) 국민건강보험

국민건강보험은 종업원과 그 가족에게 발생하는 질병이나 사고로부터 그들의 생활을 보호하기 위한 사회보험으로, 적은 비용부담으로 질병을 치료할 수 있게 할 뿐만 아니라 질병을 조기에 발견하여 예방할 수 있게 해주는 역할을 한다.

우리나라는 1976년에 의료보험법을 전면개정하여 1977년부터 종업원 500명 이상을 고용하고 있는 기업들은 직장의료보험조합을 설치하도록 했다. 그 후 1988년부터는 상시근로자가 5인 이상의 기업에까지 그 범위가 확대되었으며 의료보험료의 50%를 기업이 지원하도록 하고 있다. 2001년 7월 1일부터는 직장의료보험이 모든 사업장에 적용되고 있다. 우리나라의 의료보험은 질병 · 부상 · 임신 시에 피보험자와 그 피부양자에게 주어지는 요양급여를 근간으로 분만급여, 건강진단에 대한 현물급여를 원칙으로 하고, 현금급여는 각 조합정관에 따라 예외적인 경우에만 지급하고 있다. 그리고

2007년 7월 국민의료보험관리공단과 직장의료보험조합이 통합되면서 의료보험이 국민건강보험으로 명칭이 변경되었으며, 국민의료보험관리공단이 국민건강보험공단으로 변경되었다.

2) 산재보험

산재보험은 종업원이 업무수행상 발생한 부상, 사망 등의 업무상 재해와 작업에 따르는 유해한 작업환경이나 작업자세로 인해 서서히 발생하는 업무상 질병(직업병) 등의 산업재해에 대하여 경제적 보상을 해주는 제도인데, 재해를 당한 종업원 및 그 유가족의 생활안정을 도모하는 데 그 목적이 있다. 즉 산재보험은 업무상 재해 및 직업병으로 인한 종업원의 건강 및 금전적 손실에 대하여 산업재해와 그 유가족에 대해 현금급부를 통해서 보상을 해준다. 우리나라의 산재보험은 사회보장제도의 효시로 1963년에 제정된 산업재해보상법에 근거해서 1964년부터 종업원 500명 이상의 광업 및 제조업 부문에만 강제 적용되었다. 이후 2000년 7월 1일부터는 1인 이상의 전 사업장으로 적용범위가 확대되었다.

3) 연금보험

연금보험은 종업원이 노령이나 폐질로 인해 소득이나 근로능력을 상실하여 소득을 얻을 수 없는 경우나 사망했을 경우에 종업원 본인과 그 가족이 안정된 생활을 할 수 있도록 그들의 생계를 연금급여로 지원해주는 제도이다.

우리나라에서는 1986년에 국민연금법이 제정되어 1988년부터 시행되고 있다. 도입 당시에는 종업원 10인 이상 사업장을 대상으로 국민연금 가입을 의무화했으나 1992년부터는 5인 이상 사업장으로 확대되었다. 또한 사용자와 근로자는 1999년 4월부터 표준소득월액의 9%에 해당하는 연금보험료를 각각 절반씩 분담하고 있다.

4) 고용보험

고용보험은 국가의 사회보장차원에서는 근로자가 비자발적 사유로 실직한 경우에 근로자와 그 가족의 생활안정을 도모하기 위하여 일정기간 동안 실업급여를 지급해서 그들의 생계를 지원해주는 실업보험에서 비롯되었다.

우리나라에서의 고용보험은 1995년 7월부터 시행되어 왔는데, 사후 구제적 · 소극적 개념인 전통적인 실업보험뿐만 아니라 실업을 사전에 예방하고 고용의 안정을 실질적으로 보장하는, 보다 적극적인 인력정책수단으로서 실직 시 생계안정을 위한 실업급여 외에 고용안정사업, 직업능력개발사업의 3개 사업을 시행하고 있다.

5.2 법정외복리후생

법정외복리후생은 국가의 법률에 의하지 않고 기업이 자발적으로 실시하는 복리후생으로 자발적 복리후생이라고도 한다. 법정외복리후생은 두 가지로 분류할 수 있다.

하나는 기업이 법정복리후생에서 법률로 규정된 범위나 수준을 넘어 추가적으로 혜택을 주는 방식이다. 국민건강보험의 경우 보험에 해당되지 않는 특수항목, 예를 들면 고급약제사용이나 특수검사실시 등에 대해서도 기업이 의료비를 추가로 지원한다거나, 국민건강보험료에 있어서도 기업이 부담하는 그 추가부분은 법정외복리후생이 된다. 또한 국민연금 외에도 개인연금을 기업이 별도로 지원한다거나, 근로기준법에서 정한 퇴직금지급 최저한도 이상으로 누진율을 적용할 경우 이 역시 법정외복리후생에 해당된다. 법정외복리후생의 또 다른 방식은 법정복리후생과는 전혀 관계없이 기업이 자율적으로 복리후생 프로그램을 도입 · 실시하는 방식이다.

한편, 법정외복리후생은 노동조합과의 단체교섭에 의해서 도입 · 실시될 수도 있고, 기업이 순순히 임의적으로 실시할 수도 있는데, 전자에 의한 경우가 대체로 많다.

법정복리후생이 국가의 사회보장차원에서 법률에 의해 강제적 · 의무적으로 주어져서 기업 간에 큰 차이가 없는 반면, 법정외복리후생은 기업의 특성과 여건 등에 따라 기업이 자발적 · 추가적으로 실시하는 것이기 때문에 기업마다 그 내용과 정도가 매우 다양하다. 따라서 순수한 의미의 기업복리후생이라 하면 법정외복리후생을 말하며 복리후생관리의 핵심과제가 된다.

6 카페테리아식 복리후생제도

카페테리아식 복리후생제도(cafeteria-style benefits plan)는 종업원의 선호에 따라서 복리후생프로그램이 제공되는 신축적 복리후생(flexible benefits) 설계방식을 의미하는 것으로서, 슈퍼마켓 복리후생제도라고 불리고 있다. 기업이 다양한 복리후생프로그램이나 시설을 제공하고 종업원이 여러 프로그램 중에서 선택할 수 있도록 복리후생 내용을 설계하는 것이다. 카페테리아식 복리후생제도에서 회사는 종업원들이 보편적으로 요구하는 표준복리후생프로그램을 설계하여 제공하고 종업원들에게 각자가 소비할 수 있는 일정한 금액의 복리후생비용을 배정하여 그 금액의 범위 내에서 각자가 가장 가치가 있다고 생각하는 복리후생프로그램을 선택하도록 한다. 예를 들면 회사는 단체생명보험, 사망 및 장애연금, 부양가족 의료비지원, 자녀학비지원, 유급휴가 제공, 퇴직지원 등 다양한 복리후생프로그램을 제공하고 종업원들이 자신의 연령, 결혼관계, 부양가족수, 소득수준 등을 고려하여 자신에게 배정된 복리후생예산 내에서 복리후생프로그램을 선택하게 된다.

| 표 9-1 | 카페테리아식 복리후생의 장 · 단점

장점	단점
1. 종업원들은 최선의 욕구충족을 위해 복리후생프로그램을 선택한다. 2. 종업원 및 그 가족들의 만족과 몰입이 향상된다. 3. 새로운 복리후생프로그램을 싼 비용으로 도입할 수 있다. 4. 기업은 최대의 예산을 설정하고 종업원은 예산범위 내에서 선택하므로 합리적 예산집행이 가능하다.	1. 종업원이 잘못 선택할 경우 복리후생 효과가 떨어진다. 2. 복리후생관리가 복잡하고 관리비용이 많이 든다. 3. 설계된 복리후생프로그램에 대한 선택자가 적을 경우 상대적 비용이 증가하여 혜택의 폭이 줄어들 수 있다.

자료: 신철우 외(2018), 4차 산업혁명을 주도할 인재경영 인적자원관리, p.378, 탑북스.

토·의·문·제

1. 복리후생의 기능은 무엇인가?

2. 법정복리후생 4가지는 무엇인가?

3. 카페테리아식 복리후생제도의 개념과 주관적 견해는 무엇인가?

Chapter 10

유지 및 이직관리

학 / 습 / 목 / 표

- 커뮤니케이션의 유형에 대한 이해
- 커뮤니케이션의 방법에 대한 이해
- 카운슬링의 의의와 방법에 대한 이해
- 안전과 보건관리에 대한 이해
- 이직의 유형에 대한 이해

조직이 원하는 성과를 이루기 위해서는 종업원들에게 깊은 관심을 가져야 한다. 그들이 자발적으로 일을 잘할 수 있도록 뒷받침하는 것이 필요하다. 유능한 종업원들이 계속 자기 조직에서 일할 수 있도록 노력해야 한다. 이를 위해서는 커뮤니케이션을 잘하고 동시에 종업원들의 애로사항이 무엇인가를 파악하고 해결하도록 노력하여야 한다. 종업원들의 안전과 보건관리 역시 미래의 활동을 보장하기 위해 꼭 필요하다. 이에 관한 내용을 전반적으로 살펴본다.

덧셈하는 기업 vs 뺄셈하는 고객

기업이 살아남으려면 상품을 팔아야 한다. 마땅한 상품이 없는 기업이라면 미래의 희망이나 흥미로운 꿈이라도 팔아야 한다. 팔 수 없어서 고민하는 기업은 있어도 팔 수 있는데 고민하는 기업은 없다. 하나라도 더 많이 팔기 위해 기업은 끊임없이 상품을 개발한다.

핵심은 덧셈이다. 기업은 덧셈으로 경쟁한다. 상품에 이것도 더하고 저것도 더한다. 덧셈은 영역을 가리지 않는다. 기능을 더하고 종류를 더하고 옵션을 더한다. 기업의 덧셈은 경쟁 기업이 금방 모방한다. 경쟁기업은 이것과 저것을 바탕으로 그것까지 더하는 새로운 덧셈을 한다. 기업 경쟁이 치열해지면 이번에는 비교가 더해진다. 경쟁 상품과 비교해 신상품은 이것을 더 많이 하고, 저것을 더 크게 하고, 그것을 더 오래 한다는 식이다. 경쟁에는 순서도 더해진다. 가장 먼저라거나 처음이라면서 순서를 더한다. 세계 최초라는 덧셈이 가장 좋다. 하다못해 업계 최초라는 덧셈이라도 해야 한다. 기존 상품에 덧셈이 많아질수록 획기적인 신상품이라 부른다. 기업이 신상품을 판매할 때마다 점점 더 설명이 길어진다.

덧셈에는 기술도 빠질 수 없다. 새로운 기술이거나 유명한 기술일수록 덧셈에 유리하다. 신상품은 인공지능을 더함으로써 더 복잡한 형상을 더 정확하게 인식한다고 설명한다. 블록체인을 더함으로써 더 많은 자료가 더 오랫동안 일관성을 담보한다고 설명한다. 요즘에는 인공지능, 로봇, 블록체인, 사물인터넷을 더하는 게 유행이다. 가능하다면 바이오 기술도 더하고 나노 기술도 더한다. 핀테크에 가상현실에 숙면 기술까지 눈에 띄는 기술을 모두 더한다. 세상에 알려진 기술을 더한 후에는 새로운 기술을 찾는다. 기업이 모르는 사이에 새롭게 탄생한 기술이 있는지 국내외 전시회를 샅샅이 뒤진다. 미래에 어떤 기술을 더해야 할지 항상 궁금하다. 덧셈은 기업을 바쁘게 한다.

기업은 무엇에 무엇을 더할지 끊임없이 궁리하지만 이 작업은 간단하지 않다. 경쟁기업이 아직 실행하지 않은 덧셈을 하려면 발명에 가까운 창의가 필요하다. 어렵게 나온 창의가 반드시 상품으로 연결되지는 않는다. 설사 상품으로 연결된다 해도 팔린다는 보장은 없다. 이런 상황에서 기업은 쉬운 덧셈을 택한다. 경쟁기업이 이미 실행해 성공한 덧셈을 그대로 모방하는 방식이다. 차별화를 명분으로 여기에 작은 덧셈을 하나 덧붙인다. 모방과 작은 덧셈으로 인해 시간이 지나면 시장에는 비슷한 상품이 넘쳐난다.

기업이 바라보는 맞은편에는 고객이 있다. 기업은 상품을 소개하면서 여기에 얼마나 많은 덧셈이 추가됐는지 강조한다. 덧셈에 감동한 고객이 상품을 구입해주기를 바란다. 상품을 앞에 두고 고객 역시 셈을 한다. 어느 기업의 어느 상품을 구입할지는 고객 셈법의 결과다. 바로 여기에 기업의 딜레마가 있다. 고객의 셈법은 뺄셈이기 때문이다.

기업이 덧셈을 해서 상품을 개발하면 고객은 뺄셈을 해서 구입 여부를 판단한다.

기업의 덧셈은 복잡하지만 고객의 뺄셈은 단순하다. 하나의 접두사를 향한다. 불(不). 고객은 단어에서 한 글자를 빼려고 한다. 고객은 불안, 불만, 불신, 불통을 느끼는 상황을 피하고 싶다. 이런 상황에서 불(不)을 빼면 안심, 만족, 신뢰, 소통이 된다. 기업이 아무리 많은 덧셈을 강조해도 고객은 뺄셈을 중시한다. 반드시 뺄셈이 되어야 상품을 구입한다. 더 많은 뺄셈에 성공한 상품일수록 더 많은 고객이 구입한다.

지금까지 기업은 경쟁기업의 덧셈을 관찰하고 새로운 덧셈을 궁리했다.

덧셈은 기업의 습관적인 상품개발 전략이다. 지금부터 상품개발은 뺄셈이어야 한다. 기업은 고객의 불(不)에 집중하고 뺄셈으로 제거해야 한다. 기업이 상품을 팔고 싶다면 지금 당장 덧셈을 버려야 한다.

자료: 매일경제, 2015. 2. 12.

1 커뮤니케이션과 카운슬링

1.1 커뮤니케이션

1) 커뮤니케이션의 유형

커뮤니케이션은 한마디로 말하면 생각, 감정, 정보 및 의견의 교환을 뜻한다. 그것은 원활한 인간관계를 조정하는 기반이 된다.

커뮤니케이션의 과정에는 일반적으로 ① 송신자, ② 의사소통기구를 구성하는 각종의 매체 또는 경로, ③ 수신자가 포함되어 있다. 이를 그림으로 나타내면 [그림 10-1]과 같다.

그림 10-1 | 커뮤니케이션의 과정

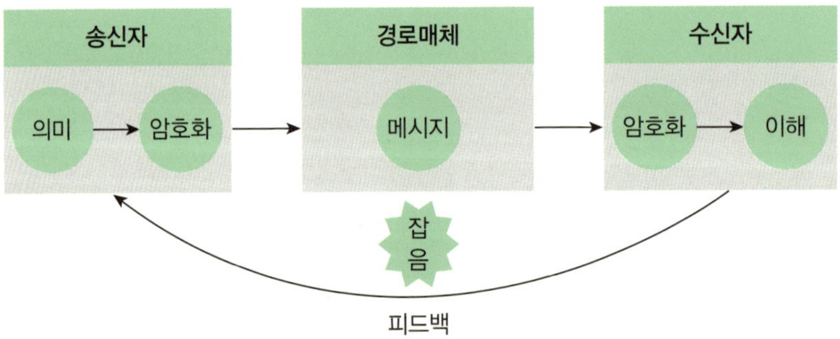

커뮤니케이션의 유형은 크게 나누어 하향식 커뮤니케이션, 상향식 커뮤니케이션, 수평적 커뮤니케이션의 세 가지로 분류할 수 있다. 위의 세 가지 유형은 각각 다른 목적으로 사용되는 것이다. 즉 하향식은 명령, 지시, 통제, 감화, 상향식은 보고, 요청, 제안, 항의, 통지, 감화에 쓰이고, 횡적 커뮤니케이션은 통지, 조정의 목적에 사용된다.

최고경영자로부터 최하위의 관리자 또는 일선의 종업원에 이르기까지 지휘, 명령 등이 하부기관에 잘 전달되지 않는다든지 또는 부, 과 간의 횡적인 커뮤니케이션이 잘 안 된다든지 하면 기업조직 전체가 하나의 유기체로서 기민한 활동을 할 수 없으므로 조직은 균형을 잃게 되고 종업원들의 사기도 저하된다. 그러므로 기업구성원 간에 상호 이해를 깊이 하고 조직 내의 균형을 확보하기 위해서는 기업 내부에 있어서 의견과 정보교환이 무엇보다도 필요하다.

2) 커뮤니케이션의 방법

기업에 있어서 의사소통하는 방법으로 다음과 같은 여러 가지가 있다. 이 방법들은 실제로 현장에서 이용할 수 있는 유용한 방법들이다.

- 공식적인 위원회 또는 협의회를 구성하여 토의방식으로 의사소통을 하는 방법
- 간담회, 회식 같은 비공식회합을 수시로 가짐으로써 자유로이 의사교환을 하는 방법
- 사내보, 기타 정기 또는 수시 간행물에 의하여 의사와 정보를 교환하는 방법
- 게시판을 효과적으로 활용하는 방법

이 외에도 여러 가지 방법이 있고 또한 이들 제 방법을 병용할 수도 있다. 그리고 우리나라의 품의제도에 관한 장 · 단점 등의 검토도 해야 할 것이다. 그런데 전체적인 커뮤니케이션을 위하여 중요한 역할을 하는 것은 공식적인 제도나 절차라기보다는 오히려 대면관계에서 서로의 감정, 정보, 의견 등을 편견 없이 주고받을 수 있어야 하는 것이 기본적 바탕인 것이다. 인간관계론의 측면에서 볼 때 커뮤니케이션의 중요성은 매우 크다. 따라서 상대방의 의견을 경청하는 '적극적 경청자(active listener)'가 되도록 하는 방법을 살펴보기로 한다.

커뮤니케이션과 관련한 여러 문제의 핵심을 이루는 기본적 문제는 대부분

관리자가 적극적 경청자가 아니라는 점이다. 적극적 경청자는 커뮤니케이션 내용에 대해 책임을 져야 한다. 자신이 들은 말을 수동적으로 흡수해서는 안 되고, 들은 사실, 감정 모두를 적극적으로 파악하려고 해야 한다. 이러한 적극적 경청방법을 통해서 부하들의 행동을 건설적으로 바꾸어 나갈 수 있다.

적극적 경청은 중요한 변화기술이다. 적극적 경청을 통하여 관리자는 구성원의 행동이 건설적으로 변화하고, 보다 덜 방어적이게 하며, 변화를 더 개방적으로 받아들이게 된다는 것을 알 것이다. 적극적 경청자로서의 주요 목적은 수신자가 송신자의 '안(inside)'으로 들어가서 상대방이 말하고자 하는 것을 파악하는 것이다. 그리고 수신자가 실제로 그들의 관점으로부터 보는 것에 대하여 상대방에게 전달해주어야 한다.

효과적인 경청에는 다음과 같은 내용을 포함하고 있다.

① 전체 의미로 들을 것

모든 문장은 보통 두 가지 요소로 구성되어 있다. 즉 실제적 내용과 그 내용에 기초를 두는 감정이나 태도이다. 문장의 내용과 감정 두 가지가 모두 중요한 것이며, 그 두 가지 모두가 말하는 사람의 의미를 전달하는 것이다.

② 감정을 반사할 것

수신자는 말하는 상대자가 그의 감정을 정면으로 나타내어서 그의 감정을 이해하기를 원한다. 이렇게 하는 한 가지 방법은 그의 감정을 수신자가 반사하는 것이다. 감정을 반사한다면 당신은 구성원의 감정을 명백히 이해하게 된다.

③ 모든 단서에 유의할 것

모든 의사소통이 구두가 아니므로 여러 다른 단서들, 즉 사실적 표현, 얼굴표정, 말하는 도중의 망설임, 목소리에서의 느낌 역시 태도를 전달해준다. 적극적 경청자는 이 모든 단서에 주의해야 하는 것이 필수적이다. 그것은 그 메시지의 완전한 의미를 이해할 수 있도록 만들어주기 때문이다.

④ 판단자로서 행동하지 말 것

대부분은 판단하거나 충고를 하는 것이 직접적으로 사람을 변화시키는 노력으로 알고 있다. 그러나 적극적 경청자는 그것을 피해야 한다. 즉 적극적 경청자는 상대방이 자신의 태도와 감정을 솔직하게 나타내는 것이 더 중요하기 때문에 그들의 자아상을 위협하는 것은 어떠한 것도 해서는 안 된다.

⑤ 관심을 나타낼 것

끝으로 상대방에게 관심을 나타내는 것은 적극적 경청의 자연스러운 결과가 될 것이다. 적극적 경청의 각 요소(주의 깊게 듣고, 감정을 반사하고, 전체 의미를 이해하는 등)를 통해서 송신자의 마음속에 수신자가 나타낸 순수한 관심을 잘 반영하게 되는 것이다.

3) 조하리 창

조하리 창은 조셉 루프트(Joseph Luft)와 해리 잉햄(Harry Ingham)에 의해 개발된 대인관계 분석기법이다. 조하리(Jo-har-i)라는 말은 이 기법을 개발한 두 사람의 이름에서 나왔다. 이 기법은 원래는 대인관계의 유형을 설명하기 위하여 개발되었다.

지금은 인간관계 개선방법이나 대인적 갈등의 원인을 규명하는 데 사용되고 있다. 조하리 창은 다른 사람에게 투영되는 자신의 모습을 통하여 자신이 다른 사람에게 어떻게 노출되고 또 그들로부터 어떻게 피드백되는가를 보여줌으로써 개인 간의 갈등원인을 분석하고 그 해결방안을 제시함으로써 대인관계의 개발 방향을 제시해주고 있다.

조하리 창은 다음의 네 부분으로 구성되어 있다.

(1) 공개적 영역

자기에 대해서 자신도 잘 알고 다른 사람도 잘 알고 있는 부분이다. 이 부분에 대해서는 방어적 태도를 취할 필요가 없으므로 다른 사람과 갈등을 일으킬 소지가 거의 없다.

(2) 맹목적 영역

자기에 대해서 다른 사람은 잘 알고 있지만 정작 자신은 모르고 있는 부분이다. 나의 감정을 자극할 것을 염려하여 상대방이 나에게 그 부분에 대해서 말하기를 꺼리기 때문에 의사소통이 원활하지 못하여 갈등이 발생할 가능성이 잠재해 있다.

(3) 숨겨진 영역

이는 맹목적 영역과는 달리 자기에 대해서 다른 사람은 모르고 자신만 아는 은밀한 부분이다. 자신의 숨겨진 부분이 다른 사람에게 노출될 때 다른 사람들이 어떻게 반응할지 두려워 자신의 감정과 태도를 숨기는 경우가 많다. 맹목적 영역과 마찬가지로 갈등이 발생할 가능성이 잠재해 있다.

(4) 미지의 영역

이는 자기에 대해서 자신도 모르고 다른 사람도 모르는 부분이다. 이러한 상황에서는 오해가 발생하기 쉽고 감정이 격해지거나 그로 인해 갈등이 야기되기 쉽다.

숨겨진 영역이나 맹목적 영역으로부터 공개적 영역으로 옮겨가면 갈수록 상호 간의 신뢰는 그만큼 깊어진다. 동시에 상호 간의 원만한 관계가 유지되어 갈등이 발생할 가능성도 그만큼 줄어든다.

이 네 영역 가운데 공개적 영역의 넓이가 가장 넓은 사람이 다른 사람과 갈등을 일으킬 가능성이 가장 적다. 미지의 영역이 넓으면 넓을수록 다른 사람과 갈등을 일으킬 가능성이 가장 높다. 맹목적 영역과 숨겨진 영역의 경우

그림 10-2 I 조하리 창

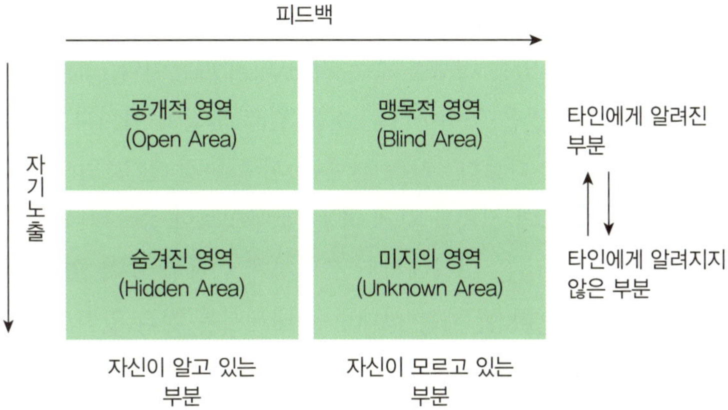

도 대인관계에서 갈등을 일으킬 가능성이 높다. 대인관계가 원활하지 못하고 갈등이 발생하는 것은 자기에 대해서 자신도 모르고 다른 사람도 모르는 부분이 크기 때문이다. 따라서 자기에 대해 자신도 모르고 있는 부분은 다른 사람과의 피드백을 촉진함으로써 갈등의 폭이 줄어든다. 동시에 자기에 대해서 남이 모르고 있는 부분은 자기노출을 통해 좁혀 나감으로써 공개적 영역이 넓어지면 대인관계가 원만해진다. 미지의 영역, 맹목적 영역, 숨겨진 영역으로부터 공개적 영역으로 옮겨가야 하는 이유도 바로 여기에 있다.

그림 10-3 I 바람직한 조하리 창과 바람직하지 못한 조하리 창

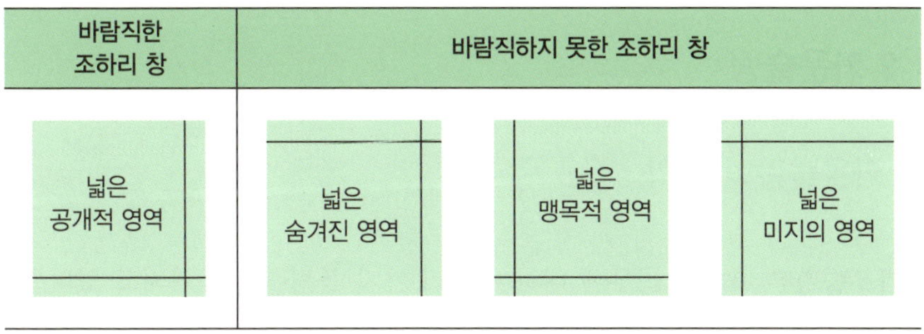

흔히 사람들은 알지 못하는 사람을 처음 만났을 때는 말을 많이 하지 않는다. 그것은 내가 상대방을 알지 못하는 상황에서 내 말만 늘어놓다 보면 상대방에게 내가 가지고 있는 정보를 주는 것이 되기 때문이다. 그래서 사람들을 처음 만났을 때는 말을 조심하라는 것은 결코 빈말이 아니다. 그러나 가족의 경우에는 상황이 다르다. 가족 간에는 서로를 잘 알고 있으므로 계속 대화를 하는 것이 서로의 신뢰를 갖게 하는 데 무엇보다 중요하다.

조하리 창의 접근방법은 협상에서도 유익하게 이용할 수가 있다. 협상에서 유리한 고지를 얻으려 할 때는 상대방에 대해서는 전혀 알지도 못하면서 상대방에게 자신에 대한 정보를 주는 경우가 있다. 협상에서 말을 많이 하는 것이 바람직하지 않다는 것은 바로 그러한 이유 때문이다. 자신의 정보를 상대방에게 주는 것은 그만큼 협상에서 불리하게 작용하기 때문이다.

물론 부부 간이나 부모와 자식 간의 커뮤니케이션에서는 공개적 영역이 넓은 것이 가장 바람직하다. 따라서 부부나 자식 간은 물론이고 경영자와 종업원 간에도 그 관계가 잘 형성되려면 상호 간의 공개적 영역을 점점 확대해 가는 노력이 절대적으로 필요하다.

앞의 의사소통방법과 조하리 창은 조직 내의 갈등관리와 협상에서도 매우 유용하게 적용된다. 동시에 앞으로의 일상생활에서 개인 간의 협상을 하는 과정에서도 매우 유용하게 적용될 수 있을 것이다.

1.2 카운슬링

1) 카운슬링의 의의

카운슬링은 자기의 직무에 대하여 여러 가지 불평불만을 가지고 있다든지 가정이나 개인적으로 복잡한 고민에 얽매여 있는 경우가 있다. 종업원이 불평불만이나 고민을 가지고 있을 때는 직장에서의 사기가 저하되고, 노동의욕을 상실함으로써 직 · 간접으로 작업능률에 영향을 끼치게 된다. 그러므로 혼자 힘으로써 해결할 수 없는 어려운 문제를 가지고 있는 종업원에게 상담을 통하여 전문적인 조언을 하고 문제해결에 도움을 줌으로써 개인적인 인격성장을 촉진하고 아울러 직장에서의 사기를 앙양시킬 필요가 있다. 이 목적을 위하여 채택되고 있는 것이 인사 카운슬링 또는 종업원 카운슬링이다.

2) 카운슬링의 방법

(1) 인사 카운슬러

먼저 전문적인 카운슬러를 조직 내에 둔다. 이 카운슬러는 직장 내의 여러 가지 직무에 관하여 많은 경험을 가진 사람으로서 심리학, 교육학, 사회학, 기타의 분야에 대하여 교양과 지식이 풍부하고, 인사 카운슬링, 생활지도, 기타의 교도사업에 적합한 사람이어야 한다.

보통 카운슬러는 사장, 고위간부, 감독자 등이 될 수도 있고, 또한 본인의 희망에 따라서 상담원을 결정할 수도 있다. 그리고 상담원은 반드시 조직 내부의 사람이어야 할 필요는 없으며 외부인사도 카운슬러가 될 수 있다. 종업원의 수가 많을 때는 카운슬러를 여러 사람 두기도 하며 또 남녀 종업원의 편의를 도모하여 카운슬러를 남녀 각각 두기도 한다.

(2) 인사 카운슬러의 임무

카운슬러는 대략 다음과 같은 임무를 가진다.

첫째, 직장 내의 직무에 관한 종업원의 불평불만 및 희망과 개인이나 가정 문제 등에 관한 카운슬링을 받고 그 해결을 위하여 감독자 또는 외부전문가와 협력한다.

둘째, 종업원의 지도, 배려, 전임 등에 대하여 감독자 및 인사부서에 조언을 한다.

셋째, 종업원의 불평에 대하여 노조간부와 협의한다.

넷째, 기업의 복리후생시설 및 사회보장제도 등을 설명 · 감독한다.

다섯째, 결근, 지각, 조퇴사항 등을 조사하여 자료로써 참고한다.

(3) 인사 카운슬링의 장소

카운슬링은 실시하는 장소에 따라 직장 내 카운슬링과 직장 외 카운슬링으로 나눌 수 있다.

전자는 직장 내의 작업현장, 휴게실, 상담실, 기타의 조용한 장소를 이용하는 것이며, 후자는 직장 외의 장소에서 카운슬링을 하는 경우로서 이는 카운슬링의 내용이 특히 중요하다든가 비밀을 보장할 필요가 있을 때이다.

(4) 인사 카운슬링의 실제

카운슬링을 실시함에서는 다음과 같은 점에 특히 유의하여야 한다. 말하자면 '① 사교적인 회화가 아니다, ② 충고를 하는 것이 아니다, ③ 훈계나 설득을 하는 것이 아니다, ④ 토론을 하는 것이 아니다, ⑤ 부모와 같은 태도로 위로하여 주는 것이 아니다, ⑥ 카운슬링은 문제아, 비행소년, 불량소년에게만 필요한 것이 아니다'라는 점을 명심해야 한다.

이와 같은 점을 염두에 두고 실제의 카운슬링을 진행함에 있어서는 더욱 세심한 대화를 나누어야 한다.

① 충분히 이야기시킬 것

카운슬러는 상대방이 마음 놓고 자기가 말하고 싶은 것을 솔직히 이야기할 수 있는 분위기를 만들어주는 것이 무엇보다 중요하다. 처음에는 상대방의 이야기를 끄집어내게끔 하고 이야기가 시작된 후에는 그 이야기를 신중한 태도로 경청하여야 한다. 상대방의 이야기를 들은 다음에 의견을 제시할 때에는 친절한 태도를 가져야 한다. 이렇게 함으로써 상대방은 그의 불평불만을 완전히 해결할 수는 없을지라도 자기 마음속의 생각을 그대로 발표할 기회가 주어졌다는 사실만으로도 불평불만이 자연 해소된다든지 감소하는 경우가 많다.

② 강제로 문제를 해결하려고 하지 말 것

카운슬링은 카운슬링하는 문제에 대하여 직접 판단을 내려준다든지 그 해결방안을 제시하여 주려고 해서는 안 된다. 문제의 해결은 어디까지나 본인이 하도록 이끌고 카운슬러는 거기에 필요한 암시를 준다든지 또는 조언을 하는 정도에서 그쳐야 한다.

③ 비밀을 엄수할 것

카운슬링내용이나 카운슬링자료를 감독자에게 보고 또는 제시하여서는 안 된다. 카운슬러는 어디까지나 중립적인 태도를 취하여야 한다.

2 안전과 보건관리

2.1 안전관리

1) 안전관리의 의의

안전관리는 종업원들을 업무수행 중의 사고로 인한 위험이나 상해로부터 보호하기 위하여 산업재해의 원인을 규명하고 사고를 예방함으로써 종업원의 생명과 신체의 보호는 물론, 기업의 경제적 손실을 보호하는 체계적이고 과학적인 제반활동을 말하는데, 조직은 인적자원의 유지와 효율적인 활용을 위해 안전하고 쾌적한 작업환경을 마련해야 할 것이다.

2) 안전사고의 원인

안전사고의 원인은 물적 · 인적 · 환경적 요인으로 나눌 수 있다.

(1) 물적 요인

기계나 기구의 불량이나 노후화와 같이 물적 시설 그 자체의 결함이 원인이 되어 안전사고가 발생한다. 물적 요인에는 기계나 기구와 같은 생산시설에서부터 운반시설, 보관시설 등을 생각할 수 있다. 산업화 초기의 안전사고는 주로 물적 요인에 의한 사고가 그 중심을 이루었다.

(2) 인적 요인

인적 요인으로, 첫째 개개인의 선천적이고 후천적인 요인, 둘째 부주의 또는 불안전한 행동, 셋째 피로와 같은 신체적 요인이 안전사고의 원인이 되고 있다. 선천적 · 후천적 요인이라 함은 타고난 기질이나 체질과 같이 선천적인 측면이 있으며, 지식이나 기능, 질환 등과 같이 후천적인 측면이 원인이 됨을 의미한다. 부주의하고 불안전한 행동이라 함은 지시의 무시 내지 경시, 안전장치의 점검 소홀과 같은 부주의한 행동과 기계나 공구의 사용에 불안전한 동작이나 자세가 원인이 되어 사고가 발생한다.

(3) 환경적 요인

물리적이고 화학적인 위험요소들로 인한 안전사고를 환경적 요인이라 한다. 물리적 요인으로는 작업장이나 작업대의 협소, 기계설비의 설계 잘못, 채광조명의 부적절, 부적절한 복장 등이 있으며, 화학적 요인으로는 고열, 소음, 가스, 방사선, 감전 등이 있다.

3) 안전사고의 대책

안전사고는 다양한 원인에 의해 발생하고 있다. 예방적인 대책으로 다음과 같은 몇 가지를 생각할 수 있다.

첫째, 물적 요인에 의한 안전사고의 예방대책이다. 각종 물적 시설의 구입에서부터 운용, 보전관리에 이르기까지 주의해야 한다.

둘째, 인적 요인에 의한 안전사고의 예방으로서 신규채용에 사고와 재해의 발생과 관련이 있는 선천적인 요인과 신체적 결함을 조사하기 위하여 적성검사와 같은 심리검사와 건강진단과 같은 신체검사가 잘 실시되어야 할 것이다. 나아가서 각종 설비의 사용방법, 보전방법, 작업의 동작과 자세에 관련된 교육훈련이 철저히 이루어져야 한다.

셋째, 환경적 요인에 의한 안전사고의 예방대책이다. 작업장, 통로, 채광 등을 고려하여 시설의 배치에 유의하고, 공구, 기계, 비품 등은 편리한 곳에 잘 정리해 두어야 한다. 작업장의 내외를 청결하게 하고, 화학적 요인이 발생하지 않도록 항상 점검하여야 한다.

안심할 수 있는 안전관리를 계획하기 위해서는 ① 최고경영자의 지원, ② 안전책임자의 임명, ③ 안전한 작업장의 설계와 운영, ④ 모든 종업원을 대상으로 한 안전행동교육, ⑤ 사고와 비용에 대한 기록유지와 사고분석, ⑥ 안전대회 실시, ⑦ 안전규칙준수의 의무화와 같은 요소들이 고려되어야 한다.

2.2 보건관리

1) 보건관리의 의의

보건관리는 종업원들을 작업장에서의 유해한 화학적 · 물리적, 기타 환경적 위험요인들과 직무상 스트레스로 야기되는 육체적 · 정신적 질병 및 피로로부터 보호하여 건전한 노동력을 유지 · 육성하는 관리활동을 말한다.

이러한 보건관리 역시 종업원들의 정신적 · 육체적 건강을 보호 · 증진함으로써 근로생활의 질 향상과 질병에 의한 기업의 경제적 손실을 방지하고 나아가 인적자원의 유지 및 효율적 활용을 통해서 조직의 성과증대를 도모하는 데 그 목적이 있다. 또한 보건관리도 질병의 치료나 보상 등 사후적인 대책을 강구하는 것보다는 질병 또는 그 원인에 대하여 예방대책을 강구하고 질병 발생을 최소화하는 데 중점을 두어야 할 것이다.

우리나라는 앞으로 지속적인 고도산업화와 더불어 새로운 유해환경이 더 많아질 우려가 크기 때문에 보건관리의 중요성은 더욱 증대될 것이다.

2) 직업병

직업병은 근로자가 일정한 직업에 종사함으로써 발생하는 질병으로, 일정한 작업을 장시간에 걸쳐 반복적으로 수행하면서 그 작업에 따르는 유해한 작업환경이나 작업자세로 인해 서서히 발생하는 질병을 말하는데, 업무상 질병 혹은 직업성 질병이라고도 한다. 직업병은 대부분이 작업장의 위험요인들인 유해물질환경이 그 원인이 되고 있다. 우리는 이들 위험요인을 화학적 · 물리적 요인으로 분류할 수 있다.

(1) 화학적 위험요인

화학적 위험요인으로는 유독성 공기에 의한 위험, 액체 · 고체 등의 유해물질에 의한 위험으로 구분된다. 공기오염물질로는 먼지, 연기, 가스, 증기 등으로서, 특히 질소 · 산소 · 알코올 · 탄산가스 · 수소 · 네온 · 헬륨 등과 같은 공기성분 요인들이 포함된다. 이러한 공기오염에 의해 발생하는 질병으로는 호흡기질환, 피부점막염증, 장기상해, 질식, 마비, 의식장애, 알레르기성 질환 등을 들 수 있다. 공기 이외의 유해물질로는 유독성 고체 및 액체물질로서 인체에 해로운 유기물 또는 무기물이 포함된다. 이러한 유해물질은 종업원의 접촉이나 흡입에 의하여 각종 피부의 손상이나 질환을 일으킬 위험이 있다.

(2) 물리적 위험요인

물리적 위험요인은 사업장 내의 작업환경에 관련된 요인으로 온도, 습도,

통풍, 채광, 조명, 소음, 진동, 방사선, 감전 등이 있다. 이러한 물리적 위험요인은 ① 온도, 습도, 통풍 등에 의하여 발생하기 쉬운 동상, 감기, 호흡기질환, ② 채광 · 조명의 부적합에 의한 시력장해, 눈병 등, ③ 고열 · 용접작업에 의한 화상이나 시력장해, ④ 엑스선 · 감마선 · 알파선 · 중성자 · 라듐에 의한 피부질환, 혈압, 생식장애, ⑤ 진동 · 초음파 · 소음 · 분진에 의한 정신질환, 감각장애, 호흡기질환 등, ⑥ 전기감전에 의한 육체적 · 정신적 질환 등을 일으킬 수 있다.

3) 피로

피로(fatigue)는 인간의 신체 내에서 물질의 신진대사가 균형 있게 조절되지 못했을 때, 즉 에너지의 유출이 일정한 한도를 넘어서 노동이 과도하게 행해졌을 때 일어나는 생리적 현상이다. 이러한 피로는 인간의 육체적 · 정신적 활동에 여러 가지 지장을 초래하게 되어 종업원의 작업의욕을 감퇴시켜 작업능률에 심각한 영향을 끼칠 뿐만 아니라 인간의 심적 태도를 교란시키고 동작의 실수를 유발함으로써 사고 및 재해의 원인이 된다. 또한 피로가 어느 한도를 넘게 되면 여러 가지 질병의 원인이 된다.

이러한 피로는 근육노동피로, 정신신경계의 긴장, 즉 스트레스와 작업장의 환기, 소음, 조명 등의 환경조건 등이 피로의 원인이 되고 있지만, 이러한 피로의 제 원인을 강화하고 피로의 정도를 더욱 심하게 하는 것이 노동강도와 장시간노동이라 할 수 있다.

한편 과도한 정신적인 스트레스 역시 결국 종업원들의 건강을 악화시키고 각종 사고와 심지어는 사망까지 초래하게 되고 이로 인한 의료비 증대와 결근율 증대, 생산성 저하 등의 경제적 손실을 가져오게 된다.

4) 예방적 보건관리대책

(1) 유해환경에의 노출 억제

이것은 기술적인 측면에서 유해물질을 공정과정에서 가능한 한 제거하고 작업장의 안전작업시설은 물론 유해물질 측정장치와 기구를 통해서 안전상황을 지속적으로 점검함으로써 종업원들의 유해환경요소들을 억제하는 것이다. 또한 유해작업장은 가능한 한 종업원들로부터 격리시키고, 유해작업장에서는 특수작업복의 착용과 안전수칙도 철저하게 준수하도록 하고 있다. 이와 관련된 정기적인 안전교육도 실시하여야 할 것이다.

(2) 주기적 건강진단

모든 병은 조기발견과 치료가 지름길이다. 특히 간, 심장, 신장에 관련된 성인병의 경우에는 조기발견이 특히 중요하며 암의 경우에는 더욱 그렇다. 따라서 조직은 종업원들로 하여금 주기적인 건강진단과 검사의 기회를 부여하고 그들의 적극적인 참여를 권유해야 할 것이다.

(3) 보건교육과 건강 프로그램

종업원들이 자기 스스로 건강에 관심을 갖고 자기관리를 할 수 있도록 보건교육을 실시하고 금연교실, 요가, 배드민턴, 볼링, 기타 운동시설 확충 등 다양한 건강 프로그램을 개발하고 활용하도록 한다.

예를 들면, 직업병, 피로에 대한 사후대책은 물론이고 특히 이들에 대한 철저한 원인조사와 분석을 통해 사전의 종합적이고 다양한 예방적 보건관리 대책을 강구해야 할 것이다.

3 이직관리

이직은 종업원이 자신이 소속한 조직으로부터 이탈(separation)함을 의미한다. 이직은 그것을 결정한 주체가 본인인가 아니면 조직인가에 따라 자발적 이직과 비자발적 이직으로 구분된다. 이러한 유형을 구분하면 다음과 같다.

이직관리활동은 이직의 형태별로 관리의 초점이 달라진다. 징계해고의 경우 적법절차의 준수가 중요한 반면 일시해고의 경우 조직의 전략목표와 미래의 전략계획에 따른 체계적인 계획이 중요하다. 한편 퇴직의 경우 퇴직의 원인에 대한 진단을 통해서 유능한 인력이 방출되는 것을 막는 것이 중요하다. 따라서 각 이직활동별로 관리의 주요점을 고려한 효과적인 관리가 필요하다.

3.1 이직원인

1) 외부환경요인

종업원 개인이 어떤 이유에서든 기업에 대해 불만을 느끼고 있을 때 이 불만이 이직으로 연결되는 데에는 당시의 노동시장의 환경이 결정적 역할을 한다. 즉 이직의도를 가진 종업원이 이직을 결정하는 데에는 '그가 선택할 수 있는 조직의 수'가 영향을 미치는 것이다. 실업률이 매우 높은 노동시장의 상황에서는 종업원이 설사 기업에 불만을 갖고 있다 하더라도 이직을 선택하는 데는 상당한 위험부담이 따르게 된다.

2) 조직전체요인

이직에 대한 조직전체요인으로서 기업의 임금 및 복리후생, 승진정책 등을 들 수 있다. 종업원들은 임금 및 복리후생, 승진의 공정성이 결여되었거나 기대감이 충족되지 않은 경우에 실망하여 이직을 결정하게 된다. 임금인상액이나 승진기회는 그 자체로서 중요한 의미를 가지지만, 이것이 종업원의 기대수준, 종업원 자신이 지각하는 공헌수준과 함께 고려되지 않으면 별 의미가 없어지게 된다.

3) 작업환경요인

작업환경요인으로서 감독자의 리더십스타일, 동료집단과의 상호작용 내지 인간관계 그리고 작업조건 등을 들 수 있다. 감독자가 부하를 보다 많이 배려하고 원만한 인간관계를 촉진시키는 작업집단에서는 이직률이 낮게 나타나며, 또한 동료집단 간의 인간관계가 원만하고 집단응집력이 높은 곳에서의 이직률 역시 낮다. 먼지, 소음, 열, 작업상의 위험도 등 작업조건 역시 이직에 영향을 미친다. 즉 작업조건이 나쁘면 나쁠수록 종업원의 불만족은 증가하며 이것이 이직으로 연결된다.

4) 직무내용요인

종업원이 현재 수행하고 있는 직무가 어떻게 설계되어 있느냐는 이직과 매우 중요한 관련을 갖게 된다. 특히 지나친 직무전문화로 인한 일상 작업생활에서의 단조로움, 권태감, 작업에 대한 의미상실 등은 작업자에게 직무스트레스 내지 소외감을 가져다주어 이것이 이직으로 연결되는 것이다. 그뿐만 아니라 작업량이 많아 정신적 · 육체적으로 견디기 어렵다든지, 직무수행에 있어서 자율성이 매우 낮거나 역할모호성이 높을 경우 이직률이 높아지게 된다.

5) 개인특성요인

이직과 관련되는 개인특성요인은 종업원의 연령, 근속연수, 가족부양책임, 교육수준 등이 있다. 이직과 연령은 매우 높은 부정적 관계가 있는데 이것은 젊은 종업원의 이직률이 나이 많은 종업원의 이직률보다 훨씬 높다는 것을 의미한다. 종업원의 근속연수 역시 이직에 대해 연령과 유사한 경향을 보여주고 있다. 또한 종업원의 부양가족수가 적을수록 그리고 교육수준이 높을수록 이직률이 높게 나타난다.

3.2 자발적 이직

인력의 확보와 관리라는 측면에서 신규 종업원의 채용 혹은 스카우트뿐만 아니라 현직 종업원의 이직을 방지했다는 것은 대단히 중요한 문제이다. 이러한 관점에서, 기업의 입장에서 대부분 회피가능 이직이라 할 수 있는 자발적 이직의 원인을 우선 파악해보는 것이 필요하다.

기업에서는 종업원이 이직할 때 떠나는 종업원에게 관심을 가질 여유가 없다고 생각할 것이 아니라 왜 이직하는지 그 원인을 충분히 연구 · 검토할 수 있는 기회를 가져야 한다.

종업원이 이직하는 이유를 알아내는 방법에는 퇴직면접과 퇴직 후 설문지를 통한 방법이 있다. 퇴직 시 행하는 퇴직면접은 면접자가 체크목록을 가지고 직접 상담하는 방법이다. 이것은 퇴직원인만을 알아내는 것이 아니라 이직원인이 회사의 적절한 조처에 의하여 구제될 수 있는 것이라면 이직을 방지할 수 있는 방법도 찾을 수 있다. 그러므로 면접자는 적절한 면접기준을 가지고 종업원의 실제 퇴직이유를 알아낼 수 있는 사람이어야 한다. 그렇지 않고 미숙한 면접자라면 피상적인 퇴직이유만 알아내어 준비한 체크목록에 기입하는 것으로 그치고 말 것이다.

퇴직 후 설문지법은 종업원이 퇴직한 후 일정기간이 경과한 후에 이들을 대상으로 그들의 퇴직이유를 우편에 의한 설문지를 배포하여 질문하고 익명으로 답변을 구하는 방법이다. 이러한 방법에 의하면 회답자의 이름을 알 수 없으므로 퇴직면접자의 이유와 개별적으로 비교할 수는 없으나 퇴직 후 일정한 기간이 경과한 종업원들은 전직 기업에 대해 어느 정도 냉정한 판단을 내릴 것이다.

그러므로 퇴직면접과 병행하여 퇴직 후 설문지법을 통하여 이직관리 대책의 개선점을 추구하는 제도적 장치는 이직을 감소시키기 위해서 유용한 관리수단으로 활용할 수 있을 것이다.

토·의·문·제

1. 조하리 창은 무엇인가?

2. 인사 카운슬러의 임무는 무엇인가?

3. 이직원인은 무엇인가?

Chapter 11

통합관리

학 / 습 / 목 / 표

- 인간관계관리에 대한 이해
- 인간욕구와 갈등에 대한 이해
- 갈등과 조직성과에 대한 이해
- 노사관계관리에 대한 이해

인간은 누구나 자기가 몸담은 조직에 대해 기대하는 욕구를 지니고 있다. 조직 또한 조직구성원으로부터 기대하는 욕구가 있다. 개인의 욕구와 조직의 욕구는 항상 일치하는 것이 아니다.

개인의 욕구와 조직의 욕구가 서로 다를 때는 갈등이 발생한다. 이때 조직은 이러한 갈등이 구체적으로 무엇인가를 알아야 한다. 그리고 종업원의 욕구가 무엇인가를 살펴보고 그 갈등을 생산적으로 바꾸는 노력이 매우 중요하다. 인간욕구와 조직욕구에 대한 이슈와 노사 간의 관계를 살펴본다.

인공지능기술 사업화의 성공조건

"인공지능(AI)은 4차 산업혁명을 견인하여 인류의 미래를 크게 변화시킬 기술임에 틀림없다." 이런 평가가 지배적이다 보니 기업으로서는 AI를 중시할 수밖에 없으며 가능한 한 빠른 시기에 사업에 활용하고 싶다. 하지만 얼마를 투자해서 무엇을 얻고 싶은가에 대한 판단이 불확실하다는 이유로 아직은 아이디어를 시험하는 수준에 머무른 기업이 많다. AI에 관심은 많지만 사업기회를 어떻게 만드는지 잘 모르겠다는 기업이 대다수다.

기업에서는 AI에 대한 기대감과 함께 불안감도 큰데 여기에는 인재 확보 문제도 한몫한다. AI 기술은 개발 역사에 비해 개발자가 많지 않았다. 그러나 알파고 이후 순식간에 AI가 관심의 초점이 되면서 개발자 부족이 크게 부각되었다. 기업의 개발자 확보경쟁은 치열하지만 이는 비단 AI에만 국한된 이야기가 아니다. 인재 확보는 기업 생존을 위한 가장 첫 번째 필수 항목이기 때문이다. 문제가 무엇인지 알면 이 문제는 해결할 수 있다. AI 개발자 문제를 해결하기 위해 많은 대학에서는 AI를 필수과목으로 지정하였으며 관련 수업에는 수강생이 넘쳐난다. AI 대학원도 계속 늘어날 전망이다. 개발자는 국가와 기업이 투자한 시간과 비용에 비례해서 늘어나기 마련이다.

기업에서 AI 개발자를 원하는 이유는 명확하다. AI를 활용한 사업기회의 확대다. 새로운 기술을 개발하고 이를 이용하여 새로운 사업기회를 만드는 작업을 기술사업화라고 한다. 하지만 기술이 있다고 해서 사업기회가 저절로 생기지는 않는다. 여기에 함정이 있다. 기술개발과 기술사업화는 전혀 차원이 다른 영역이다.

AI 개발자는 어느 산업에서든 공통으로 사용할 수 있는 이론과 기술을 중시한다. 이들은 특정 산업을 알지 못하며 경험이 부족하다. 그러므로 기술사업화를 원한다면 개발자 외에도 특정 산업을 깊이 이해하는 경영자가 필요하다. 경영자는 현실적인 경험을 통해서 양성되기 때문에 시간이 걸린다. 경험은 기술사업화에 장점으로도 단점으로도 작용하지만 경영자 양성에 많은 시간이 필요하다는 사실은 분명하다. 경영자가 가진 경험은 개발자의 지식으로 보완하고 견제한다. 최신 AI 기술을 자유자재로 구사하는 개발자와 특정 산업의 지식과 경험을 가진 경영자가 함께할 때 기술사업화의 성공확률이 높아진다.

개발자와 경영자가 힘을 합하여 AI의 사업기회를 만들 때는 두 가지 힌트가 유효하다. 하나는 지식사이클이다. 경영자가 경영목표를 제시하면 개발자는 데이터를 수집하고 처리한다. 종류가 다양하고 방대한 양의 데이터를 실시간으로 분석하여 숨겨진 의미를 발견하는 작업이다. 이 작업을 통해서 경영자가 원하는 목적에 가장 적합한 최적해를 구한다. AI가 빛을 발하는 작업이며 개발자가 공헌하는 부분이기도 하다. 경영자는 최적해를 바탕으로 경영에 관한 의사결정을 한다. 그 결과는 사업에 반영되어 성과를 만든다. 경영자는 새로운 경영목표를 제시하고 개발자는 자신의 역할에 충실하다. 사이클을 반복하면서 지식을 축적한다.

또 하나는 고객 관점이다. 여느 기술과 마찬가지로 AI의 사업기회 역시 기술이 아니라 고객에게서 발견한다. AI 기술 자체를 제품으로 하는 기업도 있지만 기술을 활용하여 새로운 제품과 서비스를 개발하는 기업이 훨씬 더 많다. 마치 엔진 자체를 개발하는 기업보다 엔진을 구입해서 새로운 제품을 개발하는 기업이 훨씬 더 많은 현실과 같다. 그렇다면 고객이 불만을 느끼거나 불편해하는 곳에 집중할 수밖에 없다. 고객이 직접 할 수도 있지만 귀찮고 시간이 많이 걸리는 곳이라면 반드시 사업기회가 있다.

어떤 기술이라도 사업기회로 연결되어야만 기업에 의미가 있다.

현재 우리나라에서는 AI 개발자 양성에 정책의 초점이 맞추어져 있다. 사업기회를 원한다면 AI 기술을 이해하는 경영자 역시 반드시 필요하다. 기술과 경영이 힘을 합해야만 인공지능의 사업기회를 만들 수 있다. 기술과 경영은 동전의 양면과 같기 때문이다.

자료 : 매일경제, 2019. 4. 3.

1 인간관계관리

1.1 인간관계의 중요성

기업이 기대하는 결과를 얻기 위해서는 조직구성원과 조직 간의 합리적인 통합이 필요하다. 인간의 욕구가 조직의 욕구와 만나면 갈등이 자주 발생한다. 이 장에서는 인적자원의 본질이 무엇인가 그리고 이 인적자원을 조직과 어떻게 통합시킬 것인가를 살펴보는 것이 그 목적이다. 즉 조직에서 피할 수 없는 갈등에 어떻게 대처하고 갈등을 통합할 수 있는 기구나 유형을 살펴보는 것이 그 목적이다.

이러한 점에서 관리활동은 '인간관계'라고도 불리고 있다. 인간관계의 목적은 개인과 조직의 공동목표를 위해 생산적이고 창조적인 협동을 가져올 수 있는 합리적 통합에 있다. 그러므로 관리자들에게는 인간관계에서의 문제를 이해하고 대처하기 위해 심리학, 사회학, 인류학 및 인성학과 같은 분야에서의 지식을 필요로 한다.

기업과 종업원의 이해관계는 [그림 11-1]과 같이 나타낼 수 있다. 이 그

그림 11-1 | 종업원과 조직의 이해관계의 통합

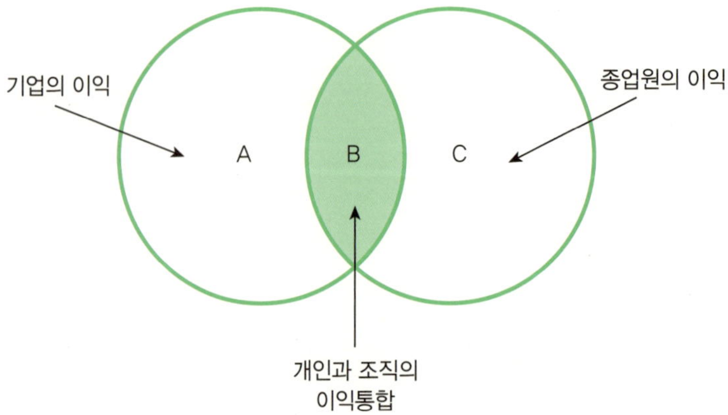

림에서 보는 바와 같이 기업과 종업원의 이익을 기준으로 살펴볼 때 기업에만 이익이 되는 A영역, 기업과 종업원 모두에게 이익이 되는 B영역 그리고 종업원의 이익에만 도움이 되는 C영역 등으로 구분된다. 이때 기업과 종업원의 관심은 공통적으로 도움이 되는 B영역으로 모아질 수밖에 없을 것이다.

기업의 이익만을 추구하게 될 때에는 종업원들이 궁극적으로 그 기업에 계속적으로 머문다고 예상하기 어려우며, 또한 종업원의 이익만을 추구할 경우에 기업은 존립이 어려워지게 되며, 이로 인해 종업원도 그 기업의 종업원이란 신분을 유지하지 못하게 될 것이기 때문이다.

기업과 종업원 모두에게 도움이 되는 B영역을 확대시키기 위한 많은 노력들이 있었다. 예를 들면, 직무확대나 직무충실과 같은 직무설계, 다양한 보상 프로그램, 참여적인 의사결정 등이 영향을 미치는 것으로 나타났다. 이러한 프로그램이 성공적일 경우 결근율 및 이직률의 감소, 사기앙양 및 업무의 질 향상, 생산성 등의 성과를 얻을 수 있다.

기업이 그 목적하는 바를 이루기 위해서는 구성원인 종업원들의 절대적인 협력을 필요로 한다. 이때 종업원들의 행동을 이해하고 기업의 목표를 향해 공동으로 노력하도록 하기 위해서는 먼저 인간욕구에 대한 지식을 필요로 한다.

1.2 인간관계관리의 제도

1) 인사상담제도의 의의

인사상담제도는 기업이 전문적 교육을 받은 상담자를 배치하여 종업원의 직무관련 불평불만이나 개인적 고민 및 인간관계 문제에 관하여 자유로이 상담할 수 있도록 하는 제도이다. 종업원들은 직무수행이나 조직활동에 관련된 불평불만이나 가정생활 및 사회활동에서 비롯된 고민이나 갈등으로 인하여 사기가 저하되고 근로의욕이 좌절됨으로써 작업능률이나 생산성이 떨어질 수 있다. 따라서 인사상담제도는 경영자들이 회사 내에 전문상담자를 두어 종업원들의 직무상 불만이나 개인적 고민에 관하여 상담할 수 있도록 하여 직장에서 그들의 불평이나 갈등을 해소하고 개인적 고민을 해결해줌으로써 인간관계를 개선하고 사기를 양양하며 근로의욕을 향상하려는 데 목적을 두고 있다.

따라서 회사는 전문적 지식 · 훈련 · 경험을 가진 상담자로 하여금 종업원들을 직접 대면하여 직무상의 불평불만이나 개인적 고민을 들어주고 공감하며 개선방향을 추천하여 자주적으로 문제를 해결하도록 도와주고 있다.

2) 인사상담제도의 방법

(1) 지시적 상담

피상담자의 과거 경력은 현재의 행동을 이해하는 데 도움이 된다는 사고에 기초를 둔 것으로, 상담자는 피상담자의 호소를 경청하고, 그들이 무엇을 해야 할 것인가를 결정하도록 조언과 지시를 하는 것이다. 이에 상담자는 피상담자가 가진 문제의 원인을 규명하고, 해결책을 마련하기 위하여 필요한 자료를 조사 및 분석해야 한다. 그러나 이 방법은 상담자가 실제로 종업원의 문제를 올바르게 이해하고 있는지, 또한 상담자가 올바른 결정을 내리기 위한 지식과 판단력을 가지고 있는가에 대해 의문이 생길 수 있다.

(2) 비지시적 상담

상담자가 피상담자의 이야기를 동정적으로 그리고 중립적인 태도로 들어주는 소극적 상담이다. 피상담자는 자신의 문제에 대하여 상담자에게 이야기함으로써 정서적 긴장을 완화시킬 수 있고, 문제에 대한 해결책을 스스로 찾게 된다. 따라서 편한 상담 분위기가 매우 중요하며, 상담자는 피상담자의 이야기를 평가하거나 그들의 행동방향을 제시하기보다는 그들 스스로 적응해 가도록 하는 데 역점을 두게 된다.

(3) 협조적 상담

오늘날 인사상담은 지시적 상담과 비지시적 상담을 절충한 협조적 상담이 많이 활용되고 있다. 피상담자의 문제해결에 도움이 되는 아이디어를 협조적으로 교환하는 상담자 대 피상담자의 상호 대등관계에서 이루어지는 상담이다. 그러므로 어느 한편이 주도적인 역할을 하는 것이 아니고 두 사람이 서로 협력하여 해결방안을 모색하게 된다. 또한 상담이 진행됨에 따라 상담자는 조언 및 문제의 해결을 위한 선택적 대안을 제시하는 적극적인 역할을 수행하게 된다.

3) 제안제도의 의의

제안제도는 조직 자체의 운영이나 업무개선, 비용절감, 능률향상, 경영합리화 등을 제고하기 위하여 종업원들의 아이디어를 체계적으로 수집하고 평가하여 이를 공식적으로 활용하는 제도이다. 제안제도는 조직 전체의 모든 종업원에게 참여의 기회를 제공하고 채택된 제안에 대하여 보상을 하는 것이 특징이다.

이러한 제안제도는 1880년 영국의 조선업자 데니(W. Denny)가 종업원들로부터 유익한 의견을 수집하기 위하여 제안함을 설치한 것에서부터 시작하였는데, 인간관계관리에서 적용된 것을 1930년대부터이다. 제안제도는 종업원에게 자유로이 제안할 기회를 주고 우수한 제안은 그것을 채택 · 실시하는 것이다. 그러므로 채택된 제안에 대해서는 제안된 내용의 가치에 상응한 보상을 하여야 한다. 종업원은 제안에 의해 자아실현의 욕구를 충족함과 동시에 조직발전에 기여하게 된다.

4) 제안제도의 운영방법

제안제도의 운영절차는 대체로 제안의 제출–심사–보상의 과정을 거치게 되는데 구체적으로 살펴보면 다음과 같다.

첫째, 제안위원회 설치로서, 제안제도의 효율적 운영을 위하여 회사 내에 제안위원회를 설치하도록 한다. 위원회는 중역이나 중간관리자들로 구성하는 것이 보통이나 심사의 공정을 기하기 위하여 종업원 대표를 위원으로 참여하도록 할 수 있다. 위원회는 제안제도의 전반적 운영에 관한 제도를 정비하고 제안을 심사하며 정해진 기준에 따라 보상을 결정한다.

둘째, 제안의 대상으로서, 제안은 모든 직무수행이나 조직운영의 개선을 대상을 하고 있으므로 기계기구의 개량, 작업방법의 개선, 작업조건의 개선, 직무환경의 개선, 조직운영 및 제도의 개선 등을 포함한다. 그러나 단순히 개인의 고충이나 불편사항은 제안의 대상이 되지 않는다.

셋째, 제안함의 설치로서, 종업원들이 쉽게 접촉할 수 있는 직장 내의 여러 곳에 제안함을 설치한다.

넷째, 제안의 접수로서, 제안함에 제출된 제안을 제안위원회가 접수하여 일련번호를 매기어 접수일자를 써넣는다.

다섯째, 제안의 심사로서, 정기적으로 제안위원회를 개최하여 접수된 제안을 심사한다. 심사는 제안자의 성명을 사용하지 않고 접수번호로서 처리하도록 하며, 제안의 심사는 제안의 독창성, 실현가능성, 능률개선 정도, 원가절감 효과 등을 평가하여 보상을 결정한다.

여섯째, 심사결과의 피드백 및 보상으로서, 제안의 심사가 완료되면 심사결과를 제안자에게 피드백해 주어야 한다. 제안의 심사과정이나 결과를 제안자에게 피드백함으로써 채택되지 않은 제안에 대해서는 그 이유를 알도록 하고 채택된 제안에 대해서는 소정의 보상을 하도록 한다.

5) 고충처리제도의 의의

고충처리제도는 기업의 인적자원관리 정책이나 직무수행에 관련된 종업원의 불평불만을 해소하고 처리하기 위한 체계적 제도를 말한다. 고충처리는 주로 근로조건이나 직무환경의 불편사항에 대한 불평불만을 처리하는데 초점을 두고 있으나, 그 밖에 직장 내에서 상사와 종업원 간의 의견이나 감정의 대립, 종업원 상호 간의 불신이나 갈등의 심화로 인한 고충을 처리하기 위하여 조직 내에 고충처리기구를 운영함으로써 종업원들의 인간관계를 개선하고 조직활성화를 추구하는 것이다.

고충은 일반적으로 조직의 정책, 직무, 관리 관행 또는 노사관계와 관련하여 정당하지 못하거나 불공정하다고 생각하는 사항에 대해서 종업원이 문서로 작성하여 제출함으로써 공식적으로 제기된다.

6) 고충처리제도의 운영방법

첫째, 종업원이 고충문서를 작성하여 일선감독자와 노동조합 사무장을 만나서 고충을 제출한다. 대부분의 고충은 이 단계에서 해결되나 해결되지 않으면 고충처리위원회에 회부된다.

둘째, 해결되지 않은 고충은 중간관리자와 노동조합 간부(위원)로 구성된 고충처리위원회에서 협의하여 처리하도록 노력한다.

셋째, 최고경영층 대표와 노동조합 대표가 고충을 해결하기 위하여 협의하고 시도한다.

넷째, 노사 간 합의에 이르지 못한 고충은 최종결정을 위하여 중개자에게 넘겨진다. 중재는 보편적으로 쌍방의 합의에 의하여 선임된 개인이나 위원들에 의하여 처리된다.

2 갈등관리

2.1 갈등발견의 제 기법

경영을 제아무리 잘한다고 해도 조직 내의 종업원과 조직 간에 갈등은 일어나게 마련이다. 어떤 조직에서라도 갈등이 전혀 없다는 것은 기대할 수도 없고, 기대해서도 안 된다. 오히려 그것은 갈등이 억압되거나 숨겨지고 있다는 증거인 것이다. 성숙한 집단이나 조직의 특징 가운데 하나는 억압되었거나 숨겨진 갈등을 기꺼이 표면화시키고 또 그럴 수 있는 능력을 갖추고 있다는 점이다. 모든 갈등은 본래 나쁘거나 바람직한 조직에 반대되는 것도 아니다.

조직 내의 갈등은 지금까지 타성에 젖은 관리방식을 재검토하게 하여 새로운 조정을 통해 조직의 전반적인 효율성을 향상시킬 수 있다. 조직 내의 갈등을 제대로 관리하기 위해서는 먼저 당면한 갈등을 발견하고 노출시키는 것이 중요하다. 갈등을 발견할 수 있는 기법들로는 다음을 들 수 있다.

1) 고충처리(Grievance Procedure)

이는 경영자에게 불만을 이야기할 수 있는 가장 중요한 통로이다. 이와 같은 대화통로는 개인이 상사에게 불평을 이야기할 수 있는 용기를 가지고 있다고 가정한다. 노조가 커뮤니케이션에 끼친 공헌은 이 용기를 부여했다는 것이다. 고충처리는 갈등을 발견하는 수단으로서 중요시된다. 상사가 종업원의 불평을 무시하고 불만이 종업원 가운데 쌓일 때는 일반적으로 고충상태에 있다고 할 수 있다. 많은 경우 고충에는 노동계약규정을 해석하는 것과 적용하는 것도 내포된다.

2) 직접관찰(Direct Observation)

어떤 사람이 가진 모든 갈등이 다른 사람에게 다 전달될 수는 없다. 이때 능력 있는 상사는 부하의 일상적인 행동을 파악하고 그 행동에 눈여겨볼 만한 변화가 있으면 그 동기가 무엇인가에 관심을 갖는다. 이때 동기는 어떤 사람이 기대했던 승진을 하지 못한 경우처럼 분명한 것이 많다. 이 경우 당사자는 아무 말도 하지 않을 수도 있다. 그렇지만 그의 작업태도는 달라지기도 한다. 이와 같은 갈등은 관리하기가 어렵다. 그래서 관리자는 생산성이 크게 영향을 받지 않는 범위 내에서 부하의 실망을 어느 정도는 완화시킬 수 있어야 한다.

3) 제안함(Suggestion Boxes)

제안함의 기본목적은 종업원들 간에 창의적인 사고를 촉진하는 데 있다. 이 제도는 높은 인센티브를 얻기 위해 열심히 노력한다기보다는 효율적으로 직무를 수행하는 방법을 개선하도록 촉진하고 설비 · 원료 및 절차를 개선하는 데 그 목적이 있다.

여기서 말한 제안함은 '고민거리상자'라고도 한다. 자신의 이름을 밝히지 않고 고민을 말할 수 있는 제안제도를 둔 회사는 모든 갈등을 어떻게 노출하도록 할 것인가에 관심을 가지고 있다. 이름을 밝히지 않고 제안을 하게 하면 잘 이야기하지 않으려는 불만까지도 말할 수 있게 된다.

4) 문호개방정책(Open-door Policy)

문호개방정책은 잘 알려져 있으면서도 그 활용도는 높지 않다. 경영자는 자신과 대화하고 싶은 사람은 누구에게나 문이 열려 있다고 알린다. 이 기법은 불만을 발견하는 데 목적을 두고 있고 '뻔뻔스러운' 사람에게만 호소력이 있다. 대부분의 종업원은 이 방법을 인정하면서도 직접 경영자의 문을 두드리는 것은 거의 불가능하다. 그들은 의상, 언어 및 태도에 신경을 써야 한다. 이 기법은 민주적이고 좋은 것이지만 일반적으로 그 효율성에는 의문이 든다.

5) 인사 카운슬러(Personal Counselors)

규모가 약간 큰 조직은 숙련된 심리학자들을 채용하여 종업원들의 카운슬러로 일하게 하기도 한다. 일반적으로 이들은 인사부서의 종업원들이다. 카운슬러제도의 원리는 고충처리원리와 유사한 면이 있다. 종업원들이 상사에게 가고 싶지 않을 경우 그들의 신분이나 말을 보장해줄 수 있는 직속상사가 아닌 다른 사람을 찾을 수도 있다. 인사 카운슬러에 대한 공정성과 신뢰분위기를 조성하는 데는 시간이 필요하다.

6) 퇴직자면담(Retirement Interview)

종업원이 기업을 그만둘 만큼 갈등이 클 때 회사를 그만둔 퇴직자와의 면담을 통해 종업원의 불만이 무엇인가를 발견할 수도 있다. 이 경우 면담은 비정형적인 면담이 선호된다.

물론 이 기법에도 문제는 있다. 즉 종업원의 이직이 회사에 대한 어떤 불만 때문일 경우 한 번 떠난 종업원은 그 문제를 다시 새삼스럽게 꺼내 이야기하는 것을 꺼리는 것이 일반적이다. 그것은 일단 기업을 떠나기는 했어도 그 종업원이 다음 직장을 구하려 할 때는 항상 이전 직장에 대한 조회가 뒤따르기 때문이다. 따라서 퇴직자의 면담을 통해 기업을 그만둔 종업원의 근본적인 이직동기를 파악하는 데는 상당한 기술을 필요로 한다.

7) 민원조사원(Ombudsman or Ombudswoman)

이것은 갈등해결의 직접적인 기구는 아니다. 민원조사원은 보통 계층구조밖에 있으므로 종업원과의 대화를 원활하게 하고 하위계층의 종업원이 그들이 지닌 문제를 최고경영층에 상정하게 한다. 예를 들면, 어떤 종업원이 상사로부터 제대로 대우를 받지 못했다고 느낄 경우 그는 민원조사원에게 직접 찾아갈 수가 있다. 이때 민원조사원은 제기된 문제를 조사하거나 그 상사나 최고경영자를 통해 문제를 해결할 수도 있다. 민원조사원은 관련 종업원에게 정보를 주고 불필요한 오해를 해소하게 한다. 그 외에도 개인적인 관심을 보임으로써 종업원의 소외감을 덜어줄 수 있는 장점이 있다. 그렇지만 주요 갈등을 해결하는 데는 한계가 있다.

8) 기타 경로(Miscellaneous Channels)

갈등을 드러내는 방법은 앞의 방법 이외에도 여러 가지가 있다. 예를 들면, 집단모임, 토론모임, 종업원의 자발적인 편지가 이용될 수 있다. 그리고 현재의 종업원들을 대상으로 하여 정형적인 면담을 이용할 수도 있다. 단체교섭 역시 종업원의 불만을 발견할 수 있는 정형적인 방법이다.

이 밖에도 정보원을 이용할 수도 있다. 이 방법들은 잘만 이용하면 도움이 될 수 있다. 그러나 고용주가 제아무리 좋은 의도로 정보원을 이용한다 해도 정보원은 종업원들에게 거부감을 줄 수도 있다. 이 방법들을 이용할 때에는 반드시 분리하여 사용할 필요는 없다. 조직의 특성과 형태에 따라 신축적으로 한 가지 이상의 방법을 혼합하여 사용할 수도 있다.

2.2 인간욕구와 갈등

매슬로우(A.H. Maslow)는 인간이 지닌 욕구를 [그림 11-2]와 같이 분류하고 있다. 내용은 다음과 같다.

1) 생리적 욕구

이 욕구는 개인이 자신의 생리적 균형을 유지하는 데 필요한 욕구로 먹고 자고 입는 욕구를 말한다. 개인의 욕구에 있어서 가장 기본적인 욕구이다. 예를 들면, 임금, 휴식, 작업환경과 같은 욕구이다. 직장에서 흔히 발생하는 갈등은 임금문제로 인한 갈등이 많다. 이러한 갈등은 생리적 욕구가 충족되지 못해서 오는 갈등이라고 할 수 있다.

그림 11-2 | 매슬로우의 욕구 5단계

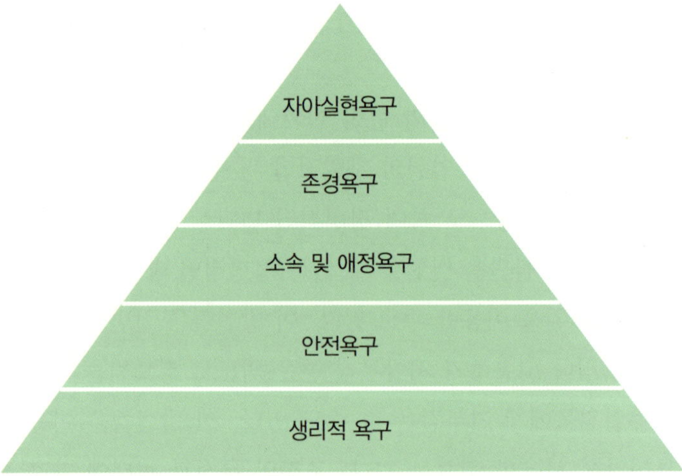

2) 안전욕구

이 욕구는 육체적 안전과 심리적 안정에 대한 욕구를 말한다. 예를 들면, 생명의 안전, 직업보장 그리고 생계에 대한 보험 등을 말한다. 조직에서의 구조조정에 대한 저항은 안전욕구에서 나온 현상이다. 많은 학생들이 공무원 공부에 매달리는 것이나 자격증에 매달리는 것 또한 안전욕구를 충족하기 위한 방법이라고 할 수 있다.

3) 소속 및 애정욕구

이 욕구는 상호 간의 교제, 친분, 소속 등 서로 정을 주고받고 그 집단에 소속되기를 원하는 욕구를 말한다. 예를 들면, 동료나 이성 간의 교제를 갈구하는 욕구를 말한다. 어떤 사람이 비싼 회비를 내면서도 어떤 모임에 가입하려는 것은 소속욕구를 충족하기 위해서이다.

4) 존경욕구

이 욕구는 다른 사람들로부터 존경을 받고 싶어 하는 심리적 상태를 말한다. 여기에는 직위 · 신분, 성과급의 증가, 인정 및 승진기회 등이 포함된다. 부모가 자녀에게 훌륭한 사람이 되라고 말하는 것은 이 욕구를 충족하라는 것이다. 동물에게는 이 욕구가 없다.

5) 자아실현욕구

이 욕구는 개인 자신의 잠재능력을 최대한 발휘하고자 하는 욕구를 말한다. 여기에는 개인의 기술 향상, 창조적 활동, 성공과 승진, 꿈과 이상의 실현 등이 포함된다. 예를 들면, 테레사 수녀가 평생을 가난하고 헐벗은 사람을 위해 자신의 삶을 산 것은 자아실현의 욕구가 있었기 때문이다.

매슬로우가 지적한 바와 같이 인간의 욕구에는 물질적인 것과 비물질적인 것이 있다. 생리적 욕구, 안전욕구나 소속 및 애정욕구는 사람에게도 있고 동물에게도 있다. 그래서 어떤 사람은 이들 욕구를 하위욕구 또는 생리적 욕구라고도 한다. 그러나 존경욕구나 자아실현의 욕구는 인간만이 가지고 있는 욕구이다. 어떤 사람들은 이들 욕구를 상위욕구 또는 사회적 욕구라고 부른다. 부모들이 자식에게 커서 훌륭한 사람이 되라고 말하는 것은 이러한 욕구가 삶에서 얼마나 중요한가를 보여주는 예이다.

그러면 인간은 얼마만큼의 욕구를 가지고 있을까?

불행하게도 인간은 끝없는 욕구를 가지고 있다. 그래서 인간은 욕구의 동물이라고 말하는 사람이 있다. 그런데 이 끝없는 인간의 욕구를 채워줄 자원은 너무나 한정되어 있다. 여기서 갈등이 생기는 것이다. 인간 누구나 피할 수 없는 갈등을 제대로 풀기 위해서는 인간의 욕구는 어떤 식으로 충족되는가 하는 것을 살펴볼 필요가 있다. 부모가 자녀에게 "너는 뭐가 부족해서 그렇게 불만이 많은 거야?"라고 말하면 그 부모는 자녀를 몰라도 한참 모르는 것이다. 제대로 자녀를 알기 위해서는 그 아이가 무엇을 원하는지 아는 것이 필요하다. 즉 그 아이의 욕구가 무엇인가를 파악할 필요가 있는 것이다.

인간의 욕구를 설명한 허즈버그(Herzberg)는 인간이 지닌 욕구를 위생요인과 동기요인으로 분류하여 설명하고 있다.

위생요인은 임금, 작업조건, 대인관계, 회사규칙 등을 말한다. 이것은 인간의 외면적인 것을 말한다. 이에 비해 동기요인은 성취감, 만족감, 인정감, 가치 있는 일 및 책임감 등을 말한다. 이것은 인간의 내면적인 것을 말하고 있다.

임금이나 작업조건과 같은 인간의 외면적인 것이 충족된다 해도 성취감이나 인정감, 가치 있는 일 같은 인간의 내면적 욕구가 충족되지 못하면 기대하는 성과는 이룰 수 없는 것이다.

앞서 말한 것 같이 인간은 무한한 욕구를 가지고 있다. 그런데 그 욕구를 충족할 수 있는 자원은 한정되어 있다. 그러면 그 무한한 인간의 욕구를 어떻게 충족해줄 수 있는가? 이 문제를 풀기 위해서는 인간이 지닌 욕구의 유형을 이해할 필요가 있다. 즉 물질적인 욕구인가, 아니면 비물질적인 욕구인가를 살펴보아야 한다.

일찍이 버튼(Burton)은 인간의 욕구에 따른 갈등을 ① 가치갈등, ② 이해갈등의 두 가지로 분류하고 있다.

인간의 모든 갈등은 이들 갈등 때문에 발생한다. 인간의 어떤 생리적인 욕구가 충족되지 못해서 발생하기도 하고 인간의 정신적인 욕구가 충족되지 못해서 발생하기도 하기 때문이다. 여기서 인간의 물질적인 만족대상은 기본적으로 인간이 쓸 수 있는 한정된 자원에 기초하고 있다. 반면 인간의 비물질적, 즉 정신적 만족대상은 인간의 마음속에 있는 내면에 자리 잡고 있다.

인간의 물질적인 욕구를 충족하는 데는 한계가 있다. 그것은 물질에 한계가 있기 때문이다. 이에 비해 인간의 비물질적인 요인 때문에 생기는 갈등은 잘하면 얼마든지 해결할 수 있는 것이다. 여기서 인간의 지혜가 요구된다. 대화가 중요한 것도 바로 그런 이유 때문이다. 똑같은 말이라도 '아' 다르고 '어' 다르므로 인간의 많은 문제가 말 때문에 생기는 경우가 너무나 많이 있는 것이다. 여기서 커뮤니케이션의 중요성이 대두되는 것이다. "말 한마디로 천 냥 빚을 갚는다"는 옛말은 그냥 흘려들을 이야기가 아니다.

인간의 내면적인 욕구를 충족하지 못하면 그 사람의 갈등은 해결될 수가 없다. 세계에서 가장 잘산다고 하는 나라에서 자살률이 높은 것도 그 사람들의 내면적인 욕구가 충족되지 못해서 생기는 현상이다. 따라서 비물질적인 만족대상은 기본적으로 써도 다함이 없는 심리적 차원에 기초하고 있다.

그래서 버튼(Burton)은 사고의 훈련을 강조하고 있다. 인간 사고의 훈련은 한정되어 있는 물질적 만족대상을 무한히 쓸 수 있는 비물질적인 만족대상으로 바꾸어주는 방법들을 적극 모색할 때 갈등이 줄어들 수 있다.

그러면 인간의 비물질적인 대상은 어떻게 충족될 수 있을까? 또 충족되지 못할 경우에는 어떠한 갈등이 발생하는가를 살펴보자.

2.3 심리적 측면에서의 갈등

1) 심리적 갈등의 의의

심리적 갈등이란 말은 브로이어(J. Breuer)와 프로이드(S. Freud)가 처음 사용하였다. 심리적 측면에서 갈등이란 상반되거나 상호 배타적인 두 개의 충동, 욕구 및 경향 등이 동시에 발생하는 것이라고 말하고 있다.

그 예를 들면 다음과 같다. 어떤 남자가 제아무리 매력 있는 두 여성에게 호감이 간다 해도 그는 동시에 그 두 여성과 결혼할 수 없는 경우이다.

또 다른 예로는 안나(O. Anna)의 경우를 들 수 있다. 그녀는 죽음을 눈앞에 두고 있는 아버지를 보살피는 데 온 정성을 다하는 감수성 강한 젊은 여성이었다. 그런데 아버지께만 헌신하리라는 그녀의 생각이 어느 날인가 흔들리기 시작한 것이다. 차리리 아버지가 빨리 세상을 떠남으로써 견디기 힘든 아버지의 고통을 끝내는 것이 낫지 않겠는가라는 바람으로 생각이 바뀐 것이다.

2) 심리적 갈등의 결과

인간이 겪는 심리적인 갈등이 심해지면 그 갈등으로 노이로제나 성격탈선의 현상을 보인다. 때로는 위궤양, 알콜중독이나 전에 없는 거친 태도가 나타나기도 한다.

3) 심리적 갈등의 해결방법

심리적 갈등을 해결하려면 먼저 인간의 다양한 욕구를 이해할 필요가 있다. 단순히 물질적인 것만으로 모든 것이 해결될 수 없는 것은 인간의 다양한 욕구 때문이다. 때로는 물질적인 것보다는 인간의 내면적인 욕구를 충족시켜줌으로써 갈등이 해결되기도 한다. 그 몇 가지로는 다음의 방법을 들 수 있다.

(1) 순화

순화를 통해서 당사자의 육체적 욕망은 사회적으로 바람직한 여러 가지 행동으로 바뀔 수도 있다. 이것은 조직 내 개인의 심리적인 갈등을 해결하는 데 매우 설득력 있는 방법 중의 하나이다. 구체적인 예를 들면, 과학분야나 예술분야 또는 자신이 이루고 싶은 보람된 일 등을 하게 함으로써 갈등을 해결할 수 있다.

(2) 다양한 형태의 교육

인간의 심리적인 갈등의 하나로 일과 관련된 갈등을 들 수 있다. 이러한 일과 관련된 갈등은 일에 대한 교육을 통해서 해결할 수 있다. 교육을 통해 주위의 환경을 볼 수 있고 그 중요성을 깨닫기도 한다. 교육은 단순한 테크닉을 가르치는 것만이 아니고 그 사람을 바람직한 방향으로 변화시키는 것이라고 한다. 많은 조직에서 사람들은 성과와 능률을 원한다. 그 성과와 능률 또한 일하는 사람들을 통하여 이루어지고 그것을 통해 심리적인 갈등을 해결하는 경우가 많이 있다.

(3) 단순한 기법이나 방법의 탈피

먼저 함께 일하는 사람들의 욕구와 고객의 욕구가 무엇인가를 정확히 이해하는 것이 중요하다. 그것은 심리적 측면에서 보면 갈등이란 어떤 사람이 가진 욕구가 충족되지 못할 때 발생하는 경우가 많기 때문이다. 그런데도 사람들은 이러한 다양한 욕구를 알지 못하고 단순한 기법이나 방법만을 찾으려 하는 경향이 있다. 실제로 어떤 사람에게는 효과적인 방법이 다른 사람에게는 효과적이 아닌 경우가 많이 있기 때문이다. 기법이나 방법의 맹목적인 적용에 앞서 그 사람이 처한 상황을 고려하면서 그에게 적절한 것인가를 냉철하게 살펴볼 필요가 있다.

현대의 많은 정신분석가들은 인간의 갈등 가운데서도 성취욕구, 친교욕구 및 의존욕구가 충족되지 못함으로써 발생하는 갈등을 강조한다.

인간은 누구나 물질적인 만족으로는 한계가 있다. 아무리 물질적으로 만족스럽게 해도 마음이 공허한 것은 인간의 내면적인 욕구가 채워지지 못하기 때문이다.

오늘날 많은 기업이나 학교에서 종업원들이나 학생들에게 사회봉사활동에 관심을 갖게 한 데는 이유가 있다. 때로는 장애우를 돕거나 독거노인을 보살피는 데서 마음에 기쁨과 보람을 느끼게 되는 것이다. 그것은 인간이 삶에 보람을 느끼고 동시에 자신도 남을 돕고 있다는 뿌듯함을 느끼게 하는 것이다.

그러면 욕구좌절로 인한 패배감은 어떻게 해소할 수 있을까? 여러 가지 방법 가운데 하나로는 자신만의 취미생활을 하게 하는 것을 들 수 있다. 때로는 패배감으로 힘들어할 때, 서로 머리를 맞대고 격려하고 건설적으로 해결방법을 찾게 하는 노력이 좋은 방법이 될 수 있다.

무조건 외면해 버리는 갈등회피의 자세는 더욱 그 사람을 빠져나오기 힘든 깊은 수렁에 빠지게 한다.

2.4 갈등의 형태

갈등은 조직에서 여러 가지 형태로 나타난다. 이것은 보는 시각에 따라 매우 다양하게 분류된다. 그러나 여기서는 조직 내의 대상을 중심으로 개인적 갈등과 사회적 갈등으로 분류한다.

1) 개인적 갈등

개인적 갈등이란 개인의 내면적인 상태나 성격문제를 말한다. 이 개인적인 갈등은 직장에서 자주 발생한다. 개인적 갈등은 전문적인 카운슬러의 영역에 속한다. 그렇다고 경영자는 개인적인 갈등을 개인적인 것이라고 도외시할 수만은 없다. 개인적 갈등은 사회적 갈등과 관계가 있기 때문이다. 개인적 갈등은 분류자의 관점에 따라 서로 다르게 분류된다.

여기서는 ① 욕구좌절로 인한 갈등, ② 목표갈등, ③ 역할갈등으로 분류하여 살펴보고자 한다.

(1) 욕구좌절로 인한 갈등

개인은 누구나 심리적 목표를 달성하지 못할 때 이러한 갈등에 빠지게 된다. 개인이 지닌 욕구가 좌절되면 그 사람은 철회, 공격이나 또는 타협 등의 반응을 보이고 이러한 반응을 통해서 욕구좌절로 인한 갈등을 해소하려고 한다. 이를 그림으로 나타내보면 [그림 11-3]과 같다.

그림 11-3 | 욕구불만에 대한 반응

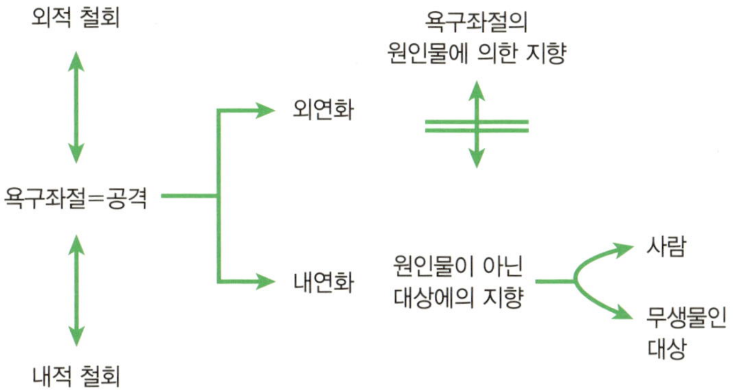

[그림 11-3]에서 볼 수 있는 바와 같이 자신의 욕구가 좌절되면 그 사람은 자신의 욕구를 철회하기도 한다. 철회의 방법으로는 외적 철회로서의 도피와 내적 철회로서의 무기력 등이 있다. 사람에 따라서는 욕구좌절로 인한 반응이 공격으로 나타나기도 한다.

이 경우 공격은 욕구를 좌절케 한 사람에 대한 공격이 있는가 하면 어느 경우에는 제3자나 사물(예: 유리창문을 부순다)을 대상으로 공격을 함으로써 자기의 욕구불만을 해소하려 하기도 한다. 제3자나 사물에 대한 공격은 선의의 제3자나 대상에 피해를 입혀서 많은 사회적 문제를 일으킬 수가 있다.

(2) 목표갈등

목표갈등은 서로 양립될 수 없는 목표들 사이에서 쉽게 의사결정을 하지 못하고 겪는 갈등을 말한다. 레윈(K. Lewin)은 이것을 인지부조화라고 불렀다. 인지부조화는 어떤 사람이 사실을 말하고 싶어 하면서도 다른 한편으로는 상대방의 감정을 건드리지 않을까 걱정하여 말을 하지 못하는 경우이다. 예를 들면, 상사가 부당한 압력을 행사했을 때 속으로는 부당하다고 생각하면서도 겉으로는 합리적이라고 말하는 것을 들 수 있다. 또 다른 예를 들면, 어떤 학생이 엄마가 "공부가 재미있지?"라고 물었을 때, 재미없다고 하면 혼날까 봐 또는 실망하실까 싶어 속으로는 재미가 없으면서도 "재미있어요"라고 말하는 경우이다.

이러한 예는 일상 사회생활에서 흔히 나타나는 현상이다. 따라서 유능한 상사는 부하의 이러한 현상을 충분히 파악하고 있다. 따라서 부하의 말에 현혹되어 자신의 능력을 과대평가하는 오류를 범하지 않는다. 그리고 현재의 상황과 부하의 불일치를 파악함으로써 잘못된 결정을 예방하게 한다. 부모의 경우도 마찬가지이다. 부모는 자녀의 마음속에 생각하는 것이 무엇인가를 정확히 이해함으로써 자녀와 벽이 없는 대화를 할 수가 있게 된다.

레윈에 의하면 갈등의 유형은 다음 세 가지로 분류된다.

① 접근-접근갈등

이 갈등은 개인의 갈등유형 가운데서 가장 단순한 유형의 갈등이다. 예를 들면, 대학의 어떤 졸업예정자가 한꺼번에 여러 곳의 직장에 입사가 예정되어 어느 곳을 선택해야 할 것인가를 놓고 겪는 갈등을 들 수 있다. 따라서 갈등은 좋은 일이 많다고 해서 갈등이 없는 것만은 아니라고 볼 수 있다.

또 다른 예로는 어떤 여성이 3명의 남성과 맞선을 보았는데 3명 다 호감이 가서 어느 남성을 선택할 것인가를 놓고 고민하여 생기는 갈등을 들 수 있다. 이런 유형의 갈등은 다루기 쉽고 신속하게 해결될 수가 있다.

② 접근-회피갈등

이 갈등은 한쪽으로는 끌리기도 하고 한쪽으로는 끌리지 않는 경우에 나타나는 갈등이다. 예를 들면, 어떤 학생이 장학금은 받고 싶은데 공부는 하고 싶지 않은 경우이다.

또 다른 예로는 어떤 사람이 직장에서 야유회를 가게 될 때 동료를 봐서는 함께 야유회를 가고 싶은데 한편으로는 아내와 전날 한 약속 때문에 야유회 가는 것을 피하고 싶은 마음에서 겪는 갈등을 들 수 있다.

③ 회피-회피갈등

이 갈등은 회피하고 싶은 두 가지 일 때문에 생기는 갈등을 말한다. 예를 들면, 어떤 아이가 처벌한다는 위협을 받으면서도 유쾌하지 않은 일을 해야 할 때 겪는 갈등을 들 수 있다. 이러한 유형의 갈등은 그 해결에 시간이 걸리고 상당한 어려움도 뒤따른다.

(3) 역할갈등

사람들은 태어나서 철이 들면서 여러 가지 역할을 맡는다. 역할이란 어떤 사람에게 기대되는 행동양식을 말한다. 가정에서의 경우를 보면 아빠는 아빠로서의 역할, 엄마는 엄마로서의 역할, 그리고 자식들은 자식들로서의 역할이 있는 것이다. 마찬가지로 직장에서도 서로 다른 역할을 맡고 있다. 경영자는 경영자로서의 역할이 있고 종업원은 종업원으로서의 역할이 있는 것이다.

조직에서 맡은 역할은 그 사람에 대한 요구나 기대를 다르게 한다. 그래서 그 역할이 맞지 않아 갈등이 생기는 경우도 있다. 이 경우의 갈등이 역할갈등이다. 역할갈등은 매우 중요한 내용을 포함하고 있으므로 별도의 장에서 설명하도록 한다.

2) 사회적 갈등

흔히 우리는 사람은 매우 좋은데 쓸데없이 다른 사람의 일에 간섭하다가 어려움을 겪는 경우를 종종 본다. 자기의 일도 아닌데 불필요하게 남의 일에 참견하다가 갈등을 겪는 경우를 말한다. 사회생활에서나 가정생활에서 흔히 볼 수 있는 갈등유형이다.

이는 조직에서 라인담당자와 스탭담당자의 경우에 자주 발생하는 갈등이다. 라인이란 실제로 일을 담당하는 쪽을 말한다. 그리고 스탭이란 실제로 그 일을 담당하지는 않고 다만 옆에서 그 일을 잘하도록 보조하고 도와주는 쪽을 말한다. 일을 잘못했을 때 직접적인 책임을 담당하는 사람은 스탭이 아니라 라인이다. 스탭이 자신의 위치를 잊어버리거나 라인의 권한을 침해하면 갈등이 발생하기 마련이다.

사람은 누구나 자기가 맡고 있는 역할이 있다. 그때 역할을 담당하면서 권한과 책임을 져야 할 사람은 바로 그 역할담당자이다. 역할을 잘못 수행하면 그 책임은 그 역할을 담당하는 사람에게 있다. 따라서 불필요하게 다른 사람이나 부서의 일을 간섭하거나 관여해서는 안 된다.

그러면 스탭은 왜 생겼는가? 조직의 규모가 커지고 복잡해지면서 경영자의 해야 할 일 또한 많아지게 되었다. 이때 경영자는 일을 효율적으로 하기 위하여 자신을 도와줄 사람이 필요하게 되었다. 그것은 경영자의 능력에는 한계가 있기 때문이다. 여기서 경영자를 돕는 사람인 스탭이 필요하게 되었다.

경영자는 자기의 일에서 모든 권한과 책임을 지는 라인이다. 그러므로 권한과 책임을 담당하는 사람은 경영자이지 스탭이 아니다. 그럼에도 불구하고 현실적으로는 경영자를 돕는 참모인 스탭이 불필요하게 경영자의 권한을 남용하는 경우가 많이 있다. 여기서 라인과 스탭 간의 갈등이 생기게 되는 것이다.

라인과 스탭 간의 관계를 조직에서 살펴보면 라인부서에 있는 사람들은 조직에서 회사의 목표를 수행하는 데 직접적인 책임을 지고 있는 사람들이다. 예를 들면, 생산부서와 판매부서에 속한 사람들이다. 반면 스탭부서에 있는 사람들은 조직에서 회사의 목표를 수행하는 데 직접적인 책임을 지고 있지 않은 사람들이다. 예를 들면, 연구개발부서 및 법률적 상담을 하는 사람, 인사 및 재무부서에 속한 사람들이다.

권한관계에서 보면 라인부서의 사람들은 자신이 속한 부서의 일을 수행할 수 있는 권한을 가짐과 동시에 책임도 지는 사람들이다. 반면 스탭부서의 사람들은 자신들의 전문지식을 가지고 라인부서를 보좌하고 조언하는 일을 한다. 따라서 라인부서에 대한 권한도 없고 또한 책임도 지지 않는다. 여기서 서로 간에 갈등이 자주 발생하기도 한다. 조직 내에서의 갈등은 집단 간에도 자주 발생한다. 그 다른 예로는 노사 간의 갈등을 들 수 있다.

이와 같이 사회적 갈등이란 개인 간, 집단 간, 조직 간의 생각과 이해의 차이에서 생기는 갈등을 말한다. 이를 분류하면 ① 개인 간 갈등, ② 집단 간 갈등, ③ 조직 간 갈등으로 나눌 수 있다. 여기서는 ① 개인 간 갈등, ② 집단 간 갈등에 한정하여 간단히 설명한다.

(1) 개인 간 갈등

개인 간 갈등은 한 사람 이상의 개인 간에 발생하는 갈등을 말한다. 개인 간 갈등을 겪지 않는 사람은 아무도 없다. 이 갈등은 조직의 관리자들이 흔히 겪는 갈등의 중요한 한 형태로 개인의 차이에서 발생한다. 개인의 차이에서 발생하는 갈등을 버튼은 '가치갈등'이라고 불렀다.

인간은 다른 동물과는 달리 다양한 사고와 가치관을 가진 사회적 동물이다. 따라서 사람들이 서로 다른 생각이나 가치관을 가지고 있다는 것은 자연스러운 현상이다. 그러므로 조직을 이끌어 가는 사람들은 함께 일하는 사람들이 서로 다른 사고와 가치관을 따르고 있다고 해서 이상하게 생각해서는 안 된다.

어떤 부모들은 "자식 다 필요 없어. 품 안에 자식일 때가 좋은 때였지"라고 말한다. 자식이 꼭 부모의 생각대로만 한다고 그 자식이 성장하고 발전할 수 있을까? 자식이 성장하고 발전하는 것은 다양한 사고와 욕구가 있기 때문이다. 따라서 조직을 이끌어 가는 사람들은 함께 일하는 사람들의 다양성을 인정하고 그 다양성을 조직의 새로운 혁신과 창의력을 높이는 계기로 삼는 지혜가 필요하다.

(2) 집단 간 갈등

집단 간 갈등은 조직에서 보편적으로 발생하는 갈등이다. 이 갈등은 구성원들이 속한 집단의 조정과 통합을 어렵게 한다. 예를 들면, 기업 내에서의 판매부서와 생산부서 간의 갈등을 들 수 있다. 그러나 집단 간의 갈등은 그 집단의 응집력을 높이는 데 긍정적인 면이 있다. 예를 들면, 학교에서의 서로 다른 학과 학생들 간의 갈등을 들 수 있다. 평소에는 학과 내 학생들이 별로 응집력이 없었는데 체육대회를 통해 서로 다른 학과 간의 운동시합을 통하여 학과 학생들이 하나가 되고 소속감이 강해지는 경우이다.

2.5 갈등과 조직성과

어떠한 조직도 진공 속에서 운영되지는 않는다. 오늘날 조직을 둘러싸고 있는 환경은 그 어느 때보다 빠르게 변화해 가고 있다. 이러한 환경의 변화는 조직의 변화를 요구하고 동시에 조직구성원의 변화를 요구하고 있다. 그런데 이러한 변화에 대한 요구는 조직에 몸담고 있는 사람들에게 새로운 갈등을 야기하고 있다.

예를 들면, 조직을 둘러싸고 있는 환경의 변화로 말미암아 새로운 기계가 도입되면 과거의 기계에 익숙해 있는 기술자들에게는 갈등이 생길 수 있다. 그것은 새로운 기술을 다시 익혀야 하기 때문이다. 조직의 틀이 바뀌어도 갈등이 생길 수 있다. 조직구성원들은 과거의 제도에 익숙해 있기 때문이다. 새로운 방법이 제시되어도 마찬가지로 갈등을 유발한다.

우리는 조직의 한 구성원으로 살아가면서 갈등을 외면할 수는 없다. 그것은 우리가 몸담고 있는 가정에서도 그렇고 직장에서도 마찬가지이다. 구체적으로 말하면 가정, 학교, 회사, 군대, 병원 등 어디에 있든 간에 그 구성원들은 갈등을 벗어날 수가 없다. 특히 오늘날과 같이 그들 조직을 둘러싸고 있는 환경의 급속한 변화는 그 구성원들에게 새로운 갈등을 일으킨다. 문제는 현재의 갈등을 어떻게 슬기롭게 풀어나가느냐이다.

앞에서 살펴보았지만, 갈등은 항상 독이 되는 것만은 아니다. 관리만 잘하면 오히려 새로운 발전을 위한 약이 될 수도 있다. 내가 몸담은 조직의 성과를 높이는 방향으로 갈등을 유지하는 것이 중요하다. 이것은 가뭄 끝에 오는 비에 비유할 수 있다. 가뭄에 적당히 비가 오면 해갈이 되어 농작물을 풍요롭게 한다. 그러나 아무리 좋은 비라도 홍수가 날 만큼 지나치게 많이 오면 오히려 재앙이 되는 것과 마찬가지이다.

[그림 11-4]는 갈등이 어느 정도일 때 새로운 발전의 계기가 되느냐 아니면 파괴적인 흉기가 되느냐를 보여주고 있다. 그림에서 보면 X1은 적정의

그림 11-4 | 갈등과 조직성과

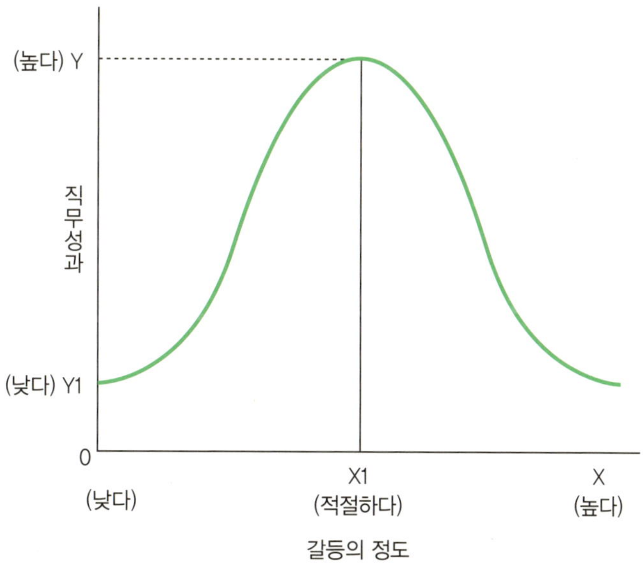

갈등수준을 나타낸다. 따라서 관리자는 0에서 X1까지 갈등을 고무시켜 조직의 성과를 높이는 반면 X는 X1 정도로 갈등을 낮추는 노력이 필요하다.

갈등수준이 전혀 없거나 낮을 때 조직내부는 의욕이 상실되고 침체에 빠지기 쉽다. 환경변화에 대한 적응력이 떨어지고 새로운 아이디어도 결여되는 경향이 있다. 그 결과 조직성과는 떨어지게 된다.

그러나 갈등수준이 적정할 때는 조직내부적으로 생동감이 넘치고 문제해결능력이 발휘된다. 동시에 창의력이 높아지고 변화지향적이 된다. 그 결과 조직성과는 높아지게 된다. 갈등도 순기능을 한다.

마지막으로 갈등수준이 너무 높으면 조직내부적으로 혼란 · 분열이 생기고 조직에 비협조적이 된다. 그 결과 조직성과는 낮아진다. 갈등은 역기능을 한다.

3 노사관계관리

3.1 노사관계의 개념

1) 노사관계의 의의

노사관계란 자본주의사회로 발전하면서 형성된 사회적인 관계로서 이에 대한 이론적 연구가 본격화된 것은 제2차 세계대전 이후라 할 수 있다. 그러나 현재까지도 노사관계라는 용어의 개념에 대하여 보편적인 합의가 이루어지지 않고 있는 실정이며, 다만 구성범위나 구성단위에 따라 매우 다양하게 규정되어 사용되고 있다.

노사관계라는 용어가 사용되기 이전에는 '노자관계'라는 용어의 사용이 일반적이었는데 그것은 주로 마르크스 사상의 지배적인 영향 때문이라고 보여진다. 마르크스 경제학은 생산수단의 소유와 미소유라는 관점에서 자본가계급과 노동자계급의 관계를 노자관계로 보고 노동조직을 사회혁명의 주체로 보았다. 따라서 노자관계는 대립과 투쟁의 관계로 표현되며, 혁명에 의해 자본주의사회를 붕괴시키고 사회주의체제로의 변혁을 주장하였다. 그러나 노사관계는 자본주의체제 내에서의 계약관계이므로 이러한 주장은 현실과 괴리가 있어 오늘날은 노사관계 혹은 노동관계라는 용어를 사용하는 것이 일반적이다.

노사관계는 노동을 공급하는 자와 노동을 공급받는 자의 관계로 이루어진다. 이와 같이 노사관계란 기업경영에 필요한 노동력의 수요 및 공급관련 상호관계를 나타내는 개념으로 이해할 수 있는데, 이는 다시 노동력의 수요측인 사용자 및 사용자단체와 공급측인 근로자 및 근로자의 집단조직체인 노동조합과의 상호관계로서 근로자-사용자관계와 노동조합-사용자관계로 구분되는 이원적 관계의 개념을 포함하는 관점에서 인식되고 있다.

2) 노사관계의 특성

노사관계는 다음과 같은 특성을 지닌다.

첫째, 노사관계는 본질적으로 협력관계인 동시에 대립관계라는 양면적인 특성을 가진다. 즉 근로자는 기업의 종업원으로 고용되어 조직의 목적달성을 위해 경영자의 사업방침과 계획, 조직, 통제 등의 관리직능에 따라 제반 업무 및 노동을 수행한다. 이때 경영자와 근로자 모두 생산활동의 담당자로서 능률적인 생산활동의 전개를 위해 서로 협력하는 생산적 협동관계에 있게 된다. 동시에 노사는 창출된 경영성과의 배분 측면, 즉 임금 및 기타 근로조건의 개선 면에서는 통상 경제적으로 이해가 서로 대립되기 마련이기 때문에 대립관계에 놓여 있기도 하다.

둘째, 노사관계는 경제적 관계인 동시에 사회적 관계라는 양면적인 특성을 가진다. 즉 근로자들이 기업의 경제적 성과를 달성하는 데 노동력을 제공하고 그 대가로서 경제적 보상을 받는다는 점에서 노사관계는 일차적으로는 경제적 관계이다. 한편 기업조직은 집단생활을 하는 사람들로 구성된 사회적 시스템으로서 노사관계는 사회적 관계로서의 특성도 아울러 갖고 있다.

3.2 노동조합의 기능과 조직형태

1) 노동조합의 기능

(1) 공제적 기능

노동조합의 공제적 기능은 조합원의 각종 경조행사 시 부조를 하는 경우를 비롯해서 특히 조합원이 질병 · 재해 · 노령 · 사망 · 실업 등으로 일시적으로나 영구적으로 노동능력을 상실할 때 조합원의 생활안정을 위해 준비된 조합기금에서 공제수당을 지급하여 상부상조하는 공제활동을 전개하는 대내적 기능을 말한다.

이러한 공제기능은 근로자의 사회 · 경제적 지위가 낮았던 산업자본주의 단계에 있어서 숙련공중심의 직업별 노동조합의 주된 기능으로 가장 오래된 역사를 지닌 전통적인 기능이라 할 수 있다.

그런데 자본주의가 독점단계에 이르러 미숙련노동자의 비중이 상대적으로 높아져 노동조합의 조직형태가 점차 직업별 조합에서 산업별 조합으로 중심이 이동하게 되고 또한 국가의 사회보장제도의 발전에 따라 공제적 기능의 비중은 상대적으로 크게 저하되어 왔다.

(2) 경제적 기능

노동조합의 경제적 내지 산업적 기능은 노동조합이 직접 사용자에 대해 노동력의 판매자로서 교섭하는 기능을 말한다. 노동조합이 기업에서 근로조건의 유지 · 개선과 근로자의 경제적 · 사회적 지위의 향상을 직접적인 목적으로 해서 성립된 단체인 이상, 이 경제적 기능은 노동조합의 여러 기능 중에서 가장 기본적인 중심기능이라고 할 수 있다.

이러한 경제적 기능이 효과적으로 발휘되기 위해서는 먼저 그 전제로서 노동조합을 대등한 입장에서 교섭단체로 인정할 필요가 있고 아울러 단체교섭이 평화적 수단으로 해결되지 않을 경우 파업이나 태업 등의 정당한 쟁의행위가 보장되어야 할 것이다.

그리고 오늘날에는 산업의 민주화와 노동의 인간화를 도모하고 노사공생을 모색하는 근로자의 경영참가도 근로생활의 질 향상 차원에서 중요한 경제적 기능이 되고 있다.

(3) 정치적 기능

노동조합의 정치적 기능은 근로자의 경제적 목적을 달성하기 위해 수행하는 노동조합의 정치적 활동을 말하는데, 본래 경제적 기능 그 자체 속에서 필요적으로 도출되는 기능이다.

임금, 근로조건의 개선을 둘러싼 노사 간의 교섭과 분쟁을 조정하고 해결하는 측면뿐만 아니라 노동관계법을 비롯한 모든 법령의 제정 및 개정, 세제, 물가정책, 사회보험제도, 기타 사회복지정책 등 정부의 경제 · 사회정책에 관한 노동조합의 정치적 발언과 주장은 근로자의 생활향상을 위한 불가결의 활동분야이다. 경제적 기능이 사용자와의 교섭을 통해 발휘되는 데 비해, 정치적 기능은 그 상대가 사용자가 아니라 주로 국가나 사회단체이며 더욱이 교섭이라는 형식을 취하지 않는다. 이러한 정치적 기능은 그 범위가 확대되고 있다.

2) 노동조합의 조직형태

(1) 직업별 노동조합

직업별 노동조합(craft union)이란 어떤 산업이나 기업과 관계없이 동일직업 또는 동일직종에 종사하는 근로자들이 조직하는 노동조합을 말한다. 예를 들면, 인쇄공조합, 선반공조합 등과 같이 동일한 직종에 종사하는 근로자들이 지역적 · 횡적으로 결성하는 조합이다. 이를 직종별 또는 직능별 조합이라고도 한다.

역사적으로 가장 오래된 형태의 조합으로서 1851년 영국에서 결성된 합동기계공조합이 그 원형이라 할 수 있다. 각국을 통해 조합운동의 초기에 나타난 조직형태인데, 생산이 근로자의 숙련도에 크게 의존하고 있었던 산업자본주의 초기단계에 숙련근로자가 노동시장을 배타적으로 독점하기 위하여 조직된 형태이다. 우리나라의 경우 한국교원노동조합과 전국교원노동조합 등을 들 수 있다.

(2) 산업별 노동조합

산업별 노동조합(industrial union)은 어떤 직종이나 기업에 관계없이 동일산업에 종사하는 근로자들이 조직하는 노동조합을 말한다. 오늘날 산업별 노동조합은 노동조합의 가장 대표적인 조직형태이다.

산업별 노동조합은 자본주의 발전에 대응하는 유효한 조직형태로서 독점자본주의가 성립한 19세기 말엽에 출현하기 시작했는데, 오늘날 막대한 자본을 가진 다국적기업의 등장으로 이 산업별 노동조합의 필요성이 더욱 증대되고 있다.

산업별 노동조합은 직종이나 기업을 초월한 1산업 1거대조직이므로 사용자측에 대해 강력한 교섭을 할 수 있고, 또한 동일산업에 종사하는 근로자들의 지위를 균형적으로 향상시킬 수 있는 장점이 있다. 그러나 산업 내의 다양한 직종들의 특수성에 부합한 임금 및 근로조건의 결정에는 문제가 있다. 우리나라의 산업별 전국노동조합으로는 전국전력노동조합, 전국담배인삼노동조합, 전국우정노동조합, 전국금속노동조합, 전국교직원노동조합 등이 있다.

(3) 일반노동조합

일반노동조합(general union)은 영국에서 1889년 신 조합운동의 대두와 함께 대등한 노동조합의 조직형태로서, 직종이나 산업과 관계없이 일반근로자, 특히 옥외노동에 종사하는 미숙련근로자들로 조직된 노동조합을 말한다. 따라서 통상 그 규모가 거대한 조직인데, 영국의 운수 및 일반노동조합은 1956년에 조합원수 130만 명을 가진 대조합이다. 우리나라의 경우 종래 연합노동조합이나 비정규직 노조인 전국여성노동조합 등이 이에 해당된다고 할 수 있다.

(4) 기업별 노동조합

기업별 노동조합(company union)은 동일한 기업에 종사하는 근로자들에 의해 조직되는 노동조합을 말한다. 앞서 설명한 세 가지의 노조형태가 모두 기업을 초월하는 횡단적인 조직인 데 비하여 기업별 노동조합은 산업이나 기업 내 근로자들의 직종 또는 숙련의 정도에 관계없이 오르지 개별 기업을 조직단위로 하는 종단적 조직이란 점이 특징이다. 이러한 기업별 노조형태는 우리나라와 일본에 있어서 노동조합의 주류를 이루고 있다.

기업별 노조는 조합원 모두가 동일기업 내의 근로자들이기 때문에 근로조건의 결성에 있어서 통일성 · 종합성을 기할 수 있고, 또한 사용자와 긴밀한 관계를 유지할 수 있어 노사협조의 원활화와 노사관계의 안정화를 도모할 수 있는 등의 장점이 있다. 그러나 개별 기업을 존립기반으로 하고 있어서 노동시장에 대한 지배력은 전혀 없고, 무엇보다도 조합원 모두가 사용자와 상하관계에 있는 근로자이기 때문에 자칫하면 조합이 어용화될 가능성이 크다는 등의 단점이 있다.

2013년 기준 우리나라의 노동조합 조직률은 10.3%에 불과하다. 우리나라 전체 근로자 10명 가운데 노조에 가입한 사람이 단 1명뿐이다. 한국의 노조 조직률은 OECD 30개 회원국 가운데 28위이다. 독일과 일본이 20%대 수준이고, 영국은 30%대, 복지가 잘 되어 있는 스웨덴은 70%에 달한다.

3) 숍제도

숍제도는 노동조합의 가입방법을 말하는데, 노동조합의 세력과 안정을 확보 · 유지하기 위한 제도이기 때문에 노조의 안정조항으로서 단체협약의 중요한 내용이 되고 있다.

(1) 클로즈드숍(closed shop)

이는 신규채용이나 결원보충 시에 노동조합만이 사용자에게 고용될 수 있는 제도로서 조합원 자격이 고용의 전제조건이 된다. 따라서 노동조합이 노동공급의 유일한 원천이 되기 때문에 노동공급을 가장 강력하게 통제할 수 있어 조합조직을 강화하는 데 있어서 노조에 가장 유리한 제도이다.

(2) 유니온숍(union shop)

이는 사용자가 비조합원도 자유로이 고용할 수 있지만, 일단 고용된 근로자는 일정한 수습기간 내에(보통은 30일 이내) 조합에 가입하여야 하는 제도이다. 만약 조합에 가입하지 않거나 또는 조합을 탈퇴하거나 제명될 경우에는 해고된다. 그러나 오늘날 현실적으로는 노동조합에서 제명되었다고 해서 회사가 해고해야 하는 내용은 실시되지 않고 있다. 미국의 경우 대부분의 단체협약에서 노조안정의 형태로 이 제도를 채택하고 있다.

(3) 오픈숍(open shop)

이는 사용자가 조합원이든 비조합원이든 차별을 두지 않고 고용할 수 있으며 조합가입이 고용의 전제조건이 아닌 제도를 말한다. 따라서 채용 시나 채용 후에 근로자의 노동조합가입 여부는 전적으로 근로자 자신의 의사에 달려 있다. 이 제도하에서는 노동조합이 조합원을 확대하기가 어렵기 때문에 노조의 안정도 측면에서는 가장 취약한 제도이다. 현재 우리나라는 노동조합 및 노동관계조정법 제81조 제2항에서 "근로자가 어느 노동조합에 가입하지 아니할 것 또는 탈퇴할 것을 고용조건으로 하는 행위"를 사용자의 부당노동행위로 금지하고 있어 오픈숍제도를 원칙으로 하고 있고 이 제도가 주종을 이루고 있다.

이상과 같은 세 가지 기본숍 이외에도 이들을 변경시킨 변형숍제도도 있다.

3.3 단체교섭제도

1) 단체교섭의 기능

단체교섭은 노사대등의 입장에서 행하는 노동조건의 집단적 거래관계 내지 집단적 타협의 절차를 말한다.

우리나라 노동조합 및 노동관계조정법 제29조 제1항에서는 "노동조합의 대표자는 그 노동조합 또는 조합원을 위하여 사용자나 사용자단체와 교섭하고 단체협약을 체결할 권한을 가진다"고 정하여 노동조합이 사용자와 대등한 지위에서 단체교섭을 할 수 있도록 규정하고 있다. 이것은 단체교섭권을 의미하는 것으로 단체교섭은 노동조합과 사용자 또는 그 단체 간의 근로조건, 기타 사항에 관한 교섭을 말한다.

단체교섭은 노사 간 이해가 상반된 데서 비롯되므로 교섭을 하다 보면 합의가 이루어지거나 아니면 교섭이 결렬되는 사태를 가져올 수 있다. 교섭이 결렬됐을 경우 노동쟁의로 연결되기 때문에 단체교섭과 노동쟁의는 끊을래야 끊을 수 없는 관계에 놓여 있다. 따라서 이러한 단체교섭을 효과적으로 행사하기 위해서는 무엇보다도 단체교섭의 올바른 이해가 선행되어야 한다.

첫째, 단체교섭은 노사 간 교섭력을 중심으로 진행되지만 이 경우 교섭력은 정당성의 한계를 벗어나지 않는 것이어야 한다. 단체교섭 당사자인 노사 양측은 각각 자기에게 주어진 힘을 최대한 이용, 상대방에 비해 유리한 입장을 확보하려고 노력하고, 이를 위한 쟁의전략을 세우기 마련이다. 교섭원리의 특징은 양보 또는 타협을 할 것인지의 여부를 결정하는 데 있어서 쌍방이 각각 부담해야 하는 쟁의손실에 비해 쌍방이 각각 버릴 수 있는 여력이 얼마나 있느냐가 판단의 기준이 된다.

둘째, 단체교섭은 힘의 논리가 지배하는 것은 사실이나 어디까지나 협정을 이루려는 목적에서 행해져야 한다. 설사 교섭에 실패하여 파업이나 직장폐쇄를 초래할지라도 노사쌍방은 이성과 애정을 갖고 끝까지 협정을 모색하려는 진지한 자세를 견지해야 한다.

셋째, 단체교섭은 노사 간에 이루어지는 대화통로라는 점에서 노사협의와 같으나 그 성격은 다르다. 즉 단체교섭은 노사 간 이해가 상반되는 임금과 근로조건, 기타 근로자의 대우에 관한 협상과정이라고 한다면, 노사협의는 생산성 향상, 복지증진, 고충처리 등 노사공동의 이해사항에 관한 협의과정이라는 점에서 개념상 구분된다.

넷째, 단체교섭은 노사 당사자 간의 문제이므로 교섭형태가 어떻든 간에 최종적으로 책임과 의무를 다하는 노력이 선행되어야 한다.

단체교섭은 노사 간 갈등을 해결하는 민주적인 절차로서 산업민주주의를 정착시키는 데 기여한다. 따라서 단체교섭이 근로자의 권익만 보호하는 기능으로 이해되어서는 안 되며, 사용자에게도 유익한 기능임을 잊어서는 안 된다. 즉 개별 근로자와의 분쟁을 피하고 노동조합과 일괄적으로 문제를 해결할 수 있고, 교섭을 통해서 임금이 인상된 만큼 기업들에게 효율적인 경영을 촉구하게 되는 동시에 구매력이 증대되어 내수시장의 확대를 가져올 뿐만 아니라 무엇보다도 노사갈등에 따른 손실을 절감하는 등 긍정적인 효과가 크다.

2) 단체교섭의 유형

단체교섭의 유형은 일반적으로 다음과 같이 다섯 가지 유형으로 분류해볼 수 있다.

(1) 기업별 교섭

기업별 교섭이란 특정 기업 또는 사업장단위로 조직된 독립된 노동조합이 그 상대방인 사용자와 단체교섭을 행하는 방식을 말한다. 노동조합의 조직 형태로 기업별 조합이 주류를 이루고 있는 우리나라와 일본에서 전형적인 교섭방식으로 행해지고 있다.

(2) 통일교섭

통일교섭이란 노동시장을 전국적 또는 지역적으로 지배하고 있는 산업별 또는 직업별 노동조합과 이에 대응하는 전국적 또는 지역적인 사용자단체 간에 행해지는 단체교섭방식을 말한다. 이 교섭방식은 복수사용자교섭이라고도 하며, 영국 · 미국을 비롯하여 유럽 각국에서 가장 많이 채택하고 있다.

(3) 대각선교섭

대각선교섭이란 산업별 노동조합이 개별 기업의 사용자와 개별적으로 교섭하는 방식을 말한다. 이 방식은 산업별 노동조합에 대응할 만한 사용단체가 없거나 또는 사용자단체가 있는 경우라도 각 기업에 특수한 사정이 있는 경우에 많이 요구되고 있다. 미국의 경우 GM, US Steel 등과 같은 대규모회사들이 전국노조와 개별적으로 교섭하는 대각선교섭을 사용하고 있다.

(4) 집단교섭

집단교섭이란 여러 개의 단위노동조합이 집단을 구성하여 이에 대응하는 여러 개 기업이 사용자대표와 집단적으로 교섭하는 방식을 말한다. 이 방식은 노사양측이 산업별 또는 지역별로 각기 연합전선을 형성하여 교섭하므로 연합교섭이라고도 한다. 이 방식은 유럽 각국에서 많이 사용되고 있다.

(5) 공동교섭

공동교섭이란 상부단체인 산업별 및 직업별 노동조합이 하부단체인 기업별 노조 또는 기업단위의 지부와 공동으로 당해 기업의 사용자대표와 교섭하는 방식이다. 기업별 노조와 상부단체가 연맹으로 기업과 교섭을 하기 때문에 연명교섭이라고도 한다.

3.4 노동쟁의

노동쟁의는 기업의 사용자와 노동조합 간의 분쟁을 말한다. 넓은 의미로는 노사 간 주장의 불일치로 교섭이 결렬된 상태와 이때 노사가 각기 자신의 주장을 관철할 목적으로 행하는 행위(실력행사) 및 이에 대항하는 행위, 이를테면 우리나라 노동관계법상에서 말하는 노동쟁의와 쟁의행위를 포괄하는 개념으로, 노사분쟁이라고도 한다.

노사분쟁은 크게 이익분쟁과 권리분쟁으로 구분될 수 있다. 이익분쟁이란 노사가 임금 및 기타 근로조건에 관한 새로운 계약을 체결하기 위하여 단체교섭을 하는 과정에서 합의에 도달하지 못함으로써 발생하는 분쟁을 말하고, 권리분쟁이란 협약체결 후 기존 협약의 이행이나 계약분규의 해석 및 집행과정에서 발생하는 분쟁을 말한다.

1) 노동쟁의의 유형

(1) 근로자측의 쟁의행위

① 파업

파업(strike)은 근로자가 단결하여 근로조건의 유지 · 개선이라는 목적을 달성하기 위하여 집단적으로 노동의 제공을 거부하는 행위로서 쟁의행위 중 가장 오래되고 일반적인 쟁의행위의 형태이다. 이러한 파업의 종류에는 부분파업, 지명파업, 전면파업, 총파업, 자조적 파업, 동조파업, 연대파업, 정치파업 등이 있다.

② 태업

태업(soldiering)은 근로자들이 단결해서 집단적이고 의식적으로 작업능률을 저하시키는 행위이다. 따라서 외형적으로는 작업을 계속하지만 실제적으로는 작업을 하지 않거나, 또는 작업속도를 늦추거나 조잡한 제품을 생산하거나 서비스의 질을 저하시켜 사용자가 경제적 손실을 입도록 하는 행위이다.

③ 불매운동

불매운동(boycott)은 노동조합의 통제 내지 선전활동을 통하여 사용자 또는 그와 거래관계에 있는 제3자의 제품구입이나 기타 시설의 이용을 집단적으로 거절한다든가, 사용자 또는 그와 거래관계에 있는 제3자와 근로계약의 체결을 거절할 것을 호소하는 투쟁행위이다. 주로 파업의 실효를 거두기 위하여 파업을 지원하는 부수적인 수단으로 많이 행하여진다.

이 경우 사용자에 대해 압력을 가하기 위하여 조합원들에게 기업의 제품이나 서비스에 대한 불매운동을 전개하는 것을 1차적 보이콧이라 하고, 쟁의와 직접 관련이 없는 제3자인 원재료공급자나 일반고객들에게 사용자의 제품이나 서비스의 불매운동을 전개하는 것을 2차적 보이콧이라 한다.

④ 피케팅

피케팅(picketing)은 파업을 효과적으로 수행하기 위하여 파업불참자들의 사업장 또는 공장의 출입을 감시 · 저지하거나 파업참여에 협력할 것을 설득하는 행위이다. 보통 피케팅은 사업장 또는 공장의 출입구에서 플래카드를 들고 시위를 하거나 확성기를 사용해 출입자를 감시하면서 파업불참자들에게 파업에 동참해줄 것을 호소하는 모습을 보인다.

(2) 사용자측의 쟁의행위

노동조합이 파업에 돌입했을 때 사용자가 취할 수 있는 행위 중 가장 대표적인 것이 직장폐쇄(lock out)이다. 이는 노사 간 의견불일치가 있는 경우 사용자가 자기의 주장을 관철하기 위하여 근로자집단에 대하여 생산수단에의 접근을 차단하고, 근로자의 노동력 발휘를 조직적 · 집단적 · 일시적으로 거부하는 행위이다. 그러나 경영상의 사정으로 휴업이나 사업장을 폐쇄하는 행위, 또는 다수의 근로자에 대하여 취업규칙위반 등을 이유로 출근정지처분을 내리는 행위는 직장폐쇄라 볼 수 없다.

2) 노동쟁의의 조정

노동쟁의는 노사쌍방은 물론 국민경제에도 경제적 손실을 가져다주므로 노사 간의 평화적인 교섭에 의해 노동쟁의의 발생을 사전에 방지하는 것이 가장 이상적이다. 또는 노동쟁의가 발생한 경우에도 제3자의 개입 없이 노사가 자주적으로 해결하는 것이 가장 바람직하다. 그러나 자주적인 해결이 불가능할 때에는 국가가 개입해서 노동쟁의를 조정하고 해결하는 제도가 필요하게 되는바, 이를 노동쟁의의 조정제도라 한다.

노동쟁의조정제도는 알선과 조정절차를 '조정'으로 통합하여 노사 당사자 간에 임금 · 단체협약체결을 위해 수차 교섭하여도 합의의 가능성이 없는 경우 제3자인 노동위원회 또는 사적 조정 · 중재인에게 곧바로 조정 또는 중재를 신청하도록 하고 있다.

조정은 노사 당사자 어느 일방의 신청에 의해 개시되며, 노사 당사자는 노동쟁의가 발생할 때에는 상대방에게 서면으로 통보하고 노동위원회에 조정을 신청하여야 하며, 조정절차를 거쳐야 쟁의행위에 들어갈 수 있다. 노동위원회는 조정의 신청이 있으면 즉시 조정위원 3인(근로자위원, 사용자위원, 공익위원)으로 조정위원회를 구성하여 조정을 개시하게 되며 노사 당사자는 조정절차에 성실히 임하여야 한다. 조정은 원칙적으로 일반사업에 있어서는

10일, 공익사업에 있어서는 15일 이내에 종료하여야 하며, 당사자 간의 합의로 각각 10일, 15일 이내에서 연장할 수 있다. 노사 당사자는 노동위원회의 조정안을 거부할 수 있으나 조정기간에는 쟁의행위가 금지된다.

노동쟁의에 대한 조정절차는 일반적으로 노동위원회에 의한 공적 조정절차를 거치게 되나 반드시 이를 강제하는 것은 아니다. 따라서 노사는 당사자의 합의에 의하거나 또는 단체협약에 근거하여 노동위원회가 아닌 사인 또는 사적 단체로부터 조정 또는 중재를 받을 수 있다. 또한 노사 당사자는 사적 조정 또는 중재 도중이라도 당사자 간의 합의로 노동위원회에 조정 또는 중재를 신청할 수 있다. 이 경우 조정이나 중재기간은 조정을 신청한 날, 중재에 회부된 날로부터 기산된다.

토·의·문·제

1. 조직 내 갈등을 발견할 수 있는 기법은 무엇인가?

2. 개인적 갈등에는 무엇이 있는가?

3. 단체교섭의 기능과 유형에는 무엇이 있는가?

Chapter 12

국제인적자원관리

학 / 습 / 목 / 표

- 국내인적자원관리와 국제인적자원관리의 차이에 대한 이해
- 국제인적자원관리의 활동과 기법에 대한 이해
- 모집 · 선발에 대한 이해
- 교육훈련 및 인사고과에 대한 이해
- 보상, 특히 경제적 보상에 대한 이해

지금까지의 인적자원관리의 내용은 국내중심의 인적자원관리를 다루었다. 그러나 지금 세계는 매스컴의 발달과 IT의 발달로 하나의 지구촌을 형성하고 있다. 경제 역시 국내뿐만 아니라 전 세계를 하나의 무대로 활동하는 시대가 되었다. 특히 우리나라의 경우 수출이 차지하는 비중이 높아지면서 국제적인 인적자원관리의 중요성이 커지고 있다. 상대국가의 현지종업원을 쓸 때에는 어디서 어떻게 선발하여 교육시키고 평가하여 보상을 해주어야 할 것인가를 면밀히 살펴볼 필요가 있다. 그것은 각국이 서로 다른 문화를 가지고 있고 경영방법 또한 국내와는 다르기 때문이다. 국내를 중심으로 한 인적자원관리의 내용을 중심으로 국제적인 인적자원관리에서 알아야 할 내용을 살펴본다.

닛산 vs 도요타

예전에는 '기술의 닛산, 판매의 도요타'로 불렸다. 기술력이 뛰어난 닛산과 마케팅이 강한 도요타로 대비됐다. 그러나 이는 '잊힌 과거'의 이야기일 뿐이다.

닛산은 작년 4분기에 글로벌 금융위기 이후인 11년 만에 분기 기준 약 3,000억 원의 적자를 냈다. 매출과 영업이익도 곤두박질쳤다. 반면 도요타는 작년 4분기에 약 8조 원의 순이익을 기록했다. 특히 최근 2년간 두 회사는 극명하게 대비된 길을 걷고 있다.

닛산은 내분과 권력 암투로 안에서부터 무너져내렸다. 도산 직전의 닛산을 회생시킨 '스타 CEO'인 카를로스 곤은 2018년 11월부터 무려 네 차례나 검찰에 체포됐다. 작년 말 레바논으로 탈주한 곤 회장은 자신의 혐의에 대해 닛산에서 르노의 영향력을 줄이기 위해 닛산 일부 경영진과 일본 정부가 공모했다고 주장한다. 그러나 닛산측은 모든 권한이 곤 회장에게 과도하게 집중돼 그가 전횡을 일삼은 것이 문제라며 곤 회장에게 1,000억 원대 손해배상을 청구했다. 사이카와 히로토 닛산 사장은 곤 회장의 문제를 비판했지만 그 자신도 부적절한 보수 문제로 결국 사임했다. 한때 '미래'이자 '희망'이었던 곤이 이제는 '과거'이자 '분열'의 상징이 돼버렸다. 닛산은 실적 악화로 전체 인력의 10%에 해당하는 1만 2,500명 감원을 실시하고 있다.

닛산과 대비된 곳이 도요타다. 2010년 미국에서 부품 결함으로 총 920만 대 차량을 리콜할 때 많은 사람들이 도요타는 재기가 쉽지 않을 것으로 내다봤다. 도요타 오너 일가인 도요타 아키오 사장은 직접 미국 하원 청문회에 출석해 리콜 사태에 대해 공개 사과했다. 미국 현지에서 가진 '직원과의 대화' 시간에 근로자와 딜러 등이 "도요타 사장이 청문회에 잘 대응했다. 품질향상을 위해 노력하겠다"고 다짐했다. 도요타 사장은 끝내 흐느꼈다. 본인이 미국 내 고객과 판매점, 종업원들을 지켜줘야 한다고 생각했는데 실은 그들이 도요타 사장을 지켜주고 있다는 사실에 감동한 것이다. 일본 귀국 직후 작업복 차림으로 나고야 공장에 선 도요타 사장은 "처음부터 다시 시작하자"고 독려했다. 3년 후 도요타는 글로벌 판매대수 1위를 탈환한다. 도요타 사장은 문제가 터지면 현장으로 달려갔다. 도요타가 일본 내 생산시설 집중화를 위해 후지산 기슭의 히가시후지 공장을 폐쇄하기로 결정했을 때도 공장에서 간담회를 열었다. 도요타 사장은 자동차 시장에 불어닥친 변화의 바람을 설명했다. 그 후 회사측은 폐쇄된 히가시후지 공장 용지에 첨단도시를 건설하기로 결정하고 도요타 사장이 올 1월 미국 CES 쇼에서 이를 소개했다. 노조도 힘을 보태고 있다. 도요타 노조는 올해부터 임금체계를 바꾸자고 회사 측에 제안했다. 개인별로 5단계 인사평가(A~E)에 따라 임금인상률을 차등적용해 연공서열 관행의 폐단을 줄이려는 것이다. 자율주행 등 신기술이 나오면서 내연기관 자동차 시대가 끝날 수도 있다는 위기의식이 노조원들의 마음을 하나로 만든 것이다.

과거의 '스타 경영자'에서 권력 암투로 무너진 곤 회장과 '나약한 울보'에서 재기한 도요타 사장은 오늘의 닛산과 도요타의 현주소를 보여준다. 결국 리더와 조직문화의 문제다. 조직 내 '신뢰자산'이 극명하게 달랐던 것이다. 도요타는 리더와 구성원이 서로 믿고 뭉쳐서 창사 이래 최대 위기를 극복했다.

두 회사의 상황은 우리를 되돌아보게 한다. 외부 환경이 급변하는 시기에는 기업이나 국가나 서로를 향해 총질하는 내분이 발생하면 그걸로 끝이다. 리더와 구성원이 혼연일체가 되지 못한 조직은 한 방에 '훅' 갈 수 있다. 반대로 리더와 구성원이 서로 신뢰하고 뭉친다면 어떤 위기라도 극복가능하다는 것을 도요타 사례가 보여준다.

자료: 매일경제, 2020. 2. 25.

1 국제인적자원관리의 의의

오늘날 인적자원관리의 큰 변화 가운데 하나는 기업의 세계화이다. 글로벌경영의 중요성에도 불구하고 오늘날 인적자원관리의 실행 및 시스템은 국내만을 강조해온 것 또한 부인할 수 없는 사실이다. 국제인적자원관리의 주제는 매우 중요하기 때문에 이제 국제인적자원관리를 별도로 언급할 필요성이 있다.

어떤 기업이 국제적인 경영활동을 하는 방법은 글로벌현장에서 활동하는 기업경영자들의 업무에 영향을 미친다. 물론 국내기업경영에서처럼 서로 다른 기업환경은 인적자원관리의 내용을 구성한다. 예를 들면, 국제인적자원관리는 문화와 제도적 여건 그리고 상이한 가치관과 행동양식을 지닌 여러 국가의 인력을 대상으로 한다. 따라서 국제인적자원관리는 각국의 문화와 제도적 여건의 차이로 인하여 국내인적자원관리보다 훨씬 복잡하고 다양하다는 특징을 지닌다. 구체적으로 보면 각국의 정치환경과 각종 제도적 환경의 차이에 따라서 인적자원관리활동이 대단히 복잡해진다.

먼저 국내인적자원관리와 국제인적자원관리의 차이가 무엇인가를 더욱 구체적으로 살펴본 뒤, 국제적 환경에서 작업하는 종업원들의 모집, 선발, 개발 및 보상과 관련된 인적자원관리활동을 살펴보고자 한다.

2 국내인적자원관리와 국제인적자원관리의 차이

국제인적자원관리와 국내인적자원관리의 차이점을 구체적으로 살펴보면 다음과 같다.

첫째, 국제인적자원관리는 국내인적자원관리보다 훨씬 더 넓은 시각을 요구한다. 특히 다국적기업이나 글로벌기업의 본사에서 근무하는 인적자원관리자는 더욱 그렇다. 보상관리의 예만 보더라도 국내인적자원관리에 비해 국제인적자원관리는 여러 국가를 고려해야 하기 때문에 현지의 경제수준, 물가수준, 문화 등을 고려한 조치를 취해야 한다. 예를 들면, 해외파견자의 경우 본국보다 경제수준과 물가수준이 높은 국가에 파견될 때에는 국내보다 높은 임금을 지급해야 할 것이지만 경제수준이나 물가수준이 낮은 국가에 파견될 때에는 임금을 삭감하기보다는 유지시켜 주어야 하는데, 이는 파견인력 간에 형평의 문제를 발생시킬 수 있다.

또한 현지채용인력에 대한 복리후생제공의 경우 일반적으로는 배우자와 직계가족에 한정되지만, 국가에 따라서는 다수의 배우자와 일가친척이 모두 포함되는 경우도 있다. 이처럼 다국적기업의 인적자원관리는 본국의 상황뿐만 아니라 진출국의 상황을 충분히 고려한 인적자원관리 방침과 전략을 전개해 나가야 하기 때문에 국내인적자원관리보다 더 넓은 시각을 필요로 한다.

둘째, 국제인적자원관리의 활동범위는 국내인적자원관리의 활동범위보다 훨씬 더 넓다. 본사의 인적자원관리자 입장에서는 인적자원의 확보와 배분 및 활용이 2개국 이상에 걸쳐 전개되기 때문에 활동의 범위가 확대된다. 해외지사의 인적자원관리자의 경우 해외파견인력과 그 가족에 대해 주택 · 의료 · 교통 · 교육 · 오락 등 다양한 문제를 해결해주어야 하는 것이 보통이기 때문에 본국에서 이루어지는 인적자원관리보다 활동의 범위가 넓어진다.

또한 전반적으로 볼 때 국제인적자원관리는 국내인적자원관리보다 훨씬 더 많은 외부적 요인의 영향을 받는다. 국제인적자원관리자는 진출국의 법규를 준수해야 할 뿐만 아니라, 진출국에서 현지기업보다 더 큰 주목을 받는 경우가 많기 때문에 정부관료, 정치인, 이익집단 등 다양한 당사자들과 접촉해야 하는 것이 보통이다.

한편 국제인적자원관리자는 본국과는 상이한 문화적 배경을 지닌 인력을 관리해야 하는데, 본국에서 파견된 인력뿐만 아니라 현지에서 채용한 현지인과 제3국의 사람도 관리해야 하기 때문에 훨씬 넓은 인적자원관리활동을 수행해야 한다.

셋째, 국제인적자원관리는 국내의 인적자원관리보다 훨씬 더 큰 위험을 수반하는 경우가 많다. 노동관련법규는 진출국마다 상이하기 때문에 노동법규위반으로 처벌을 받을 가능성도 더 높아지며 상이한 문화적 배경을 지닌 현지인력이 일으키는 노사분규에 휘말릴 가능성도 더 커진다. 또한 진출국의 정치상황이 불안정한 경우에는 현지파견인력과 그 가족의 안전도 신경을 써야만 한다. 특히 후진국에 진출할 경우 납치 · 유괴 · 테러 · 협박 등의 대상이 될 수 있는데, 현지의 인적자원관리자는 파견인력과 가족에 대한 안전에도 만전을 기해야 한다.

또한 진출국에서 전개하는 인적자원관리정책이 현지정부나 노조 또는 정치집단을 자극할 경우 자산몰수나 추방 등의 피해를 입을 수 있기 때문에 국제인적자원관리는 국내인적자원관리에 비해 더 다양한 위험에 직면할 가능성이 높다.

해외부문에서의 인적자원부서는 문화적 · 정치적 및 법률적 환경에 특별한 반응을 필요로 한다. 예를 들면, 셀(Shell), 제록스(Xerox), 레비 스트라우스(Levi Strauss), 디지털(Digital) 및 허니웰(Honeywell)과 같은 기업들은 전 세계에 걸쳐서 종업원들을 위한 행동코드를 만드는 특별한 노력을 하고 있다. 이것은 윤리적 · 법률적 행동의 기준을 분명하게 알리고 이해시키기 위한 것이다. 펩시콜라(Pepsi-Cola)는 전 세계에 걸쳐 모집하는 데 있어서 다음과 같은 4가지 핵심기준을 필수적인 것으로 들고 있다.

- 개인적인 정직성
- 결과를 위한 노력
- 타인에 대한 존경심
- 능력

3 국제인적자원관리의 활동과 기법

3.1 모집

일반적으로 다른 나라에서의 종업원 모집(recruitment)은 국내에서의 경우보다 더욱 정부규제에 좌우된다. 정부의 규제는 절차에 대한 규제로부터 시작하여 외국노동인력의 고용을 규제하는 것과 신체적 장애자의 고용을 요구하는 규제에 이르기까지 다양하다. 실제로 많은 중앙아메리카 지역의 국가들은 외국인들에 대한 전체 노동인력의 비율을 엄격히 규제하고 있다. 그래서 대부분의 나라들은 외국인들에게 노동허가증이나 비자제한 등으로 규제를 하고 있다. 노동허가증이나 비자제한은 관련국가의 정부가 외국노동자들에게 일을 하도록 허가를 하는 서류이다.

다국적기업들은 그들 국내에서 사용하는 내부 및 외부모집원과 같은 방법을 사용하는 경향이 있다. 경영층에서는 전문알선기관을 활용하기도 한다. 이 외의 계층에서는 비공식 접근방법이 사용되기도 한다. 미숙련노동자는 개발도상국에서는 쉽게 구할 수 있다. 그러나 숙련노동자의 모집은 어려움을 겪는다. 많은 고용주들은 개발도상국에서 노동자들을 구하는 가장 좋은 방법은 추천이나 라디오를 통한 방법이라고 알고 있다. 그것은 제대로 읽고 쓸 수 있는 사람을 충분히 확보하기가 어렵기 때문이다.

많은 나라의 법들은 외국인의 모집에 제한을 두는 경우가 많다. 때로는 필요한 일을 하도록 초청받은 외국인노동자들을 '초청된 근로자들'이라고 말한다. 외국인노동자의 고용은 직접적 노동비용을 낮추는 장점이 있다. 그러나 언어훈련, 건강서비스, 모집, 이동비용 등 간접적인 비용을 필요로 한다.

3.2 선발

기업이 해외활동에 필요한 인적자원을 채용하는 원천으로는 본국인(home-country nationals)의 선발 및 파견, 현지인(host-country nationals)의 선발, 제3국인의 선발 및 파견 등이 활용될 수 있다. 제3국인은 특정 해외자회사가 위치한 현지국도 아니고, 글로벌기업의 본사국도 아닌 다른 나라의 시민을 뜻한다.

해외활동에 필요한 인적자원을 관리함에 있어 모국인 또는 현지인 중 누구를 활용하느냐에 대한 결정기준은 자회사 및 본사의 조직효율성을 제고하는 데 누가 더 호의적이며 효율적인가에 중점을 두어 판단하여야 한다. 절대적인 기준은 없지만 현지국의 경제상황, 인건비, 기업의 규모, 기술의 특성, 법률, 문화, 정치상황 등을 종합적으로 판단하여 결정하여야 할 사항이다. 해외자회사에서 현지인과 본국인을 활용할 경우 각각의 장·단점을 살펴보면 [표 12-1]과 같다.

대부분의 기업에서는 고위관리자, 기술전문가 등과 같은 주요 직위에 대해서만 본국인을 활용하는 경향이 있다. 본국인은 인건비 부담이 아주 크기 때문에 가능한 한 현지인을 활용하고자 한다. 그뿐만 아니라 현지국 정부는 상급관리자를 제외한 조직구성원의 일정비율을 자국인으로 충원하도록 요구하기도 한다. 일반적으로 본국인의 활용비율은 다음과 같은 경우에 증대하게 된다.

- 현지인의 자질 부족
- 본사의 경영전략
- 사업단위 간의 상호 의존성
- 현지인의 정치상황
- 국가 간의 문화적 격차

기업이 세계시장에서 성공적인 영업성과를 달성하기 위해서는 무엇보다도 훌륭한 자질을 지닌 경영인력을 확보하는 것이 중요하다. 해외자회사에

| 표 12-1 | 현지인 활용과 본국인 활용의 장 · 단점

구분	현지인 활용	본국인 활용
장점	• 저렴한 인건비 • 현지인에 대한 신뢰 표방 • 현지에서 회사의 수용성 증대 • 현지환경과 적합한 대안창출가능 • 현지국의 경제계에 합법적인 참여가능 • 의사결정과정에서 현지의 이해관계와 요건의 효율적인 파악	• 본사와의 문화적 친밀성으로 기업/경영관행의 이전가능 • 해외자회사에 대한 면밀한 통제와 조정가능 • 국제인재양성 • 국제적 감각을 갖춘 전문가양성
단점	• 현지의 욕구와 본사의 우선순위 간의 불균형 • 현지에서의 의사결정(예: 일시해고)이 보다 어렵고, 비용이 많이 들며, 갈등이 따를 경우 의사결정의 지연 • 자질 있는 요원확보의 어려움 • 본사의 통제의 정도 감소가능성	• 외국환경과 문화에 대한 적응의 어려움 • 자회사가 현지기업이 아닌 것으로 인식됨 • 높은 인건비 부담 • 개인 및 가족문제 야기가능성 • 높은 실패율 • 현지구성원의 사기와 동기부여에 부정적인 효과 • 현지정부의 보다 많은 제약의 가능성

자료: L. R. Gomez-Mejja, D. B. Balkin & R. L. Cardy, *Managing Human Resources* Englewood Cliffs, N. J. : Prentice-Hall, 1995, p.602.

서 근무하게 될 파견관리자에 대한 타당성 있는 선발은 인재의 적재적소 활용이라는 측면에서 해외자회사 활동의 결정적 요인이 될 수 있다. 기업이 본국인을 해외파견자로 결정할 때 흔히 사용하는 선발기준은 다음과 같다.

- 직무수행능력
- 개인적 특성
- 문화적 감수성
- 외교적 수완

3.3 개발

글로벌시장 환경하에서 경쟁하는 기업들은 국제적 경험과 관점을 보유한 능력 있는 인재를 확보하고 개발할 필요성을 인식하고 있다. 전략적으로 잘 조화된 인력활용은 기업으로 하여금 그들의 재능을 개발시킬 기회를 제공하고 있다. 이를 위해 대부분 기업은 교육훈련을 적극적으로 활용하고 있다.

글로벌기업 활동에 활용되는 인적자원을 위한 구체적인 훈련의 주제에는 다문화팀의 구축과 다문화 상황하에서 발생할지 모르는 갈등을 해결하기 위한 전략이 포함되는 등 매우 다양하다. 또한 글로벌 환경하의 문제해결, 의사결정, 의사소통, 협상, 업적평가, 리더십 스타일 등의 내용도 포함된다. 그러나 교육훈련은 단지 전반적인 인적자원개발시스템의 일부분에 불과하기 때문에 교육훈련에 추가적으로 경력개발과 후원 프로그램 또는 후견인 프로그램도 고려되어야 한다.

해외파견자에 대한 교육훈련 프로그램에 대해서는 여러 가지 방법을 통해 접근할 수 있는데, 그 중에서 해외파견자에 대한 교육훈련방법을 몇 가지 살펴보면 다음과 같다.

1) 정보 또는 사실전달을 위한 교육훈련

해외파견자를 위한 교육훈련 중 가장 보편적인 방법으로서 강의식 방법을 통해 파견국에 대한 정보를 전달하는 교육방법이다. 이러한 교육방법은 비디오테이프, 책자, 팸플릿, 해외파견귀임자(repatriates)의 보고서 등을 통해 파견국 문화에 대한 정보를 제공하는 데 치중한다.

2) 귀인교육훈련

귀인교육훈련(attribution training)의 목적은 해외파견자에게 파견국 현지인의 가치관이나 행동방식 및 규범들을 이해시키는 데 있다. 이러한 교육을 통해 해외파견자들은 파견국의 문화를 이해할 수 있을 뿐 아니라, 자신들도 파견국의 규범에 맞게 행동하도록 변화하게 된다.

3) 문화인식교육훈련

문화인식교육훈련(cultural awareness training)은 해외파견자가 모국의 문화 속에서 보편화된 자신들의 가치, 태도, 행동양식 등에 대해 교육하는 것이다.

이런 교육을 통해 해외파견자는 자신의 행동이 모국의 문화에 의해 어떠한 영향을 받았는가를 이해할 수 있게 된다. 문화인식교육훈련은 그들이 파견될 현지인의 행동이 자신들의 문화에 의해 어떻게 영향을 받았는가를 더욱 잘 이해할 수 있게 될 것이다.

4) 사고 및 행동수정교육훈련

사고 및 행동수정교육훈련(cognitive-behavior modification training)은 해외파견자가 자신의 문화 속에서 보상이나 처벌을 받는 데 관련된 원칙과 파견될 현지국 문화에서 보상이나 처벌을 받는 데 관련된 원칙을 이해하도록 교육시키는 것이다.

이러한 교육훈련은 두 국가의 보상과 처벌에 대한 원칙을 비교함으로써 현지국에서 벌을 피하고 상을 받을 수 있는 자기 자신의 행동양식을 수립할 수 있게 한다.

5) 경험적 교육훈련

경험적 교육훈련(experiential training)의 목적은 해외파견자가 현지국 방문, 복잡한 역할연기, 이문화 시뮬레이션 등을 통해 현지국에 대한 실질적 경험을 갖도록 하는 데 있다. 이러한 교육훈련은 다른 종류의 제 생활과 근무가 어떠하리라는 감각을 갖게 할 수 있다.

이러한 교육훈련기법들은 피훈련자가 몰입하는 정도와 교육훈련의 엄격성 측면에서 차이를 보이는데, 이것을 그림으로 나타내면 [그림 12-1]과 같다.

그림 12-1 | 해외파견자에 대한 교육훈련의 기법

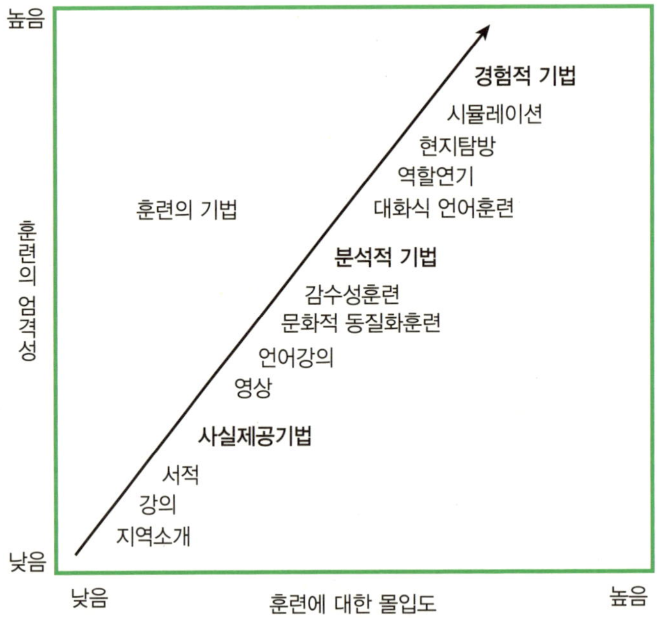

자료: M. Mendenhall, B. J. Punnett & D. A. Ricks, *Global Management*, *Cambridge*, Mass.: Basil Blackwell, 1995, p.446.

한편, 해외파견자의 해외체류기간별로 적합한 교육훈련기법을 나타낸 것이 [표 12-2]에 제시되어 있는데, 체류기간이 길어질수록 교육훈련의 기간도 길어지고 수준도 높아지며, 단순한 정보제공을 통해 인지적 변화를 유도하는 방법보다는 정서적으로 변화시키고 현지문화에의 몰입을 유도하는 접근방법이 효과적이다.

| 표 12-2 | 해외체류기간별로 적합한 교육훈련방법

해외체류기간	교육훈련 기간 및 수준	교육훈련방법
1~3년	1~2개월 이상/ 높은 수준	몰입식 접근방법(immersion approach) • 평가센터(assessment center) • 현지경험(field experiences) • 시뮬레이션(simulation) • 감수성훈련(sensitivity training) • 집중적인 언어훈련(extensive language training)
2~12개월	1~4주/ 중간 수준	정서적 접근방법(affective approach) • 문화적 동질화훈련(culture assimilator training) • 언어훈련(language training) • 역할연기(role playing) • 중요사건법(critical incidents) • 사례분석(cases) • 스트레스 감소훈련(stress reduction training) • 중간 수준의 언어훈련(moderate language training)
2개월 이하	1주일 이하/ 낮은 수준	정보제공식 접근방법(information approach) • 지역소개(area briefings) • 문화소개(cultural briefings) • 영상/서적(films/books) • 통역자 활용(use of interpreters) • 최소한의 언어훈련('survival level' language training)

자료: M. Mendenhall, B. J. Punnett & D. A. Ricks, *Global Management*, Cambridge, Mass.: Basil Blackwell, 1995, p.450 수정 · 인용

3.4 고과(평가)

모든 조직구성원들은 "내가 지금 어떠한 위치에 있는가?", "나의 상사는 나의 일을 어떻게 생각하고 있는가?" 등의 의문을 공통적으로 가지고 있다. 이러한 물음에 대한 대답은 전 세계의 다양한 장소에서 상이한 방식으로 이루어진다. 조직구성원에 대한 평가과정은 국가나 문화별로 상이하다. 즉 평가의 목적, 평가자의 특성 및 스타일, 평가의 빈도, 평가과정에 내재하여 있

는 가정, 피평가자의 이의제기 기회, 성과향상 및 동기부여를 위해 도입되는 수단의 종류 등이 국가마다 다르다는 점에서 해외에서 활동하는 인적자원에 대한 평가의 문제가 중요하게 대두된다.

1) 인적자원의 평가기준

기업의 인적자원관리에 있어서 해외파견자의 평가제도는 국내경영환경과의 차이나 영업기반의 차이 등으로 인해 국내구성원의 평가기준과는 상이한 평가방법이 적용되어야 한다. 즉 현지자회사 운영 시에는 한 국가 내에서 이루어지는 평가보다 통제할 수 없는 많은 영업외적 요소나 각국별로 상이한 환경변화요소들이 존재하기 때문에 이러한 요소에 대한 적절한 고과가 필요하다. 예를 들면, 현지국의 경기변동, 인플레이션율, 환율변동 등의 영업외적 환경변화가 현지경영자의 영업실적이나 능력평가에 영향을 미쳐 그릇된 평가를 가져올 수 있다는 것이다.

해외에서 활동하는 인적자원에 대한 평가를 공정하고 정확하게 하기 위해서는 각 국가별 문화적 환경을 고려해야 하는데, 다양한 문화권별로 인적자원에 대한 평가시스템이 어떻게 차이를 보이는가를 미국과 사우디아라비아 그리고 한국의 경우를 비교한 자료가 [표 12-3]에 제시되어 있다. 이 표에 제시된 것처럼 국가별 평가시스템은 다양한 측면에서 차이를 보인다.

| 표 12-3 | 미국 · 사우디아라비아 · 한국의 평가시스템 비교

이슈	미국	사우디아라비아	한국
목적	제반 의사결정에 반영, 조직구성원의 육성 · 개발	배치, 조직개발	상사와 구성원 간의 관계개발
주체	직속상사	피평가자를 잘 알고 있는 상위 몇몇 계층의 관리자	직속상사 또는 차상위자

평가권한	직속상사의 고유권한	명성(국적, 나이, 성별, 가족, 종족, 교육 등에 의해 결정되는 위신)	직속상사 또는 차상위자의 권한
스타일	피평가자의 정보제공하에 직속상사가 주도권을 가짐	평가자의 평가권한이 매우 강력함	피평가자의 의견이 비공식적으로 반영된 가운데 직속상사나 차상위자가 주도권을 가짐
빈도	대체로 1년에 1회	1년 1회뿐만 아니라 계속적으로 이루어지는 과정	육성평가는 1년에 한 차례, 업적평가는 1년에 한 차례 또는 2차례
가정	객관성. 평가자는 공정함	객관성보다 주관적 평가가 중요시됨. 인맥이 매우 중요	객관성보다 주관적 평가가 보다 중요. 공식적 기준이 없음
피드백	직접적인 비판이 이루어지며, 주로 서면을 통해 이루어짐	비판은 미묘함. 서면통보를 선호하지 않음	비판은 미묘하게 간접적으로 어루어지며 구두로 통보
피평가자의 확인과 이의제기	피평가자는 결과를 통보받고 서면으로 이의제기가능	피평가자는 결과를 통보받고 구두로 이의제기가능	피평가자가 고과결과를 공식적으로 아는 경우가 드묾. 이의를 제기하는 경우는 거의 없음
칭찬의 방식	개인적	개인적	집단적
동기부여의 원천	보상, 승진, 경력개발	자신, 가족, 부족, 기타 소속집단에 대한 충성심	승진, 보상, 상사에 대한 충성심

자료: W. Cascio & E. Bailey, "International Human Resource Management: The State of Research and Practice," in O. Shenkar(ed.), *Global Perspectives of Huaman Resource Management*, Englewood Cliffs, N. J.: Prentice-Hall, 1995, p.29를 수정 · 인용

2) 인적자원평가의 어려움

해외활동을 하는 인적자원에 대한 평가는 국내에서 이루어지는 평가보다 훨씬 더 어려운 것으로 지적되고 있다. 그 이유는 여러 가지 원인에서 찾아

볼 수 있지만 일반적으로 다음과 같은 요인들이 작용하기 때문이다.

(1) 평가자선정의 어려움

해외에서 활동하고 있는 인적자원에 대한 평가를 현지에서 할 것인지 아니면 본사에서 할 것인지를 결정해야 한다. 그런데 해외파견자의 상사가 현지에 없는 경우 본사에서 평가할 때에는 파견자와의 접촉이 어려워 평가에 어려움이 발생한다.

(2) 성과에 대한 판단의 어려움

해외파견자에 대한 평가가 현지에서 이루어질 경우 현지의 상사가 판단하는 성과와 본사에서 판단하는 성과 사이에는 괴리가 발생할 수 있다. 즉 해외현지의 평가자는 피평가자의 실제행동을 중시하지만, 본사에서는 재무적인 성과만을 중시하는 경우 현지의 시각과 본사의 시각에 차이가 발생하고 이는 해외파견자의 성과를 판단하는 데 있어 어려움으로 작용한다.

(3) 커뮤니케이션의 어려움

각종 통신수단의 발전으로 인해 과거에 비해 본사와 해외지사 간의 커뮤니케이션상의 제약은 많이 사라지고 있으나, 해외의 활동을 본사에 정확하게 전달하는 데는 여전히 어려움이 따른다.

(4) 성과목표설정의 어려움

본사의 입장에서는 현지의 사정에 대해 정확히 파악하기가 어렵기 때문에 해외지사의 목표와 지사에서 활동하는 인력의 성과목표를 적절히 설정하는 데 어려움을 겪게 된다. 특히 해외지사에서는 현지사정을 감안한 성과목표를 설정하기를 원할 것이지만, 본사에서는 오직 재무적 성과만을 중시할 경우 어려움은 더욱 커진다.

(5) 해외환경에 대한 본사의 이해 부족

해외지사에서 활동하는 사람들은 현지의 문화와 관습이라는 테두리 내에서 활동하기 때문에 여러 가지 제약조건이 현실로 다가오지만, 본사에서 자국중심적인 시각을 취할 경우 해외현지환경의 특수성에 대해 충분히 고려하지 못함으로써 평가에 임하는 시각이 차이를 보일 수 있다.

이러한 어려움 때문에 해외에서 활동하는 인적자원에 대한 평가에 있어 본사의 시각과 현지의 시각이 차이를 나타내는 경우가 많다. 특히 본사의 입장에서는 현지에서 활동하는 인적자원에 대한 평가를 무시하거나 오직 재무적 성과만을 기준으로 판단하는 오류를 범하는 경우가 많다. 현지에서 활동하는 파견요원들의 경우 현지의 매우 어려운 상황을 개척해 나가며 최선을 다함으로써 성과를 달성한다 해도 이것이 직접적인 재무적 성과로 나타나지 않는 경우가 있을 수 있다. 그러나 이러한 특수성을 본사에서 고려해주지 않는다면 평가가 공정하게 이루어질 수 없다. 또는 반대의 경우도 가능하다. 즉 현지상황이 기업에 유리하게 전개되어 별다른 노력이 없이도 상당한 재무적 성과를 달성할 경우 재무적 성과에만 근거한 평가가 이루어진다면 공정한 평가가 이루어지지 못할 것이다.

해외에서 활동하는 인적자원에 대한 평가의 공정성을 제고시키기 위해서는 다음과 같은 조치를 취하는 것이 바람직하다고 지적되고 있다.

첫째, 평가항목을 현지의 사정을 충분히 고려하여 수정 · 적용해야 한다. 이를 위해서는 현지에서 활동하는 데 있어 핵심성공요인이 무엇인가를 심층적으로 분석해야 한다. 해외지사별로 평가항목을 차별화시킬 때에는 현지의 국가적 특성, 산업특성, 경쟁업체의 활동동향 등을 면밀히 고려해야 한다.

둘째, 평가에 현지파견인력의 의견을 반영시켜야 한다. 현지에서 활동하는 인력은 나름대로 현지의 사업상황에 대한 통찰력을 개발하기 마련이다. 현지의 상황에 대한 통찰력은 본사의 입장과 현지의 입장을 통합 · 조정하는 귀중한 자원으로 활용될 수 있다. 평가에 있어서는 피평가자의 납득성이 무엇보다도 중요한데, 해외파견자의 의견이 평가에 반영될 경우 평가에 대한 납득성이 제고될 수 있다.

셋째, 기업이 현지에서 활동을 시작한 기간이 어느 정도 경과되어 전임자가 본사에 존재할 경우에는 해외파견자의 현지상사와 더불어 현지에서 활동한 경험이 있는 구성원을 평가에 참여시키는 것이 바람직하다. 해외파견자에 대한 평가는 본사에서 점검되기 마련인데, 현지의 관리자와 현지경험이 있는 본사의 관리자로 하여금 공동으로 해외파견자에 대해 의견을 교환하면서 평가하게 하면 해외파견자에 대한 평가가 보다 객관적이고 공정하게 이루어질 수 있다.

따라서 해외인적자원에 대한 평가는 국내에서 이루어지는 인적자원평가보다 다양한 요인들이 고려되어야 하며, 현지의 특수성이 충분히 감안된 평가가 이루어져야 할 것이다. 국내에서 이루어지는 평가에 비해 해외파견인력에 대해 추가적으로 평가가 이루어져야 할 내용으로는 문화를 극복하는 대인관계기술, 외국의 규범과 가치관에 대한 민감성, 현지의 노동관행과 고객관계 간의 차이에 대한 이해의 정도, 낯선 환경에 대한 적응 정도 등이 제시되고 있다.

3.5 보상

다국적기업이나 글로벌기업이 해외에서 활동하는 인적자원에 대해 보상시스템을 설계하는 방법은 협상식 접근, 균형화 접근, 현지화 접근, 총액식 접근, 카페테리아식 접근, 지역별 접근 등이 있다.

1) 협상식 접근

어느 기업이 처음으로 해외에 구성원을 파견하고 단지 소수의 인원만을 해외에 파견하고 있다면 보상과 부가급부 등을 결정하는 공통적인 접근방법은 파견근무자와 개별적으로 임금 및 복리후생 패키지를 협상하는 것이다.

이러한 임시방편적인 접근방법은 초기의 매우 단순한 형태인데, 해외파견근무자에 대한 보상시스템 설계를 어떻게 할 것인가에 대한 정보가 거의 없거나 국내보상과 복리후생을 그대로 적용하기에는 많은 복잡성이 있을 때 인적자원관리자들이 손쉽게 선택할 수 있는 방식이다.

2) 균형화 접근

이러한 접근은 일반적으로 해외파견근무자의 수가 많은 다국적기업이나 글로벌기업에 의해 채택되는 경우가 많다. 해외파견자의 수가 증가하면 매우 다양한 경우의 수가 존재하기 때문에 일일이 개별적으로 협상에 의해 보상을 결정하는 데는 한계가 드러난다. 따라서 인적자원이 파견된 국가별로 현지의 사정을 고려하여 본국에서 제공했던 보상에 일정항목들을 가감하여 해외파견자에 대한 보상을 설계하는 방식이 채택된다.

[그림 12-2]에는 이러한 접근방법을 이해하는 데 도움을 주는 모형이 제시되어 있다. 이 그림에서 보듯이 균형화 접근은 본국에서의 급여, 복리후생, 기타 보상 등 기본적인 보상 프로그램을 토대로 하며, 해외파견에 따른

그림 12-2 | 해외파견자의 보상에 대한 균형화 접근

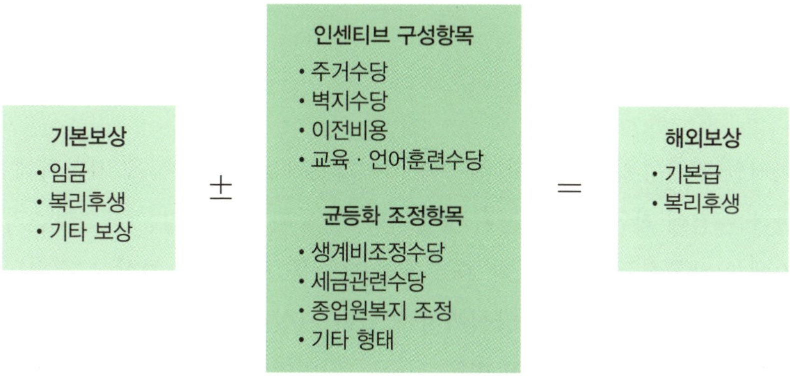

자료: D. R. Briscoe, *International Human Resource Management*, Englewood Cliffs, N. J. : Prentice-Hall, 1995, p.133.

인센티브항목과 더불어 현지의 상황과 본국의 상황을 기본보상에 가감한다. 여기서 기본보상은 인센티브항목과 균등화 조정항목이 가감되는 기준이 되기 때문에 이것을 어떻게 설정할 것인가가 매우 중요한 문제로 대두된다. 기본보상은 본국의 보상을 기준으로 하는 경우가 보통이지만, 국제적 기준에 맞추거나 지역별 기준 또는 현지의 기준에 맞추는 방법이 활용될 수 있다. 어떠한 기준에 맞추든 간에 해외에서 활동하는 인적자원에 대한 보상은 해외근무를 기꺼이 받아들일 정도의 수준으로 책정되어야 할 것이다.

3) 현지화 접근

이는 해외근무자 보상에 대한 비교적 새로운 접근방법으로서 높은 인건비 부담과 해외자회사 간 불공정성을 해소하기 위해 자주 활용된다. 이러한 접근은 입사 초기부터 해외에 파견되어 오랜 기간에 걸쳐 해외에서 근무할 인적자원에게 적용되는 경우가 많은데, 현지에서 근무하는 인력에 대하여 현지국의 보상수준에 맞추어 임금과 복리후생을 제공한다. 이러한 방식은 시행하기가 편리하기는 하지만, 해외파견자는 현지의 국민들과는 다른 생활수준을 유지했던 경우가 많기 때문에 별도로 보상을 제공해주는 협상이 요구되기도 한다.

4) 총액식 접근

이러한 접근방법은 균등화 접근이 해외파견자의 생활방식을 지나치게 제약한다는 점에 착안하여 고안된 방식이다. 균등화 접근방법은 해외파견자가 현지에서 생활하는 데 필요한 대부분의 요소를 고려하여 보상이 결정되기 때문에, 해외파견자의 생활양식까지 일일이 간섭하는 결과를 초래할 수 있다. 이 때문에 총액식 접근방법을 취하는 기업이 증가하고 있는데, 기업은 해외파견자의 총급여수준만을 결정하고 해외파견자는 결정된 총금액을 어떻게 지출할지를 자신이 알아서 결정하게 된다. 예컨대, 주택비, 교통비, 여

행, 교육 등의 비용지출을 자신의 계획하에 결정하고 집행하게 된다.

5) 카페테리아식 접근

이는 특히 매우 높은 수준의 급여를 지급받는 해외파견 고위경영자들에 대해 활용되는 방식이다. 고소득 관리자들의 경우 현금보상이 주어질 경우 이는 세금부담을 가중시킬 수 있기 때문에 현금보다는 다양한 복리후생이나 특전을 원할 수도 있다. 이 때문에 급여수준이 높은 해외파견관리자들을 대상으로 카페테리아식 보상체계의 활용이 급격히 늘고 있다. 이러한 관리자들에 대해서는 현금보상을 지급하기보다는 일정한 금액의 한도 내에서 승용차 제공, 보험금 지급, 주택 제공, 클럽 가입 등의 다양한 복리후생과 특전을 제공하기도 한다.

6) 지역별 접근

일부 기업에서는 인적자원을 파견하는 특정 지역별로 임금 및 복리후생시스템을 설계하기도 한다. 이러한 접근을 취하는 일차적인 목적은 특정 지역 내에서 보상의 공정성을 확보하고 유지하는 데 있다. 이러한 방식은 다른 접근방법을 보완하는 형태로 운영된다. 만일 특정 지역에 파견되어 있던 인력이 다른 지역으로 이동하게 된다면 임금과 복리후생은 새로이 이동한 지역에 맞추어 균형화 접근을 취하여 결정된다.

이러한 다양한 접근 중 적절한 방식을 취하여 보상시스템이 설계되고 나면 임금의 경우 본국의 화폐로 지불할 것인지 아니면 파견국의 화폐로 지출할 것인지가 결정되어야 한다. 만일 본국과 현지 간의 환전이 용이하지 않거나 본국의 인플레이션이 심할 경우에는 현지의 화폐로 지불하는 것이 바람직할 것이다. 어떠한 통화로 지불하든 간에 해외파견자가 현지에서 생활하는 데 지장이 없도록 임금을 지불하는 것이 바람직하다.

토 · 의 · 문 · 제

1. 국내인적자원관리와 국제인적자원관리의 차이는 무엇인가?

2. 해외파견자에 대한 교육훈련방법에는 무엇이 있는가?

3. 글로벌기업이 해외에서 활동하는 인적자원에 대해 보상을 설계하는 방법에는 무엇이 있는가?

Chapter 13

고성과조직

학/습/목/표

- 고성과조직의 생성배경에 대한 이해
- 고성과작업시스템의 개념에 대한 이해
- 고성과조직의 특성에 대한 이해
- 고성과생산체제 도입 시 고려사항에 대한 이해

글로벌경쟁체제하에서 많은 선진기업들이 필사적으로 경쟁력 있는 생산시스템에 깊은 관심을 가지고 있다. 그러한 노력의 과정에서 나타난 유력한 대안의 하나가 미국의 고성과조직(high performance organization)이다. 한국기업의 경쟁력은 다른 무엇보다 인적자원에 의존하는 바가 큰 만큼 협력적 노사관계에 기초하여 인적자원의 역량을 극대화할 수 있는 인적자원관리시스템의 구축이 그 무엇보다 중요한 과제가 되고 있다. 이러한 과제에 부응할 수 있는 유력한 대안의 하나가 종업원의 참여와 협력에 기초한 고성과작업시스템이다. 고성과작업시스템의 내용을 살펴본다.

기업 지속가능성에 대한 도전

많은 사람들이 이미 느끼고 지적한 것이지만, 세계경제의 한계효용을 체감하고 있다는 얘기는 매우 중요한 시사점을 준다. '피크쇼크(peak shock)' 현상으로 각 산업영역에서 공급과잉이 이어지고, 심각한 부채위기 현상이 생겨나고 있다. 신자유주의 여파탓이 있지만 상품과 서비스, 인력, 자본 등을 중심으로 경쟁이 치열해지면서 글로벌 플레이어들이 우후죽순처럼 나타났다. 그만큼 먹고살기가 힘들어졌다는 얘기다.

더 이상 수요와 공급의 원칙에 따라 세계경제가 굴러가지 않는다는 점을 말해준다. 대기업과 중소기업은 물론, 시장에 새롭게 진입하려는 벤처기업과 스타트업 등 모두가 무한경쟁의 시대로 들어갔다는 것을 뜻한다. 무역과 과학기술, 금리 · 환율 부문 등 국가 간에도 패권전쟁이 가시화되고 있다. 일부에서 표현하는 '수축사회'로 진입한 셈이다. 우리 경제도 장기 불황, 즉 디플레이션에 빠질 것이라는 우려가 점차 커지고 있다. 그동안 반도체나 조선, 자동차 등 하드웨어 측면에서 강세를 보여왔던 한국의 처지에선 더 심각한 문제다. 하드웨어 분야에서 개발도상국들로부터 추월당하거나 최소한 그런 도전을 받고 있다.

여기서 가장 중요한 것은 지속가능성이다. 살아남을 수 있느냐의 문제가 심각해졌다.

한국경제와 기업이 생존을 위해 가장 먼저 챙겨야 할 대목은 기업과 경제 전반의 생산성이다. 노동비용이 급격히 늘고 있고, 원가절감이 쉽지 않은 상황에서 어떻게 재화와 용역의 가치를 남보다 뛰어나게 키울 것인가에 대한 근본적인 고민이다.

기업마다 지금의 이익구조를 한 단계 높일 수 있도록 모든 힘을 쏟아내야만 하고, 경쟁의 룰에 혹여 불리하거나 불합리한 측면이 없는지를 살펴서 제거해야만 한다는 것이다.

50세도 안 된 어느 순간에 스스로의 몸이 60세의 그것으로 돼버린 건 아닌지, 기업 스스로 제 몸을 들여다보는 노력이 필요하다는 지적이다. 또한 30세들끼리 경쟁하고 있는데 나만 40세의 몸으로 시장에 뛰어들고 있는 것은 아닌지 따져봐야 하는 게 중요해졌다.

과잉투자와 경쟁의 시대에 새로운 비즈니스 창출도 매우 어려운 문제가 됐다. 사업을 일으키는 것도 힘들고, 그 사업을 유지해나가는 것도 힘든 세상이 됐다. 기업의 지속가능성에 대한 도전이 심화되고 있다.

배리 아이컨그린 미국 버클리 캘리포니아대(UC버클리) 교수도 최근 한 인터뷰에서 "새로운 기술이 실생활에 사용되기까지는 시간이 걸린다. 기업들이 사업을 재정비해야 하기 때문이다. AI와 5G 등 첨단기술을 우리는 곳곳에서 접하게 되겠지만 생산성 향상으로 이어지려면 시간이 필요할 것"이라고 말했다.

다른 한편으로 시장에 대한 진입규제와 경영환경, 관련 법규 등 모든 규제에 대해 개별 주체는 물론, 업계 전체가 노력할 수밖에 없다. 공동 노력을 할 수밖에 없는 것은 역내 · 역외 간 경쟁구도에서 동시에 경쟁이 벌어지고 있기 때문이고, 함께 힘을 합쳐야만 비용을 줄이고 파이를 확대할 수 있기 때문이다.

조금만 들여다보면 기업 주변에는 이해가 되지 않는 규제들이 너무 많다. 독일의 '슈바르츠발트' 100년 숲은 목재산업이 매우 발달해 있다. 슈바르츠발트는 숲을 쓰지 않고 놔두면서 지키는 데만 머물지 않고, 좋은 소재로 만들어내고 부가가치를 창출하는 데 사용한다. 무작정 보호하고 무조건 막는 게 답이 아니라는 말이다. 그런 측면에서 한국기업과 한국경제를 둘러싼 모든 규제와 룰을 원점에서 재조명할 필요가 있다.

국가 백년대계를 위해서 보호할 것과 개발할 것을 차근차근 따져봐야 한다. 우리 규제가 소재와 재화를 적절하게 사용하고 관리하고 있는지를 들여다봐야 한다. '숲을 지키기 위해 아무것도 못하게 하는 일들이 많다'는 얘기다. 합리성과 합목적성을 가질 때 규제는 빛이 나고 의미를 발현한다.

자료: 매일경제, 2019. 12. 27.

1 고성과조직의 생성배경

테일러(F.W. Taylor)의 '과학적 관리법'은 숙련의 해체를 통해 노동의 지적 측면과 육체적 측면을 분리해, 그것을 '과업관리'라고 하는 형태로 체계화하였고, 포드는 이 테일러 원리의 기초 위에 전용기계나 컨베이어벨트를 도입하여 극히 높은 생산성을 갖는 대량생산방식을 실현하였다. 이 테일러주의와 기계화와의 결합을 단순화해 '포드주의적 노동편성'이라 부른다.

이 포드주의적 노동편성은 자동차산업뿐만 아니라 다른 산업에도 보급되었다. 그러나 대량생산체제는 대량소비가 없으면 불가능하다. 따라서 포드주의적 노동편성에 적합한 조정양식이 필요하다. 포드가 이 생산방식을 도입했을 즈음은 일부를 빼고 아직 대량소비체제가 사회적으로 정착해 있지 않았다. 대량소비 없는 대량생산은 공황을 불러일으킨다. 1929년 공황이 바로 이러한 경우이다. 이 조정은 공황으로부터의 탈출정책=뉴딜정책에 의해 실현되었다. 즉 노동조합의 공인, 단체교섭제도, 노동협약, 생산성의 상승에 맞는 임금인상, 복지국가와 사회보장제도 등의 고임금제도의 정착이다. 이들을 포드주의적 조정양식 또는 포드적 타협이라 부른다.

이러한 타협을 통해 노동자와 노동조합은 테일러주의에 의한 통제를 수용하는 대신 합리화로부터 생기는 생산성 상승의 몫을 획득했던 것이다. 이에 따라 생산성과 더불어 실질임금이 상승하여 소비를 끌어올리고 소비는 투자를 자극하기 때문에 결국 총수요를 환기시키고, 이렇게 해서 광대한 투자와 수요(생산)가 재차 생산성을 상승시켰다. 이렇게 함으로써 그때까지는 볼 수 없었던 대량생산과 대량소비의 동시달성을 실현해 전례 없는 자본주의경제체제의 발전을 가져온 호순환이 성립할 수 있었던 것이다.

여기에서 포디즘이라는 것은 단순히 노동편성이나 생산양식을 말하는 것이 아닌, 테일러시스템과 기계화 · 합리화에 근거한 노동편성을 단체교섭 및 복지국가에 기초한 고임금체제의 실현으로 노동자와 노동조합에 수용시킨다고 하는, 임노동관계에 매개된 대량생산 · 대량소비의 사회경제체제로 이해된다. 즉 테일러 원리와 기계화에 따른 대량생산체제 및 단체교섭과 노동협약에 기초한 고임금=대량소비체제를 내용으로 하는 축적체제인 것이다.

그런데 이러한 호순환과정은 1960년대 말부터 1970년대 초 오일쇼크 이후 장기간에 걸쳐 위기에 봉착하였다. 조정이론학파는 이것을 포디즘의 구조적 위기라고 간주한다. 모든 조정이론가들의 주장이 통일된 것은 아니지만 적어도 이 점에 있어서는 그 진단시각이 일치하고 있다.

포디즘이 위기에 봉착한 원인은 논자에 따라 차이가 있겠으나, 테일러식 원리 그 자체가 생산성 신장의 원천을 소진시켜 버렸다고 보면서 포드주의적 노동편성모델의 내부에서 그 원인을 구하고 있다.

즉 포드형의 규격화된 소품종 대량생산 · 대량소비형 상품이 시장을 일순하자 품질과 서비스 면에서 다양성을 가진 상품의 생산이 요구되었지만, 계획과 실행의 분리를 핵으로 한 테일러=포드적 노동편성이 한층 더 진전됨에 따라 비인간적 노동이 만연해 노동자의 저항이 증대되었다. 나아가 기업은 이런 생산성의 저하를 판매가격인상으로 메우려 했으나 포드적 조정양식의 원리하에서는 이 물가상승은 임금상승을 초래하고 그것이 또 물가상승에 영향을 미치게 되어, 결국에는 대량생산과 대량소비의 호순환은 끊어지게 되었다는 것이다.

여기에 더하여 석유위기는 석유에너지 다소비형의 대량생산형 재생산구조를 붕괴시켰으며, 그것은 광공업생산의 감소, 실업률의 증가, 국가재정의 핍박과 함께 포드형 대량생산시스템을 배경으로 한 노동소외현상(무단결근, 작업의 질적 저하, 불법파업 등)에 기인한 효율성의 저하, 시장의 협소화와 경쟁의 격화 등, 선진 자본주의제국의 축적구조에 매우 커다란 영향을 주었다. 이는 나아가 제2차 세계대전 후의 노사관계상의 모순의 축적을 배경으로 한 사회정의의 문제(공해, 전쟁, 식민지주의 등에 대한 반대), 노동의 인간성(노동의 질, 노동시간, 노동조건 등의 개선)과 노동자의 권리 향상을 요구하는 노동운동, 사회운동의 고양과 맞물려 일종의 체제적 위기감마저 느끼게 하였다.

이러한 위기적 상황하에서 재생산구조의 재편을 위해 다음과 같은 몇 가지의 과제가 제기되었다.

첫째, 시장의 창조였다. 그것은 종래의 표준화제품시장을 세분화하고 제품을 고부가가치화함으로써 소비자니즈의 다양화 · 고도화를 꾀하는 시장의 질적 창조 및 제품수출에 의한 국내시장으로부터 국제시장으로의 국제화, 즉 시장의 양적 창조를 의미하였다. 국제시장에의 진출을 위해서는 제품의 국제경쟁력의 강화가 필수적이었으며, 그것은 동시에 해당 국가와의 경제마찰을 일으키는 원인이 되었다.

둘째, 이와 같은 시장창조에 대응가능한 생산기술기반의 재편성, 즉 재래형 생산시스템으로부터의 탈피가 주요한 과제가 되었으며, 거기에는 두 가지의 의미가 담겨 있다고 하겠다. 그 중 하나는 '중후장대형' 제품으로부터 '경박단소형' 제품으로의 제품구성의 전환, 즉 탈석유 · 성에너지형인 동시에 고부가가치제품을 생산할 수 있는 시스템으로의 전환이며, 다른 하나는 소품종 대량생산형으로부터 다품종 소량생산형으로의 제조시스템의 전환, 즉 세분화된 시장의 수요변동에 유연하게 대응가능한 동시에 지금까지 이상으로 생산성을 향상시키고 비용삭감을 실현시킬 수 있는 생산시스템으로의 전환이다.

셋째, 효율적 생산체제에 대한 저해요인으로서의 노동자대책이었다. 그것은 적대적 노사관계로부터 협조적 노사관계로의 유도 · 유화정책의 전개 및 인간의 노동화에서 노동의 인간화, 즉 노동자의 근로의욕 · 만족을 노동과정의 내부에서 구하는 시스템의 개발이었다.

이와 같은 절박한 과제에 직면하여 선진 자본주의국가의 기업들은 제각기 포디즘을 대체할 수 있는 새로운 생산양식의 개발에 부심하게 되었으며 미국기업도 예외가 아니었다.

표준화된 제품의 대량생산에 기초한 생산성 향상과 원가절감은 선진기업들에 있어서는 이제 더 이상 경쟁우위의 충분조건이 아니었다. 이 기술은 이제 초국적기업의 해외생산공장을 포함한 신흥공업국들이나 저개발국가의 기업들이 얼마든지 이용할 수 있다. 게다가 이들 국가들의 임금수준은 선진국의 몇 분의 일밖에 안 되는 실정이다. 이제 저임금국가의 기업들은 가격에 기초해서 경쟁하는 표준화된 제품시장에서 시장점유율을 점점 더 높여가고 있다. 게다가 미국 및 선진기업들의 대량생산설비에 대한 추가적 투자는 세계적인 설비과잉을 부채질함으로써 기업의 이윤을 증가시키기는커녕 감소시키고 있다.

이러한 주장은 지난 10여 년간 상당히 수용되었지만 미국회사들이 시장점유율 하락과 심각한 이윤압박에 시달리던 1970년대와 1980년대 초반에는 그렇게 분명하고 광범위하게 확인되지는 않았다. 이 시기에 미국에서는 대량생산체제의 개혁을 위한 두 가지 전략이 출현하였다. 그 하나는 미국식 인적자원모델로 종종 계몽적 경영의 토대로 간주되었다. 다른 하나는 원가절감과 노동력착취를 통해 대량생산을 보다 효율적으로 만들려는 노력이다. 이러한 대안들은 경영관리적 사고의 측면에서 일정한 효과를 제공함으로써 여전히 다수의 기업들에서 활용되고 있다.

그러나 미국식 인적자원모델이나 유연한 대량생산의 도입에서 나타난 제한된 성과는 지난 10여 년간 점점 더 많은 기업들이 다른 형태의 조직적 변화에 대한 실험을 시도하는 계기가 되었다. 바로 고성과생산체제로의 전환이다. 그러나 이러한 고성과생산체제로의 전환이라는 과제가 지닌 중요성에 비해 이에 대한 명확한 정의나 변화의 지침 등은 여전히 미흡한 수준에 머물러 있어 앞으로도 많은 실험과 연구가 요구되고 있는 실정이다.

2 고성과작업시스템의 개념

고성과작업시스템은 미국을 중심으로 10여 년 이상 실험과 연구가 진행되어 오고 있다. 즉 고성과 · 참여적 작업시스템의 철학과 방침 그리고 인적자원관리의 관행들은 경영성과 향상과 조직구성원의 만족을 동시에 달성할 수 있는 대안으로 꾸준히 지적되어 오고 있다. 참여와 협력의 노사관계에 기초한 고성과작업시스템 덕분에 미국기업들은 새롭게 경쟁력을 회복할 수 있었다고 평가되고 있다.

미국 노동성은 고성과생산체제에 대하여 다음과 같이 정의하고 있다.

"작업방식이 혁신과 품질개선을 도모하고 급변하는 시장상황에 즉각 대응하는 의사결정을 내릴 수 있도록 모든 근로자들에게 이에 필요한 각종 정보, 기능, 인센티브와 책임을 제공하는 경영시스템을 뜻한다. 이러한 경영방식의 여러 가지 구체적인 실천방식들을 고성과작업방식이라 하며, 이러한 실천방식을 사용하는 조직을 고성과작업방식 또는 고성과작업장이라 부른다. 여기서 시스템을 강조하는 이유는 이러한 각종 실천방식들은 하나의 통합된 시스템 속에서 실천될 때 상호 상승효과를 통해 생산성 향상과 장기적으로 우수한 재무성과를 가져올 수 있다는 데 있다."

마셜(Marshall) 등은 '고성과모델'을 '신테일러모델'과 구분하여 다음과 같이 말하고 있다.

신테일러모델은 테일러의 과학적 관리의 영역을 확장하여 합리성과 비용삭감을 강조한다. 이 모델에서는 낮은 임금이 경쟁적 이점이다. 반대로 고성과모델은 다양화된 품질생산의 개념에서 나온 것이다. 여기서는 고임금, 직업안정성, 생산성과 혁신 간의 인과관계를 강조한다. 고성과조직에서는 고용의 신축성이 이루어진다. 그것은 종업원들이 더 많은 의사결정의 책임을 지기 때문에 경영자와 종업원들 간의 영역이 희미해지기 때문이다. 신테일러주의자들은 수적인 신축성을 강조하고 고성과기업은 기능적 신축성을 강조한다.

개인기업의 관점에서 볼 때 고성과조직의 모델은 테일러주의(및 신테일러주의)에 대한 뛰어난 대안인데 그 이유는 다음과 같다.

첫째, 고성과조직의 모델은 종업원의 자기감독에 의존하고 종업원들과 경영자들의 능력을 최대한 이용하기 때문에 보다 효율적이다.

둘째, 고성과조직의 모델은 종업원들이 보다 많은 기술, 문제해결능력을 지니고 있고 혁신의 원천이 조직 전체를 통하여 존재하기 때문이다. 혁신은 비용을 줄이고 생산시장의 이점을 촉진시키는 데 없어서는 안 되는 핵심요인이다.

셋째, 이 모델은 결정으로 인한 비용을 줄이고 높은 가격을 가능케 하는 생산을 촉진하고 동시에 지속적이고 높은 품질의 작업을 강조하기 때문이다.

다음 북미를 통하여 모든 전통적인 산업에 영향을 미치는 것 가운데 중요한 하나의 주제에는 '포드주의' 대량생산으로부터 보다 더 '유연한' 생산방법으로의 전환이 포함된다.

포드주의 대량생산체제는 아담 스미스의 분업의 원리에 기초한다. 반면 고성과생산체제는 스웨덴의 사회기술체제로부터 팀작업, 일본의 린생산방식으로부터 QC(Quality Control), QM(Quality Management) 등의 품질관리와 조직의 슬림화, 부품 및 일부 생산공정의 아웃소싱, 그리고 이탈리아의 유연성 전문생산체제로부터 네트워크조직 등 가운데서 하나 또는 두 개 이상의 요소를 절충하여 고성과생산체제로의 전환을 위해 외국경쟁기업 가운데 초우량기업을 선정하여 자기의 업무관행 및 프로세스와 비교하고 개선해 가는 벤치마킹활동을 활발하게 전개하였다.

그 예로 미국의 대표적인 복사기 제조회사로서 1970년대까지 전 세계시장을 석권하고 있었던 제록스사는 1980년대 초 이후 후지 등 경쟁회사의 등장으로 시장을 크게 잠식당하고 경영이 어려워지자 우량경쟁회사를 벤치마킹함으로써 1980년대 말에는 초우량기업으로 재부상할 수 있게 되었다. 1989년에는 미국 최고의 품질대상인 말콤 볼드리지 품질대상을 수여받게 되었다.

미국 고성과생산체제의 이러한 성격 때문에 실제로 고성과생산체제를 도입한 기업 사이에는 큰 차이가 있다는 것을 고려하여야 한다.

3 고성과조직의 특성

3.1 경영관리상의 특성

첫 번째 특징은 비전지향적(vision-driven) 경영이다. 전통적인 기업이 규칙과 관행에 따라 경영된다면 고성과기업은 비전을 명확하게 제시하고 이를 기업의 가치, 목표, 전략의 형태로 구체화되고, 이것을 행위지침으로 삼는다. 고성과기업은 혁신지향적이며, 성공한 혁신은 비전에 의해 주도되어야 한다. 이것은 기업의 모든 구성원들이 기업이 직면하고 있는 환경변화와 도전, 그리고 새로운 환경에서 경쟁우위를 차지할 수 있는 새로운 방향에 대한 명백한 이해가 있어야 함을 의미한다.

모든 종업원들이 공통의 비전과 기업목표에 헌신할 때에만 초우량기업으로 발전할 수 있다. 따라서 초우량기업을 향한 비전은 ① 기업이 직면하고 있는 도전을 명확히 규정하고, ② 변화가 필요한 부문과 그 이유를 명시하며, ③ 변화와 혁신을 위한 혁신수용 및 이에 대한 헌신을 끌어내야 한다.

고성과기업들은 이러한 목표와 전략을 기업헌장(Mission State-ment)에 명확하게 규정하고 기업의 모든 구성원들에게 교육 등을 통하여 공지시킴으로써 공유해야 한다. 동시에 이러한 기본가치와 목표가 구성원들의 행위지침이 되도록 한다.

두 번째 특징은 고성과기업의 최고경영자는 기업가치의 실현, 기업목표의 달성 및 기업전략의 효과적인 수행을 위하여 노동조합과 전략적 동반자관계를 형성한다. 이러한 관계에서 노와 사는 이해를 달리하는 대립, 어느 한쪽만의 지배적인 승패(win-lose)가 아니라 공동목표를 추구하며 그 달성을 위해 노력하는 동반자로서 협력하는 윈윈(win-win)이 된다. 이러한 관계를 토대로 노와 사는 협력하고 공동사업을 추진하는 협력과 동반관계로 발전해 간다([표 13-1] 참조).

| 표 13-1 | 생산체제 패러다임의 변화

전통적 패러다임	고성과 패러다임
• 피라미드구조 • 계층조직 • 관료적 편성조직	• 수평구조 • 네트워크조직 • 유연조직
• 중앙통제 • 관리감독 • 보스중심	• 권한분산 • 지도, 코치, 지원 • 내부고객지향
• 개인단위 • 단순, 전문직무 • 업무영역 보호	• 팀단위 • 다기능화, 역할확대 • 부서 간 협력
• 생산중시 • 사후검사 • 무부가가치 행위	• 품질제일 • 사전예방 • 낭비요소 제거
• 재고확보 • 문제발생 후 수정 • 경험에 기초한 의사결정	• JIT(Just In Time) • 지속적 개선 • 데이터에 기초한 의사결정
• 비용으로서의 사람 • 정보비공개 • 비용으로서의 훈련 • 노조와 대립관계	• 자원으로서의 사람 • 정보공유 • 투자로서의 훈련 • 노조와 동반관계

자료: 이원덕, 미국의 고능률생산체제와 신노사관계, 1995, p.41.

3.2 조직구조상의 특성

1) 고성과조직의 원리

고성과조직은 직급, 직위가 줄어든 수평(flat)조직, 불필요한 조직이나 인력을 제거한 정예(lean)조직, 외부환경변화에 신축적으로 적용할 수 있는 유연한(flexible) 조직, 모든 구성원의 참여와 창의, 그리고 학습이 중시되는 혁신(innovative)조직을 지향한다.

고성과조직은 수평적 네트워크조직이다. 관리 · 통제보다는 근로자의 참여와 헌신을 중시한다. 또한 근로자들은 개인작업이 아니라 팀작업을 하며, 전체 조직이 팀으로 구성되어 있다.

2) 자율팀조직과 직무성격의 변화

새로운 생산조직에서 가장 특징적인 것은 자율팀(Self-Directed Teams: SDT)이 기본작업단위라는 점이다. 자율작업팀이란 사내 또는 사외의 고객에게 제품이나 서비스를 전달해주는 전 작업공정 또는 일부 공정을 담당하는 5~15명으로 구성된 종업원집단을 말한다. 팀 구성원들은 작업을 개선하고, 매일매일의 문제를 처리하여 작업을 계획 · 통제하기 위하여 공동으로 일한다. 즉 팀구성원들은 작업 그 자체뿐만 아니라 그들 자신의 관리에 대해서도 책임을 진다.

자율작업팀의 특징은 다음과 같다.

- 다양한 관리 및 리더십기능을 갖도록 권한이 부여된다.
- 작업공정을 기획 · 통제 · 개선한다.
- 스스로 팀의 목표를 설정하고 작업을 검사한다.
- 팀의 스케줄을 짜고 팀의 성과를 검토한다.
- 원자재를 주문하고 재고를 관리하며 부품공급업자와 거래한다.
- 필요한 훈련을 습득할 책임을 진다.
- 팀구성원의 결원을 채용하고 신규 팀구성원에 대한 훈육을 맡는다.
- 팀이 생산한 제품이나 서비스의 품질에 대한 책임을 진다.

이러한 자율팀의 성격 때문에 근로자의 직무내용과 성격도 크게 달라지게 된다.

[그림 13-1]에서 보는 바와 같이 먼저 자율팀은 팀 외부의 지시가 적으며 개인근로자의 직무가 다양하고 도전적이다. 따라서 기능, 숙련의 요구도가 높고 교육훈련을 많이 받아야 한다. 모든 정보는 공유된다. 다음 자율팀의

생산은 전통적 작업조직에서 감독자가 수행했던 작업조정, 문제해결, 성과측정, 결과의 피드백 등을 포함하여 자율적으로 하며 책임도 팀이 지게 된다.

그림 13-1 | 전통적 작업조직과 자율작업팀

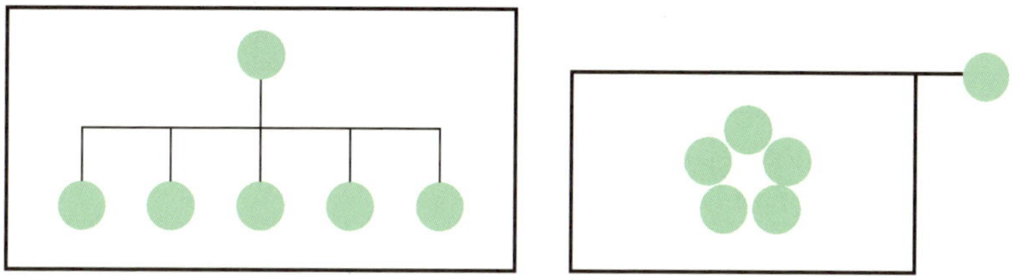

전통적 작업조직	구분	자율팀
고	외부지시	저
저	직무의 다양성과 도전성	고
저	기능요구도	고
저	교육훈련	고
저	팀작업	고
저	정보공유	고
저	근로의욕, 헌신	고
저	업무성과	고
감독자	작업조정	팀
감독자	문제해결	팀
감독자	의사결정	팀
감독자	성과측정	팀
감독자	목표설정	팀
감독자	결과의 피드백	팀
감독자	책임소재	팀

자료: 이원덕, 미국의 고능률생산체제와 신노사관계, 1995, p.44.

그러면 미국에서 왜 작업팀조직이 빠르게 확산되고 있는가? 그것은 자율팀이 자율적이며 다기능을 갖춘 작업팀을 통해 기업목표를 달성하고 효율을 증대시킬 수 있으며, 근로자들은 자율작업환경하에서 참여할 수 있는 기회, 다양한 직무기능을 배울 수 있는 기회, 그리고 조직 내에서 자신이 가치 있는 존재라고 느낄 수 있는 이점이 있다.

자율팀 조직이 도입되는 이유로는 다음을 들 수 있다.

첫째, 품질, 생산성, 서비스 개선을 들 수 있다. 경쟁력을 유지하기 위해서 오늘날의 기업은 서비스, 품질, 스피드 및 비용절감을 하나의 패키지화해서 제공해야 한다. 매일매일의 작업과정에서 제품과 공정을 개선하는 것은 매우 중요하기 때문이다. 따라서 경쟁에서의 성공은 조직의 모든 부문에서 일하는 수많은 개인의 작은 노력의 결집을 통해서 이루어진다. 자율팀 개념에서 비롯되는 직무소유권의식은 끊임없는 개선을 가져와 품질, 생산성 및 서비스를 크게 향상시켰기 때문이다.

둘째, 유연성제고를 들 수 있다. 오늘날 서비스의 질적 개선은 고객 및 현장의 변화에 적응할 수 있는 기업의 능력에 크게 좌우된다. 자율팀은 커뮤니케이션을 원활하게 하며, 보다 많은 기회에 도전하게 된다. 동시에 당면한 문제에 대한 보다 나은 해결방안을 찾을 수 있게 하고 신속하게 실행에 옮기게 한다. 이러한 자율팀의 특성으로 인해 자율팀의 구성원들은 전통조직에서 일하는 근로자들보다 훨씬 더 헌신적이고 업무에 세심한 주의를 기울인다. 동시에 직무내용을 잘 숙지하고 보다 뛰어난 상황대처능력을 기르게 된다.

셋째, 운영비용절감을 위해 자율팀 도입이 확산되고 있다. 경쟁력강화를 위해서는 관리층의 감축이 불가피하다. 관리자가 줄어들면 보다 많은 의사결정이 하위계층에서 이루어진다. 권한을 부여받은 자율작업팀은 근로자들로 하여금 지금까지의 커뮤니케이션망과 더불어 신속한 대응력을 제공하게 한다.

넷째, 기술변화에의 신속한 대응이다. 오늘날의 진보된 생산기술은 고도의 다양한 근로자기능을 요구한다. 지금까지 따로따로 일하던 근로자들이 함께 일하는 방식을 배우지 않으면 안 된다. 팀은 이러한 진보된 생산기술이 필요로 하는 다기능근로자를 통해 생산성을 높일 수 있다.

다섯째, 직무분류의 단순화 · 소수화를 도모하기 위하여 자율팀을 도입하고 있다. 기술이 보다 더 복잡해지고 유연성에 대한 필요가 증가함에 따라 다양한 직무를 수행할 수 있는 다기능공이 필요하게 되었다. 오늘날 근로자들은 여러 가지 기능을 수행하도록 요구받고 있다.

여섯째, 새로운 근로자계층의 가치관에 상응하기 위해서 자율팀을 도입한다. 오늘날의 근로자들은 자율작업팀이 제공하는 자율책임, 권한을 누리기를 원한다. 또한 근로자들은 높은 임금보다 과업의 도전성, 의사결정에의 참가, 성취감을 불러일으키는 작업 등을 중요시한다.

마지막으로, 우수근로자의 확보 및 유지를 위해 자율팀 도입이 확산되고 있다. 유능한 근로자를 확보하고 유지하기 위해서는 새로운 근로자계층의 가치관에 맞는 기업문화를 조성해야 한다. 자율팀은 참여, 도전, 성취감을 제공한다. 따라서 자율팀에 기초한 기업은 가장 우수한 근로자를 확보할 수 있게 된다.

3.3 인적자원관리

대량생산체제에서 고성과체제로의 전환은 기계중심적 생산과정에서 사람중심적 생산과정으로의 변화, 기계 · 생산성의 극대화전략에서 인적자원 생산성의 극대화로의 변화, 개인생산성 극대화에서 조직생산성 극대화전략으로의 변화를 의미한다.

고성과기업은 인적자원으로서의 종업원을 가장 소중하게 여기기 때문에 인적자원관리를 단순히 노무관리차원에서 접근하지 않는다. 인적자원관리는 기업발전의 가장 중요한 전략적 수단이다. 훌륭한 인적자원을 확보 · 유지하고 이를 더욱 발전시키는 기업은 성장하고 경쟁력을 강화할 수 있고 초일류기업으로 성장할 수 있다. 반대로 우수한 인력이 빠져나가는 기업은 성장은커녕 현상유지도 어렵고 결국은 도태될 수밖에 없다. 따라서 고성과기업은 인적자원관리전략을 기업의 핵심전략으로 삼고, 인적자원담당부서를 핵심부서로 기능하도록 한다.

따라서 고성과기업은 교육훈련과 학습에 대한 투자를 아끼지 않는다. 교육훈련에 투자를 많이 하는 기업들은 이러한 투자가 모든 근로자 사이에 고르게 이루어질 때 효과적이라고 한다. 따라서 당면한 문제의 파악과 해결, 팀형성과 팀작업, 기업운영의 기본원리에 관한 새로운 지식이 필요하게 된다. 또한 종전의 관리자들은 코치나 조정자로서의 역할을 위해 훈련이 필요하게 된다.

고성과조직은 수평적 네트워크조직이다. 따라서 수직적 상승이동보다 수평적 이동을 중심으로 한다. 그리고 승진에서 가장 중요한 요소는 리더십이다. 한편 팀구성원의 결원 시 신규채용이나 훈련은 팀에게 위임한다.

고성과조직에서는 블루칼라와 화이트칼라의 구분이 모호해진다. 임금체계도 시간급과 연봉제의 구분은 대개 사라지고 모두 연봉제로 통일하는 경향이 있다. 대신 경직된 임금결정방식보다는 성과에 연동하는 탄력적 보상제도가 확산된다. 즉 팀별 업적에 따라 보너스가 지급되거나 이익분배가 도입된다. 동시에 구체적인 업무나 일의 성과가 아니라 일을 처리할 수 있는 능력 유무에 따라 급여를 차등화함으로써 인적자본투자의 동기를 유발하고 다기능화를 촉진해 가는 것이다.

3.4 노사관계상의 특징

1) 노사협력을 통한 경쟁력지향

뉴딜노사관계가 '갈등 · 대립'의 관계였다면 신노사관계는 '화합 · 협력'의 관계에 기초하고 있다는 점이 무엇보다도 중요한 특징이다. 밀즈(Mills)와 맥코믹(McCormick)은 미국의 노사관계가 1980년대에 들어와 노사대등의 단계로부터 경쟁력지향의 단계로 발전하였다고 보았다.

[표 13-2]에서와 같이 노사대등단계에서 단체교섭의 역할은 규칙을 설정하고 조합원의 임금을 인상시키며, 기타 조합원의 권익을 보호하는 것이다.

1980년 이후 미국에서 새로이 등장하고 있는 노사관계는 경쟁력지향적 관계이고 이것은 노사대립에서 노사협력으로의 전환을 의미한다. 경쟁력지향적 노사관계에서는 이미 생산된 파이의 분배를 위한 과거지향적 교섭이 아니라 기업의 경쟁력을 강화시키기 위한 노사의 협력과 합작이 주된 관심이 된다. 따라서 노사의 교섭도 파이 그 자체의 생산극대화를 통해 노사가 장기적으로 함께 성장해 나가자는 미래지향적 · 생산주의적 가치관이 노사 사이에 공유되어 있다고 할 수 있다.

| 표 13-2 | 노사관계의 모형

	주종관계단계	사용자지배단계	노사대등관계	경쟁력지향단계
단체교섭의 역할	무	무	규칙설정	기업경쟁력 유지
	–	–	임금인상	직장보호
	–	–	근로자 권익보호	개선 본보기 설정
노동조합조직	약	초기 성장	강	영향력 있는 소수
노동법의 역할	약	사용자 권익보호	노조조직 지원	작업현장기준 설정

자료: 이원덕, 앞의 책, 1995, p.60에서 재인용

2) 단체교섭으로부터 작업환경 및 전략적 수준으로의 이동

1980년 이후 미국에서 새로이 전개되고 있는 신노사관계는 그 중심축을 단체교섭이 아니라 작업현장수준과 전략적 수준에 두고 있다. 이러한 변화는 대량생산체제로부터 고성과생산체제로의 변화에 의해 촉진된 것이다. 대량생산체제는 기계중심적 생산방식이었고 노동은 기계의 보조적 역할을 담당하였다. 이러한 상황하에서 근로자의 참여는 배제되었고 노사가 기업발전의 전략적 동반자로 협력하기는 어려웠다. 따라서 사용자는 경영의사결정을 하고 경영책임을 지며, 근로자는 그 결과에 대한 분배를 단체교섭을 통하여 요구하는 것이었다.

그러나 인적자원을 중시하고 근로자의 참여와 창의를 기업발전의 원동력으로 삼는 고성과생산체제에서는 작업현장조직 및 근로자의 역할변화와 전략적 차원에서의 노사협력을 최우선 과제로 삼게 되었다.

3) 종업원 참여를 통한 노사협력 및 합작

미국 신노사관계의 가장 중요한 또 다른 특징은 종업원 참여와 노사의 협력과 합작이다. 노사는 각자의 주장이나 요구를 하고 이를 관철하기 위하여 힘을 겨루기보다는 공통의 사명과 목표를 개발하고 그 실현을 위하여 협력하고 합작한다. 노사는 기업의 건강한 발전이 전체 기업구성원에게 무엇보다 중요하다고 인식하고, 모든 수준에서 함께 계획하고 문제해결을 추구해 나간다. 이러한 종업원 참여와 노사협력 · 합작은 국제 · 국내경쟁, 기술 및 노동력의 변화에 의해 불가피해지고 있다.

나아가 이러한 외부적 요인은 고생산성 · 고임금경제를 이루기 위해서는 전통적인 노사관계와 작업조직을 혁신하여 노동력의 기술, 지식, 모티베이션을 더욱 개발하고 활용하며, 그 성과를 공유하는 방향으로 나아가지 않으면 안 된다는 인식과 상호작용하여 종업원 참여의 확산을 가속화시키고 있다. 1980년대 이래 단체협약의 적용을 받는 사업장과 비조직사업장 모두에서 종업원 참여가 확산되어 오고 있다.

종업원 참여의 구체적 형태는 QC, 종업원 참여팀, 팀에 기초한 작업조직, 안전건강위원회, 성과배분, 노사공동훈련 프로그램, 정보공유 포럼, 다양한 문제에 대한 노사공동 태스크포스, 근로자소유 프로그램, 이사회에서의 근로자대표 참가 등 다양한 형태를 취하고 있다.

대다수의 미국 근로자들은 자신들의 직업, 작업조직 및 경제적 장래에 영향을 미치는 의사결정에 참가할 수 있는 기회를 갖기를 원한다. 많은 경영자들은 종업원 참여와 노사 파트너십이 근로자에게만 이로운 것이 아니라 시장에서 경쟁력을 가지기 위해 필수적인 것이라고 보고 있다.

4) 단체교섭의 분권화

단체교섭의 분권화에 대한 가장 설득력 있는 설명은 생산방식의 변화에서 분권화의 원인을 찾는다. 즉 대량생산체제로부터 고성과생산체제로의 이행과 함께 작업조직과 작업현장수준의 쟁점들이 보다 중요성을 더해 가면서 교섭구조의 분권화가 일어났다는 것이다. 새롭고 혁신적인 생산방식을 개발하고 이를 실행하기 위해서는 근로자와 사업장 노동조합의 참여가 필요하고 이러한 기업단위의 새로운 노사관계가 교섭구조의 분권화를 촉진시켰다는 것이다. 따라서 작업현장수준의 변화를 위해서는 기업단위 노사의 긴밀한 협의와 협력이 불가피하게 되는 것이다.

3.5 고성과생산체제 도입 시 고려사항

고성과생산체제로의 성공적 전환을 위해서는 다음과 같은 요건들이 갖추어져야 한다.

첫째, 고성과생산체제의 성공적인 도입을 실현하는 데에는 노동조합지도부의 확고한 의지와 일관된 정책이 요구된다. 고성과생산체제로의 전환은 기존의 권위주의적 조직관리풍토와 이에 젖어 있는 조직구성원들의 의식 · 관행을 전면적으로 바꾸어 나가는 것이므로 실제의 도입과정에서는 과거의 타성과 기득권에서 비롯되는 반발, 저항, 비협조가 발생될 수밖에 없을 것이다.

따라서 이러한 난관을 극복하고 고성과생산체제를 안정적으로 정착시키기 위해서는 무엇보다도 장기적인 조직혁신과정을 이해하고 실천해 나가는 노사공동의 혁신적 리더십의 뒷받침이 필수적이라 할 것이다. 이와 함께 고성과생산체제로의 전환을 위해서는 노사 간의 높은 신뢰가 필수적으로 요구되는 만큼, 기업경영진은 적극적인 정보공유를 통해 경영을 실천해 나가야 할 것이며, 노조와 현장근로자 역시 종래의 조직 이기적인 행동에서 벗어나 노사 공존공영을 위한 새로운 활동규범과 근로윤리를 정립해 나가야 할 것이다.

둘째, 고성과생산체제가 아무리 혁신적이라 하여도 그 준비 또는 설계과정에서 노동조합이나 종업원대표들의 참여 없이 경영진 또는 일부 실무관리부서중심으로 추진될 경우에는 사후적인 도입 · 운영과정에서 이들의 적극적인 협조와 동참을 기대하기 힘들다고 하겠다. 고성과생산체제의 핵심취지가 기업경영의 혁신과 발전을 위해 노사 동반자적인 조직풍토를 구축하자는 것인 만큼, 사전준비 · 설계과정에 있어서 노동조합 및 종업원대표들의 적극적인 참여가 이루어져야 할 것이다. 또한 참여적 작업조직관리체계의 원활한 운영이 이루어지는가의 여부는 궁극적으로 현장근로자들의 동참의사에 달려 있다고 해도 과언이 아닐 것이며, 따라서 그 준비과정에서 현장근로자들에게 의견수렴의 기회를 최대한 제공하여야 할 것이다.

셋째, 고성과생산체제는 전면적이고 종합적인 접근방식으로 추진되어야 할 필요가 있다. 다시 말하면, 고성과생산체계가 사업장 내의 일부 부서 또는 라인에만 적용될 경우에는 여러 부서와의 차별적인 조직환경이 조성됨에 따라 많은 부작용이 빚어지게 된다는 점에서 전체 사업장을 기본단위로 하여 전면적으로 도입되어야 한다는 점과 또한 작업조직, 관리감독방식, 인적자원지원제도, 그리고 노사관계 등의 조직관리체계 전반을 포괄하는 종합적인 차원에서의 혁신이 이루어져야만 그 실효성을 거둘 수가 있는 것이지 일부 부문만을 변화시키고자 할 때에는 극히 제한된 성과만을 얻게 된다는 점에 유의해야 한다. 따라서 근로자 참여체계의 도입은 곧 기존의 경영관리체계 전반을 탈바꿈하는 조직혁신의 과정이 되는 만큼 전체 조직부문과 경영요소를 포함하는 종합적이고 장기적인 접근이 요망된다고 하겠다.

넷째, 고성과생산체계의 성공적인 운영을 위해서는 현장근로자에 대한 고용안정이 필수적으로 전개되어야 한다는 점에 유의할 필요가 있다. 고용불안에 휩싸인 근로자들에게서 생산혁신과 경쟁력제고를 위한 적극적인 참여를 기대할 수 없듯이, 근로자 참여체계의 도입을 위해서는 노사 간에 고용조정의 악영향을 최소화할 수 있는 대책수립이 이루어져야 할 것이다.

토·의·문·제

1. 고성과작업시스템의 개념은 무엇인가?

2. 고성과조직의 조직구조상의 특성은 무엇인가?

3. 고성과생산체제 도입 시 고려사항은 무엇인가?

찾아보기

【저자소개】

권혁기(權赫奇)

동의대학교 상경대학을 졸업하고, 동의대학교에서 경영학박사(인사 · 조직 전공)를 취득하였다. 2012년부터 동의대학교 경영학과 교수로 재직하고 있다. 한국인적자원관리학회 편집위원장을 역임했으며, 한국산업정보학회, 대한경영학회 이사로 활동하고 있다. 저서로는「인적자원관리」,「행동과학론」,「현대경영의 이해」,「경영과 리더십」등이 있다.

한나영(韓娜瑛)

동아대학교 경영학과를 졸업하고, 부경대학교에서 경영학박사(인사 · 조직 전공)를 취득하였다. 동의대학교, 부경대학교 강사를 거쳐 2014년부터 고신대학교 의료경영학부 조교수로 재직하고 있다. 한국산업정보학회, 한국인터넷전자상거래학회 이사로 활동하고 있다. 저서로는「인간행동의 이해」,「현대경영의 이해」,「조직행동의 이해」,「창업과 경영」이 있다.

인적자원관리

2020년 7월 25일 1판 1쇄 발행
2022년 2월 25일 1판 2쇄 발행

저　　자 | 권혁기 · 한나영
발 행 인 | 이수영
발 행 처 | 도서출판 청람
서울시 마포구 독막로 288(대흥동, 세양상가 109호)
전　　화 | 02)3272-2601~2
팩　　스 | 02)3272-2603
이 메 일 | crbooks@daum.net
홈페이지 | www.crbooks.co.kr
등　　록 | 2000년 8월 26일 제6-0509호

ISBN 978-89-5972-762-9　93320　[정가 25,000원]